관계의 인문학

이 책은 교육부 및 한국연구재단의
대학인문역량강화사업(CORE) 지원에 의해 출판된 것임.

관계의 인문학

김세원 지음

HU:iNE

들어가며

우리는 어느 시대보다도 서로 긴밀히 연결되어 살아가면서도, 한편으로 오히려 고립과 외로움이 증대되어 가는 상황에 놓여있다. 얼마 전 세상을 달리 한 사회학자 지크문트 바우만은 현대인들이 처한 이러한 '기묘한 취약함', 그리고 이 취약함이 야기하는 불안감이 우리로 하여금 인간관계의 무거움과 가벼움을 모두 경계하도록 만들고, 긴밀함과 동시에 느슨함을 유지하려는 상충적인 욕구를 증대시키고 있다고 진단한다. '나는 누구인가', '어떻게 사는 것이 나답게 사는 것일까', '사람다운 삶이란 무엇일까' 등의 질문들이 우리 주변을 맴돌기를 그치지 않는 것은 충족되기 어려운 우리의 이런 바람 때문일 듯싶다. 그 질문 수준이 어떠하든, 즉 실용적인 처세술이든 아니면 전반적인 삶의 태도이든 말이다. 우리는 여전히 서점을 주름 잡고 있는 자기 계발서, 쏟아져 나오는 처세술 에세이, 소소하고 확실한 행복에 대한 체험 수기를 뒤적거리기도 하지만, 어떤 경우에는 인문 고전에 눈길을 돌리기도 한다.

이러한 현상을 더욱 가속화한 것은, '4차 산업 혁명'이라는 말이 아닐까. 이 구호가 어느 정도 현실을 반영하고 있으며 우리가 맞이할 수 있는 미래를 냉철하게 진단하도록 하는지는 논란의 여지가 있지만, 사람들 사이에 적지 않은 위기감을 불러 일으키고 있는 것만은 사실이라 할 수 있을 것이다. 우리는 인간성 혹은 인격으로 총칭될 수 있는 인성 자체를 또 다시 의문에 붙이면서, 그에 대한 탐구를 외면하지 않을 수 없게 되었다.

우리는 여러 관계들 속에서 시달리고 곤경을 겪기도 하지만, 이 관계들 속에서 하루하루를 살아나갈 힘과 이유, 나아가 삶의 의미나 희망을 얻는 것도 분명해 보인다. 우리는 다시 물을 필요가 있다. 나란 누구이고, 자기다운 삶 혹은 사람다운 삶이란 무엇인가. 이는 나를 둘러싸고 있는 타자들과의 관계에 달려 있지 않을까. 다시 말해, 내가 맺고 있는 '관계'를 고찰하고 '관계의 능력'을 실천적으로 어떻게 발휘할 수 있느냐하는 점이 좋은 삶의 관건 아닐까.

그런데 여기서 관계란 단지 인간관계만을 뜻하는 것은 아니다. 인간관계에 지대한 영향을 미치고 있는 상품 같은 도구적 사물과의 관계도, 책과 그림과 같은 작품들도, 우리를 둘러싼 환경이나 자연과의 관계도, 산과 들, 바다와 도시 곳곳에서 우리와 함께 살아가고 있는 꽃과 나무, 동물과의 관계도 사람다운 삶을 꾸려나가는 것에서 빼놓을 수 없는 부분이다. 또한 무엇보다도 이 모든 관계들이 나와 나 자신이 맺는 관계에 대한 사유와 성찰 속에서 하나로 어우러진다는 점에서 자기 관계는 모든 관계의 토양이 된다. 이런 점에서, 사람다움과 사람답게 사는 것에 대한 모색을 함에 있어 단지 인간관계만을 고려하는 것은 우리 삶의 중요한 일부를 놓치게 만들 수 있다. 때문에 이 책은 '인간관계'의 인문학이 아닌 '관계의 인문학'을 제안한다.

한편 인문학에 포함된 '학(學)'이라는 낱말이 주는 부담감은 상당하다. 근대인인 우리는 '학'이 단지 배움을 뜻하는 것이 아니라, '학'이라는 말 앞에 붙어있는 학의 대상에 대해 모든 것을 체계적으로 총괄하고자 하는 바람을 은밀하게 갖고 있기 때문이다. 그렇지만 '인문', 즉 인간이 걸어가야 할 길을 살피고 이를 가꾸어 가는 것은 그 자체로 하나의 대상이 되기 어렵다. 그것은 바로 우리가 그 길을 저 위에서 내려다보는 것이 아니라 그 길 위에 서서 이리저리 걸어가고 있기 때문이다. 그런 점에서 인문학은 다른 학문들과는 성격이 다르다. 우리 삶의 개인적이고도 공동체적인 차원에 대한 비판 혹은 비평적 성찰을 연습하고 이를 체득하는 훈련과 실천을 수행하는 학문이라 하겠다. 즉, 여러 학자나 작가의 말을 암기하고 지식을 쌓는 것이 아니라, 우리 삶의 복잡성을 감안하면서 부지런히 깨우쳐 나가고 깨달은 바를 익히는 작업인 것이다.

'관계의 인문학'은 윤리적 원칙의 인지나 행위를 결정하는 논리적 추론 방식의 연습 보다는, 이례적인 상황에 대한 예민한 감수성을 잃지 않는 것에 무게를 더한다. 우정, 효, 사랑, 존중, 배려와 같은 덕목과 가치 보다는 우리의 다양한 관계 양상들을 성찰하며 그 사유의 결과물을 표현하고 함께 나누는 것에 보다 주의를 기울인다.

이 책은 친구, 가족, 연인, 이웃과 이방인, 사회 혹은 국가는 물론이고, 사물, 동물, 식물을 포함한 자연과의 관계에 관한, 나아가 나 자신과의 관계를 다룬다. 각 장의 제목을 둘러싼 원형 삽화처럼 우리는 서로 영향을 주고 받으며 연결되어 있다. 그것은 울퉁불퉁 각기 다른 모습들이 함께 추는 춤사위 같다. 안팎이 구별되지만, 그것은 서로 침투하며 물결치고 있다. 나아가 안팎이라는 두 세계는 다르지만 전혀 다른 세계가 아닐 것이다. 그림이 그러진 종이에 물을 한 스푼 떨어 뜨린다면 종이에 스며든 물은 안이든 밖이든 가리지 않고 퍼져 나가는 것처럼 말이다. 각기 다른 존재들이 더불어 산다는 것은 인간다운 삶과 자기다운 삶에 중요한 부분을 차지한다. 잊지 말아야 할 것은 더불어 산다는 것은 서로의 경계를 모두 지우는 것도 경계를 단단히 쌓는 것도 아니라는 점이다.

만약 이 책의 기획이 독자와의 의미 있는 만남으로 펼쳐질 기회를 얻는다면, 독자는 나는 누구이며, 어떻게 살 것인가 하는 질문에 답을 구하며, 자신과 타인을 돌아보고 돌보는 길을 계속 걸어갈 수도 있을 것이다. 독자는 스스로 이를 성찰하는 시간 속에서, '더불어 살아가기'의 능력을 조금이라도 배양할 수 있을도 모른다. 이 책을 쓰고 엮는 필자의 작업 과정도 이와 다르지 않았다. 읽고 쓰고 생각하는 작업을 통해 필자는 타자와 나 자신을 이해하는 연습을 하고, 관계 맺는 훈련을 수행할 수 있는 인간, 다시 말해 배우는 사람, 수련하는 사람에 한걸음 더 다가서지 않았나 하는 생각도 해 본다.

그렇지만 한걸음 다가선 발걸음에도 어느새 뒤로 밀려나 있다. 반복되는 질문들과 엇비슷한 결론들은 어떤 것도 배우지 못하고 익히지 못한 채 제자리걸음을 하고 있는 듯하다. 고전 작품을 읽고 성찰하는 인문학의 의의는 바로 여기에 있는 것으로 보인다. 작품은 좋은 선생님처럼, 마치 같은 자리를 맴도는 듯한 우리가 다시 한번 여정에 나서도록 한다. 우리가 품어낸 질문과 결론을 다채롭게 펼쳐 내면서, 우리를 위로하고 격려하며 우리의 배우고 익히는 능력을 잠재우지 않도록 한다. 삶에서 능력에 부치는 일을 부여잡고 이를 마쳤을 때, 무엇보다도 먼저 드는 생각은 성취감이나 자부심보다는 오히려 아무것도 하지 않았을 때는 결코 생생하게 느낄 수 없었던 타자들에 대한 절실한 감사다. 이 책에 언급된 많은 작품과 작가들은, 필자가 힘에 부치는 집필 작업을 수행하는데 좋은 선생님이 되어 주었다. 그 외에도 모두다 나열할 수 없을 만큼 너무 많은 타자들의 손길과 숨결이 이 책에 담겨 있다. 그 중에서도 특별한 선생님인 부모님 그리고 대학원이라는 제도를 통해 만난 지도교수님의 관심과 격려가 없었다면, 이 책은 세상에 나올 수 없었을 것이다. 감사드린다.

— 독자를 위한 안내

이 책은 대학의 인문학 교양 수업을 위한 교재로 기획되었다. 그렇지만 자기, 타자, 관계에 대해 관심 있는 사람이라면 누구라도, 이 책을 읽고 여기에 담긴 작품과 사례들을 요모조모 살피고 조사하면서 자신의 관심을 확장하거나 심화할 수 있는 작은 실마리 정도는 얻을 수 있을 것이다. 독서에 도움이 될만한 몇 가지 사항을 덧붙인다.

먼저 책의 구성과 관련된 것이다. 이 책은 대체로 다음과 같은 세 부분으로 구성됐다. 1) 먼저 주제 전반을 아우르는 글로, 이 부분은 다시 세 가지로 나누어 볼 수 있다. 각 주제에 관한 생각 열기, 개념이나 이론에 대한 간략한 소개, 마지막으로 다시 한번 생각을 되돌아 볼 수 있는 문제제기가 그것이다. 2) 이어서 함께 생각해 보고 이야기 나누고 해볼 수 있는 질문과 활동을 제안하고 있다. 3) 이를 잘 수행하는 데 도움이 될만 한 철학 고전 텍스트와 문학 작품 등을 이 책의 취지에 맞춰 발췌해 놓았다. 이 텍스트들 각각의 내용은 본문의 다른 부분들에 어느 정도 풀어 쓰여 있지만, 모두 비슷한 비중과 방식으로 다룬 것은 아니다. 필자가 이 책에 실린 텍스트들 전체를 여러 차원에서 다각도로 설명하는 글을 남길 자질과 능력을 갖추었다고 자부할 수 없는 것은 물론이고, 무엇보다도 책이 너무 두꺼워져서 무거워지는 것을 우려하지 않을 수 없었다. 어떤 것에 대한 충분한 설명은 그것을 더 잘 이해하는데 도움이 되는 것은 물론이지만, 이러한 설명은 기존에 나온 해설서나 교양서를 통해서 어렵지 않게 접할 수 있을 것이라 생각한다. 이 책은, 독자가 텍스트에 대한 이러저러한 설명을 읽는데 시간을 많이 할애하기 보다는, 설명되기 이전의 글 자체를 직접 맛보고 느끼면서 주제에 대한 질문과 답을 모색을 해 나가는 것에 무게를 두었다.

두번째로 독서와 함께 이루어지는 노트 작성에 대해서다. “말은 생각을 정복하지만, 글은 그 생각을 지배한다”는 벤야민의 말을 굳이 언급하지 않더라도 글쓰기는 사유 훈련의 중요한 도구이며 우리의 삶을 돌아보며 사람다움을 가꾸어 나갈 수 있는 좋은 기재다. 때문에 이 책은 독자들이 직접 노트를 작성하고 사유를 연습하는 과정을 기록할 수 있는 노트를 책 마지막에

첨부했다. 각 장 후반부에 있는 '혼자 읽고 함께 생각하는 관계'를 살펴볼 때에는 노트를 옆에 두고, '생각의 깊이를 더해 주는 텍스트'를 읽고 필사하면서 자신의 생각을 글로 정리해 보는 습관을 기른다는 마음가짐으로 노트를 작성해 보자. 각 항목은 다음과 같다. ① 고전 명구 필사('생각의 깊이를 더해 주는 텍스트' 중 인상 깊은 구절을 10개 내외로 선정하여 필사한다) ② 사유 토양 고르기(주제에 대한 마인드맵을 그리거나 단상들을 나열해 본다) ③ 질문 씨앗 하나(토의 혹은 글짓기를 할 질문을 작성한다) ④ 이야기 나무 그리기(토의 내용 정리 혹은 짧은 글을 써 본다) ⑤ 열매 한 개('나의 말' 한마디를 남겨 본다) ⑥ 다음 열매 맛보기(다음 주제와 관련해 떠오르는 단어들을 나열해 본다)

세번째로 이 책을 읽는 순서와 자료에 관한 것이다. 반드시 순서대로 읽어 나갈 필요는 없다. 자신이 가장 관심 가는 주제를 골라 먼저 읽어도 무방하다. 또한 발췌 텍스트를 반드시 나중에 읽어야 하는 것은 아니다. 철학이나 문학 고전의 일부를 읽고 그것을 바탕으로 자신의 생각을 펼쳐나가고 싶다면 먼저 읽어도 좋다. 각 장 전반을 보면, 언급되고 있는 인물이나 작품이 상당히 많기 때문에 낯설거나 관심을 끄는 이름이 있을 것이다. 다채로운 소재들이 어떤 독자에게는 너무 부담스러울 수 있지만, 이 공부에 흥미가 있는 어떤 사람들에게는 자신의 관심과 열의에 따라 인문학 공부의 숲에서 가꾸어 나갈 어린 싹이 될 수도 있을 것이다. 스치듯 언급된 이름이나 덩그러니 있는 그림이 있다면 따로 적어 놓고 이에 대한 자료를 찾아 보아도 좋을 것이다. 덧붙여, 관계가 연결과 단절의 '분주함'으로 이루어진다면, 이 책의 각 주제들 사이의 관계도 그렇다. 주제들의 이음쇠를 만들어서 엮어보고, 또 책 전체를 아우르는 하나의 이야기를 만들어 볼 수도 있겠다. 7장을 마치면서 던지는 제안이 바로 이것이다.

목차

1

친구

우리가 친구가 되는 법

우리가
친구가 되는 법

"우울하고 힘들 때, 그리고 사랑과 관심이 필요할 때, 하지만 아무 것도 제대로 되지 않을 때 (……) 네게는 부르면 언제든 달려올 친구가 있어." - Carole King, 「You've Got A Friend」

"인생에서 우정을 앗아가는 자들은, 말하자면 세상에서 태양을 앗아가는 것이나 다름없네. 불멸의 신들이 인간에게 준 선물 중에서 우정보다 더 좋고 즐거운 것은 없기 때문이지." - 키케로, 『우정에 관하여』

1. 당신에겐 언제든 연락할 친구가 있는가?

친구를 떠올려보자. 당장 한 사람이 떠오를 수도 있지만, 그렇지 않을 수도 있다. 그렇다면 이렇게 생각해보자. 우울하고 불안한 날이다. 말 못 할 답답함을 안고 한없이 침몰하는 기분이다. 그런 상태로 하루를 보내다 보면 누군가를 만나 모든 걸 털어놓고 싶어진다. 바로 그때 떠오르는 것이 소위 '비상연락망'이다. 약속 없이도 내가 부르면 바로 달려올 사람이 당신에겐 있는가. 일종의 비상연락처럼, 언제든 연락해도 비상시의 나를 이해해주고 내 이야기에 귀 기울여줄 수 있는 사람은 누구일까. 만약 그런 사람이 있다면, 따로 연락하지 않고 그를 떠올리는 것만으로도 우리는 힘이 날 것이다. 에피쿠로스의 말처럼 "친구들의 도움이 우리를 돕는 것이 아니라, '친구들이 도와줄 것이다'는 믿음이 우리를 돕는다."[1]

그러나 위와 같은 행운은 쉽게 주어지지 않는다. 아마도 적지 않은 사람의 휴대폰에는 수많은 전화번호가 저장되어 있을 것이고, SNS의 친구 명부에도 적게는 수십 명에서 많게는 수백, 수천 명에 이르는 이름이 올라와 있을 것이다. 그런데 막상 비상연락망에 누군가를 등록해야 한다면? 잠시도 주저하지 않고 이름을 올릴 만한 사람이 당신은 있는가? (그 많은 번호와 숫자들 사이에서 우리는 이내 공허해진다.)

누군가는 (일상에서 자신이 바로바로 연락할 사람을 찾기 위한) 고민을 덜기 위해 관심사나 목적, 공간이나 장소에 따라 친구들을 여러 갈래로 분류해두기도 한다. 대체로 그때그때의 관심사나 내가 처한 상황에 따라 맺어지는 관계들이 그런 연락망을 만들어낸다. 낯선 곳에 입양돼 하루하루를 보내던 빨강머리 앤이 다이애나와 친구로 맺어진 것은, 그들 사이에 감돌던 호감도 있었지만 무엇보다도 그녀들이 살던 곳에는 함께 어울려 놀 만한 또래가 서로에게 유일했기 때문인 것처럼 말이다.

— 비상연락망

서윤에게는 가족과 다름없던 남자친구 경민이 어느 날 갑자기 이별을 통보한다. 그리고 서윤은 비상연락망을 찾는다. 서윤의 휴대폰 단축번호 3번은 은지다. 한껏 쌓인 학자금 대출을 짊어진 채 취업 대신 대학원에 진학할 예정인 은지와, 구직 사이트를 뒤지면서 두 번이나 물 먹은 사서자격증 시험에 다시 한번 도전하려 하는 서윤. 둘은 졸업을 앞둔 국문과 동기다. 이들은 함께 떠난 여행에서 서로에 대해 기록하고 그것을 주저 없이 읽어줄 만큼 친한 사이다.

서윤과 은지가 졸업 때까지 단짝 친구로 지낼 수 있었던 데에는 같은 과와 같은 나이라는 점 이외에 엇비슷한 가정 형편도 한몫했지만 무엇보다도 문학적 성향이나 화법 등 비슷한 교양 수준과 취향 등 문화적인 공통점이 중요하게 작용했다. 별이 빛나는 여름밤에 은지가 모과이(Mogwai)의 「Summer」를 들려주면, 서윤이가 "머리에 우주가 쏟아지는 거 같아"라고 감탄할 수 있는 식이었다.[2] 이런 그들에게 도드라져 보이는 차이란 성격이다. 은지는 가끔씩 원하는 것이 있다면 주변 상황이나 사람을 고려하지 않고 덤벼드는 행동파이지만, 이에 비해 서윤은 책임감이 높기도 하고 겁도 많아서 행동하기 전에 신중히 생각하며 표현하는 데 있어서도 섬세한 편이다. 이런 차이에도 불구하고 둘을 연결시켜주는 즐거움의 매개는 관계의 양념이 되는 유머 코드, 즉 문화적 성향의 공통점이다.

이처럼 비슷한 요소들에서 비롯되는 안정감, 함께 나누는 재미가 있기에 다른 이들에게는 단점으로 보일 수도 있는 각자의 성격상 특징까지도 이들은 사랑할 수 있고 또 그 과정을 통해 관계의 균형을 잡아나갈 수 있다. 둘은 서로의 비위를 맞추기 위해 구차한 말을 할 필요도 없고, 억지로 상대의 행동을 좇을 필요도 없어 보인다. 간단히 말하면, 어떠한 계산이나 위장도 없이 만날 수 있는 '있는 그대로'의 각자를 받아주는 사이라고 해야할까? 거울처럼 서로 비춰주면서도 왼손과 오른손이 맞잡아지듯 둘 사이의 차이가 충분한 조화를 이룰 수 있는 관계인 것이다. 한자에서 '벗'을 뜻하는 '우(友)'가 왼손(左)과 오른손(右)이 맞잡은 모양을 하고 있듯이 말이다.

— 꼭 맞잡은 네 손

우리는 우리가 좋아하는 일들을 친구와 함께하며 재미와 즐거움을 얻는다. 친구를 뜻하는 우리말 '벗'에는 '더불어'라는 의미가 담겨 있다. 함께 무엇을 같이 하는 사람, 그것이 친구다. 어떤 사람은 친구와 게임을 하고, 어떤 사람들은 함께 음악을 듣거나 운동을 한다. '친구(親舊)'라는 말에 '옛 구'라는 한자가 사용되듯이, 이렇게 함께한 시간이 쌓이면서 친구가 된다. 앤과 다이애나처럼, 만난 첫날에 '해와 달이 있는 한 내 마음의 친구에게 충실할 것을 맹세'하지는 않는다.

물론 오랜 시간 기쁨과 슬픔을 나누며 서로에게 환희나 위안이 되는 다른 관계들도 있다. 먼저 가족을 떠올릴 수 있을 것이다. 그렇지만 대게 우리는 자신이 선택하지 않은 부모로부터 태어나고, 자신이 선택하지 않은 형제·자매와 함께 자란다. 가족은 혈연을 중심으로 이어져 있고 이것은 우리가 선택할 수 없는 관계라는 점에서, 친구와의 관계에서처럼 '사귐'의 과제가 부각되지 않는다. 연인도 그렇다. 예컨대, 낭만적 사랑으로 얻게 된 연인은 주체할 수 없는 정념에 사로잡힌 육체적 끌림으로 좌우된 결과라는 점에서, 선택적 노력의 한계를 거듭 절감하는 대상에 가깝다.

우리가 가족이나 연인의 핵심을 어떻게 생각하느냐에 따라 이에 대한 다른 견해들이 있을 테지만(가족 및 연인과의 관계에 대해서는 다른 장에서 더 생각해보자), 그들과의 관계에서 나 자신이 선택할 수 없는 필연적 요소가 더 중요하게 작용하는 것은 분명해 보인다. 반면 친구 관계는 나의 선택 가능성이 더 넓게 열려 있는 듯하다. 물론 모든 선택이 그것의 완성을 담보하지 않듯이, 단지 누군가를 친구로 삼으려 한다고 해서 반드시 친구가 되지는 않는다. 앤과 다이애나처럼, 서윤과 은지처럼 서로에게 우호적인 감정이 있음을 인지하고 관심사가 비슷하여 특정한 관계가 형성될 때까지 자주 접촉할 수 있는 계기나 환경이 마련되어 있는 경우에야 가능할 것이다. 연암 박지원의 말처럼 '친구란 피를 나누지 않은 형제'이며, 그래서 그 무엇보다도 오묘한 관계라고 볼 수 있다.

2. 삶의 또 다른 필수품

북학파 실학자인 연암 박지원의 친구와 우정에 관한 이야기는 마테오 리치의 『교우론』에서 영향을 받았다고 알려져 있다. 이 책은 오늘날까지도 서양 고전으로 여겨지는 아리스토텔레스의 『니코마코스 윤리학』, 키케로의 『우정에 대하여』, 아우구스티누스의 『고백론』, 아퀴나스의 『신학대전』 등에서 언급된 친구와 우정에 대한 내용을 소개하고 있다.[3] 이 서양 고전들의 우정론에서 공통적으로 발견되는 '친구란 또 다른 나' 혹은 '친구란 제2의 나'라는 해석은 아리스토텔레스의 『니코마코스 윤리학』의 비유를 반복한 것이라고 하겠다.

여기서 친구와 우정이라는 말로 번역된 용어는 아리스토텔레스의 『니코마코스 윤리학』에서 사용된 '필로스(philos)'와 '필리아(philia)'라는 단어다. '필리아'라는 말은 오늘날 우리가 생각하는 가족 관계, 연인 관계와 단순히 대조되는 친구 관계의 상태를 뜻하는 말은 아니라는 점에서, 문맥에 따라 친애, 우애, 사랑이라는 단어로 바꿔 쓰기도 한다. 아리스토텔레스는 필리아를 감정이 아니라 품성 상태로서 인간의 사회적 관계에서의 탁월성(덕, arete)으로 제시하며, 나아가 이를 부모와 자녀, 형제들 간의 관계에 있어서도 검토하며 결국 '정의(dikaiosyne)'라는 정치공동체의 탁월성과 결부시킨다. 또한 아리스토텔레스가 제창한 '필리아론(論)'의 모태가 되는 플라톤의 『뤼시스』에서 필리아에서 에로스까지 개괄하여 다뤄진다는 점에서 짐작할 수 있듯, 우정이 사랑과 확연하게 구별될 수 있는지도 따져볼 일이다. 다만 가족이나 연인과의 관계는 이후의 장들에서 살펴볼 것이기에, 여기서는 친구와의 우정만을 염두에 두고 아리스토텔레스의 이야기를 들어보도록 하자.

— 우정의 요소와 종류

아리스토텔레스는 먼저 친구와의 관계가 일상 속 즐거움과 관련한 것으로 보고, 우정은 다음과 같은 세 가지 요소를 지닌다고 말한다.[4] 자기를 위해서가 아니라 상대방에게 좋은 일이 일어나기를 바라는 순수한 마음이 있어야 하고, 그러한 마음이 일방향적이지 않고 상호성을 띠어야 하며, 그 마음을 양쪽 모두 인지하고 있어야 한다.

한편 아리스토텔레스는 우리가 친구라고 부르는 사람들과의 관계가 반드시 이 세 가지 요소를 모두 포함하고 있는 것은 아니라고 말한다. 함께 맛집을 찾거나 게임을 하며 시간을 보내는 사이처럼 즐거움 내지 쾌락을 위해 만나는 관계가 있는가 하면, 취업 정보를 공유하거나 수업 노트를 공유하는 사이와 같이 유용성 내지 이익을 얻기 위해 맺는 관계도 있다. 이런 관계들 사이에서도 서로가 잘되기를 바라는 것처럼 보이기는 하지만, 실상 이 관계는 서로를 그 자체로 좋아하는 것이 아니라 내가 상대로부터 얻는 즐거움이나 이익 때문에 이어지는 관계다. 때문에 아리스토텔레스에 따르면 이런 관계에는 순수성이 없으며, 내가 좇는 무언가를 그로부터 얻을 수 없다면 금세 와해돼버리는 관계에 지나지 않는다.

친구란 단지 기분 전환을 위해 먹는 달콤한 케이크나 내가 필요할 때 꺼내 쓸 수 있는 주머니칼처럼 비상시를 위해 잘 길들여져 있어야 하는 수단이 아니다. 싸움꾼처럼 서로 부딪히거나 꿍하며 지내는 일이 우정을 가로막는 것만큼이나, 이익을 얻거나 즐기기 위해 아첨하고 속없이 친해지려 하는 것은 온전한 우정일 수 없다.

그렇다면 모든 우정의 요소를 포함하면서도 오랫동안 유지될 수 있는 가장 완전한 우정이란 무엇일까. 아리스토텔레스는 즐거움이나 유용함을 목적으로 하는 것과는 다른 우정을 제시한다. 그것은 유사한 덕(탁월성)을 지닌 사람들 사이의 관계다. 이런 교우 관계에서는 상대방 그 자체를 좋아하고, 그런 그와 함께하는 것만으로 즐거움을 느낀다. 물론 우리는 진정한 친구 관계를 통해서도 각종 이익이나 즐거움을 얻곤 한다. 다만 아리스토텔레스는 그러한 친구 관계에서 얻는 유용성이나 즐거움은 상대방 자체를 좋아하는 우정에서 자연스럽게 비롯되는 것으로 본다.

마태오 리치의 『교우론』과 그 책의 근간을 이루는 아리스토텔레스의 필리아론으로부터 영향받은 박지원의 「예덕선생전穢德先生傳」의 다음과 같은 대목은, 바로 아리스토텔레스가 강조한 우정의 종류를 떠올리게 한다.

"무릇 시장에서는 이해관계로 사람을 사귀고 면전에서는 아첨으로 사람을 사귀지. 따라서 아무리 친한 사이라도 세 번 손을 내밀면 누구나 멀어지게 되고, 아무리 묵은 원한이 있다 하더라도 세번 도와주면 누구나 친구하게 되기 마련이지. 그러므로 이해관계로 사귀게 되면 지속되기 어렵고, 아첨으로 사귀어도 오래갈 수 없다네. 훌륭한 사귐은 꼭 얼굴을 마주해야 할 필요가 없으며, 훌륭한 벗은 꼭 가까이 두고 지낼 필요가 없지. 다만 마음으로 사귀고 덕으로 벗하면 되는 것이니, 이것이 바로 도의(道義)로 사귀는 것일세. 위로 천고(千古)의 옛사람과 벗해도 먼 것이 아니요, 만리(萬里)나 떨어져 있는 사람과 사귀어도 먼 것이 아니라네."[5]

바르비종의 친구들 _ 밀레와 루소
밀레(Jean-François Millet), Bringing home the calf born in the fields, ca. 1860
루소(Théodore Rousseau), Paysage avec un charretier , huile sur toile, 1860-1862

— 이야기를 나눌 누군가를 찾아서

좋은 친구란 애써 가르치지 않더라도 서로가 스스로 발전하게끔 하는 관계다. 이것이 가능한 이유는 친구사이의 유사한 점이 친구의 바탕을 이루기 때문이다. 나의 모자란 점을 상대방을 통해 채우려는 관계가 아니라, 나와 비슷한 상대방이 잘되기를 바라고 좋은 일을 겪기를 바라는 것이다. 때문에 친구와의 좋은 관계를 가늠할 수 있는 것은 내가 나 자신과 맺는 관계에 있다. 다시 말해 친구와의 관계는 자기 자신을 존중하는 사람들에게 주어지는 상호성의 관계로, 남이 나를 대체할 수 없듯이 서로를 다른 존재로 대체하는 것이 불가능한 관계다.

아리스토텔레스가 우정에 주목하는 이유는 가장 완전한 우정이야말로 인간의 고유한 기능, 즉 함께 살아가는 데 있어 말을 통해 생각을 나눌 수 있는 능력을 가장 탁월하게 발휘하도록 하기 때문이다. 그는 인간의 좋은 삶, 다시 말해 행복이 여기에 달려 있으며, 때문에 다른 모든 좋은 것을 가진 사람일지라도 친구는 반드시 필요하다고 말한다. 키케로의 말처럼, 진정하고 완전한 우정은 우리 생활에 반드시 필요한 물과 불처럼 삶의 필수품이다. 물론 우정이라는 필수품이 단순한 생물학적 존속을 위해 필요한 것은 아닐 수 있다. 사람의 태도나 성격을 뜻하기도하는 한자 '품(品)'은, 사물을 한데 모아 놓은 모양을 본뜬 것으로 해석되기도 하지만 한편으로는 '입(口)'이라는 글자가 여러 개 모여 만들어진 문자로 보기도 한다. 안네 프랑크의 일기장 속 '가상 친구' 키티는 그녀가 나치로부터 은신한 다락방도, 마실 물과 먹을거리도 아니었다. 여기서 고려할 것은, 인간이 말을 통해 자신의 감정이나 생각을 표현하고 전달하는 존재라는 점이다. (물론 이때의 말이란 반드시 음성 언어를 통해 이루어지거나 논리적으로 정돈된 의사 표현만을 뜻하는 것은 아닐 것이다.)

키케로는 설혹 하늘에 올라 우주의 본성을 통찰하고 아름다운 별자리를 보는 즐거움을 느낀다 해도, 그 느낌을 들어줄 사람이 주변에 없다면 그 기쁨은 금세 사라질 것이라고 말한다. 어떤 이가 성격이 거칠고 냉담하여 사람들과 함께 있기를 피하려 하더라도 자신의 독설을 내뱉을 수 있는 누군가를 찾지 않고는 못 배길 것이라고 말하기도 한다. 키케로의 말대로, 말을 나눌 사람을 찾지 못한다면 결국 내 마음은 수신자 없는 편지처럼 갈 곳을 잃어갈 수도 있는 것이다. 더구나 건너편의 공감하는 눈빛이나 부정하는 고갯짓이 없다면 내 말이나 감정의 표현이 옳고 그른지, 사태에 적합한지 아닌지를 판단할 수 없다. 때문에 허물없이 기쁨을 나누고 불평을 늘어놓을 누군가가 필요하다는 점뿐 아니라, 더욱 중요하게는 무엇이 좋고 무엇이 나쁘거나 힘들었는지 이야기를 나누고 서로의 생각을 함께 가늠해볼 수 있다는 점에서 친구관계야말로 인간다운 삶에 있어 필수적이라는 사실은 부정하기 어려울 듯하다.

3. 여러 말의 소금을 함께 먹어 본다는 것

진정한 우정은 좋은 일을 더 기쁘게, 행운을 더욱더 빛나게 하고 불운은 더 가볍게 함으로써[6] 행복한 삶을 노래하게[7] 해준다. 그렇지만 우리의 경험이 말해주듯이, 나의 둘도 없던 친구도 어느새 사라지고 마는 경우가 허다하다. 함께 놀고 즐기는 것만으로도 충분했던 어린 시절을 지나며, 다른 이해관계에 따라 친구를 사귀는 경우가 늘어가기 때문일 것이다. 이런 관계는 시간의 흐름과 장소의 변화에 따라, 다른 곳에 진학을 하거나 직장을 얻는 식의 진로 변경에 따라 느슨해지면서 서서히 조금씩 단절되어간다.

키케로가 자신의 평생 친구였던 아티쿠스에게 헌정한 『우정에 대하여』에는 한평생을 함께하며 친구로 지낸 라일리우스와 스키피오의 이야기가 등장한다. 라일리우스는 안타깝게도 먼저 세상을 떠난 친구이자 우정의 천재이기도 한 스키피오가 자주 했던 말을 전한다. "생의 마지막 날까지 우정이 지속되는 것보다 더 어려운 일은 없다." 그리고 이렇게 덧붙인다. "오래될수록 더 좋아지는 포도주처럼 우정도 가장 오래된 것이 가장 유쾌한 것이어야 하네. 그러니까 우정이 무엇인지 제대로 알려면 여러 말의 소금을 함께 먹어보아야 한다는 속담에는 일리가 있네."[8]

— 친구와 함께한 시간

앞서 소개한 서윤과 은지는 마침내 어떻게 되었을까. 그들이 맛볼 소금이 뿌려진 사건의 시작은 실연 후 보름째 칩거하던 서윤의 '비상연락'이었다. 서윤은 은지에게 다짜고짜 여행을 가자고 한다. 물론 이전에 이미 은지가 여행을 제안한 바가 있기 때문에 이 거두절미한 여행 제안이 시련의 시작은 아니었다. 호텔 '니약 따'를 경유하게 될 20일간의 동남아 여행. 무더운 날씨만큼이나 '여러 말의 소금'을 맛보며 이들의 우정에는 이상 기운이 감돈다. 과연 이들의 관계는 계속될 수 있을 것인가. 그들에게 주어진 우정의 시간은 얼마나 남아 있을까. 소설 「호텔 니약 따」는 누군가 나의 여행을 엿본 것이 아닌가 하는 기분이 들 정도로 친구와 다소 긴 여행을 떠나본 사람이 대부분 겪었을 법한 일들을 재현한다. 그리고 소설은 그전까지 균형과 조화를 형성해온 서윤과 은지의 관계가 일련의 과정을 치르며 어떻게 뒤틀리는지 절묘하게 그려낸다.

낯선 환경과 예상치 못한 사건들은 우리를 곤경에 빠뜨리곤 한다. 서윤과 은지의 관계를 안정되게 유지해주던 균형은 둘 사이의 영어 회화 능력의 차이로 흔들리기 시작한다. 은지는 졸지에 언어를 잃어버린 서윤이 의존해야만 하는 입과 귀가 될 수밖에 없고, 이런 관계는 은지에게 점점 부담이 되어간다. 그렇다고해서 서윤이 더듬거리는 영어로 말하는게 창피한 은지는 자신의 부담을 쉽게 내려놓지도 못한다. 오렌지와 귤, 사과와 바나나가 섞인 과일 바구니 속에서 다른 어떤 것보다 귤과 오렌지가 비슷해 보이지만, 귤과 오렌지만 남은 바구니 속에서는 이 둘의 차이가 두드러진다. 두 과일은 크기도 모양도 질감도 강도도 모두 다르다. 낯선 환경 속에서 서윤과 은지가 오롯이 둘만 남아 한데 머물렀을 때, 이들 사이의 유사함에는 같음보다 다름이 점점 더 크게 부각되기 시작한다. 무엇보다 둘의 성격적 차이는 낯선 환경과 예상치 못한 사건들 속에서 무척이나 선명히 드러난다. 여행의 한가운데에 이르자 은지의 거침없는 행동력은 서윤에게 무례하거나 거칠어 보이고, 서윤의 시시콜콜한 생각과 장황한 표현은 은지에게 진부하고 촌스럽게 들린다. 그리고 이런 생각이 들기 시작하자, 각자에겐 상대의 하나하나가 모두 거슬리기 시작한다. 여전히 친숙하지만 낯설게 느껴지는 이 관계. '내 친구가 맞나?' 둘은 점점 자신과의 대화 속으로 빨려 들어가며 불편한 침묵의 여정을 계속해

나갈 듯하다. 나는 왜 이 사람과 친구로 지냈던 거지?, 나는 대체 누구길래 그를 '또 다른 나'라고 생각했던 거지? ……

— 행복을 만들어 갈 기회

앞서 말한 가장 온전한 우정이란 친구가 겪는 곤란함을 기꺼이 나서서 도와주려 하고, 친구의 부족한 점을 남이 비웃더라도 부끄러워하거나 동조하지 않으며, 친구의 무례함도 사려 깊은 시선으로 바라볼 수 있는 관계일 것이다. 하지만 친구라는 관계는 시간을 들일수록 더욱 깊어지고 발전하는 세공품에 가깝다. 다시 말해 온전한 우정은 도달해야 할 이상이지 당장의 현실은 되기 어렵다. 친구관계는 현실의 암초와 풍랑 속에 존재할 뿐이며, 가끔씩 찾아오는 위기는 친구라면 맛봐야 할 여러 말의 소금 중 한 숟가락 정도라 할 만하다.

친구와의 유사성은 내가 친구를 바라봄으로써 나와 같은 존재를 바라볼 수 있게 한다는 점에서 내가 누구인지 거리를 두고 직시하며 자신에 대한 통찰력을 가질 수 있도록 도와준다. 그렇지만 이러한 통찰은 나와 친구가 완전히 똑같지는 않음에서 비롯하는 차이의 그 조화가 파괴되는 관계 속에서 한층 더 나아갈 여지가 생긴다. 친구는 쉴 곳이지만 마냥 포근하지는 않은 침상이다. 이때 친구는 니체가 말하듯이, 다른 누군가가 아닌 내가 누구인지를 드러내 보여주고 나의 한계를 시험하는 존재로, 지금의 나를 넘어서 한층 자기답게 만들어주는 '훌륭한 적'이다. 더구나 이 다툼 속에서 명예와 수치, 예의에 대한 질문이 교차한다면 이들은 더욱 고귀한 무언가를 다툴 수 있는 관계에 있는 것이 아닐까? 하지만 정신없이 돌아가는 이해관계에 따른 이합집산과 무한 경쟁이 지상 명령인 시대에, 우리는 과연 우정이라는 아름다운 작품을 정성 들여 세공해나갈 수 있을까? 행복, 즉 좋은 삶에 필수적인 우정을 위해 우리는 무엇을 할 수 있을까. 혹 시대에 대한 반란을 꿈꿔야 하는 것은 아닐까?

[혼자 읽고 함께 생각하는 친구관계]

밀란 쿤데라의 『정체성』은 우정의 중요성을 일갈하면서도 오늘날에는 우정이 기껏해야 '예절 계약'으로 변질되었음을 냉소적으로 언급한다. 이해관계에 따른 이합집산, 무한 경쟁이 우리를 장악한 오늘날에 과연 우정이 가능할 것인가? 친구 사이의 조화와 안정의 파괴 속에서 신뢰의 유지와 회복은 어떻게 가능한 것인가?

"그 순간 나는 오늘날 사람들이 맺고 있는 우정의 유일한 의미를 깨달았어. 우정이란 기억력의 원활한 작동을 위해 인간에게 필요 불가결한 것임을. 과거를 기억하고 항상 지니고 다니는 것은 아마도 흔히 말하듯 자아의 총체성을 보존하기 위한 필요조건일 거야. 자아가 위축되지 않고 그 부피를 간직하기 위해서는 화분에 물을 주듯 추억에도 물을 주어야만 하고, 이 물 주기가 과거의 증인, 말하자면 친구들과 규칙적 접촉을 요구하는 거야. 그들은 우리의 거울, 우리의 기억인 셈이지. 우리는 친구에게 아무것도 강요하지 않고 다만 우리가 자아를 비춰 볼 수 있도록 그들이 이따금 거울의 윤을 내주는 것을 바랄 따름이지. 하지만 고등학교 때 무슨 짓을 했건 알게 뭐야! 내 어린 시절부터, 아마도 유년기부터 내가 항상 갈구했던 것은 전혀 달라. 그것은 모든 다른 가치보다도 위에 놓은 우정이지. 진실과 친구 사이에서 나는 항상 친구를 택했노라고 즐겨 말했어. 도발 삼아 말하곤 했지만 내 진심이기도 했지. 지금은 그런 격언이 케케묵었다는 걸 나도 알아. 파트로클레스의 친구인 아킬레우스나 알렉상드르 뒤마의 삼총사나 심지어 주인과의 의견 차이에도 주인의 진정한 친구였던 산초에게나 통할 말이지. 그러나 우리에게 더 이상 통하지 않아. 내 비관주의가 너무도 깊어져서 지금은 우정보다 진실을 택할 거야."

"내게 우정은 이데올로기, 종교, 국가보다도 더욱 강한 뭔가가 존재한다는 증거였어. 뒤마의 소설에서 네 친구는 종종 적 진영에 가담해서 어쩔 수 없이 서로 싸워야만 했지. 그러나 그 때문에 그들 우정이 변질되진 않았어. 그들은 각자 진영의 진실을 비웃으며 꾀를 내어 은밀히 서로 도왔지. 그들은 진실, 명분, 상관의 명령, 왕, 왕비, 그리고 다른 모든 것보다도 우정을 앞세웠어."

"뒤마는 총사들의 이야기를 이백 년이라는 시간적 거리를 두고 썼어. 그에게는 우정을 상실한 세계에 대한 향수가 이미 그때부터 있었던 걸까? 아니면 우정이 실종된 건 보다 최근 현상일까?" ……

"우정이 어떻게 생기는 걸까? 필경 적대자에 대한 하나의 연대감, 그것이 없다면 적 앞에서 무기력해지는 연대 같은 것일 거야. 아마도 이제는 이러한 연대가 더 이상 필요 없는지도 모르지." ……

"맞아, 하지만 그 적은 눈에 보이지 않고 이름도 없어. 관료조직, 법률 같은 거야. 당신 창문 앞에 누가 공항을 건설한다고 결정하거나 혹은 당신을 해고했을 때 친구가 당신을 위해 무엇을 해 줄 수 있겠어? 누군가 당신을 돕는다 해도 여전히 눈에 보이지 않는 익명의 누구, 즉 사회 복지 기구, 소비자 보호 연맹, 변호사 사무실 같은 거지. 어떤 시련으로도 더 이상 우정을 확인할 길이 없어. 전쟁터에서 부상당한 친구를 찾아 나서거나 도적 떼로부터 친구를 구하기 위해 칼을 뽑는 것 같은 기회가 주어지지 않는 거야. 우리는 큰 위험이 없는 그러니까 우정도 없는 삶을 헤쳐가는 거야." ……

“만약 당신이 증오의 대상이 되고, 누명을 쓰고 사람들의 먹이가 된다면 당신을 아는 사람들로부터 두 가지 반응을 기대할 수 있어. 어떤 사람들은 당신을 뜯어먹으려는 부류에 합류하러 갈 것이고 다른 쪽은 점잖게 못 들은 척 할 거야. 물론 당신은 그들과 만나 대화할 수 있을 테지. 점잖고 조심스러운 이러한 두 번째 범주가 당신 친구야. 현대적 의미에서 친구지. 장마르크, 이런 사실을 나는 진작에 알았지.”

(밀란 쿤데라, 『정체성』, 이재룡 옮김, 민음사, 2012)

1. 아리스토텔레스와 니체의 친구와 우정론을 이해하고, 자기 형성과 친구의 관계를 고찰해 보자.
2. 쿤데라의 『정체성』 속에 담긴 오늘날의 친구 관계의 특징을 정리해 보고, 앞서 고찰한 아리스토텔레스와 니체의 사상과 비교해 보자.
3. 우정이란 공통의 교제(함께 살기)에 다름 아니라는 것에 대해서 우리 자신의 경험에 비추어 찬찬히 다시 생각해 볼 필요가 있다. 우리는 소설 『정체성』의 한 대목처럼 비관적 전망 속에서 친구 관계와 우정의 의미를 개정해야 할 것인가? 친구로 불렸던 사람들을 떠올려 보고 자신의 구체적인 경험담을 정리해 보며 다음과 같은 질문에 대한 답을 모색해 보자.
    - 나의 좋은 삶을 위해 친구는 반드시 필요한가?
    - 친구는 많을수록 좋을까?
    - 역경이나 곤경 등 슬픈 일이 있을 때나 기쁜 일 등 좋은 처지에 있을 때에 따라 친구와의 관계는 어떻게 달라질 수 있을까?
    - 친구란 또 다른 나인가?

생각의 깊이를 더해 주는 텍스트

1) 아리스토텔레스가 묻는 친구에 관한 거의 모든 질문

사람이 친구를 필요로 하는지 그렇지 않은지에 관해서도 쟁론이 있다. 어떤 사람들은 지극히 복되고 자족적인 사람들에게는 친구가 전혀 필요하지 않다고 주장한다. 그들은 이미 좋음을 가지고 있으며, 자족적인 만큼 그 어떤 것도 추가적으로 필요로 하지 않는다는 것이다. 친구는 (원래) 자신과는 다른 타인으로서 본인 스스로는 할 수 없는 것을 제공해 주는 사람이니 말이다. 그래서 이런 시구가 있는 것이다.

"신이 행복을 부여한다면 친구가 필요한 이유가 무엇인가."

그런데 모든 좋은 것을 행복한 사람에게 다 나누어 주면서 외적인 좋음 중 가장 큰 것으로 보이는 친구들을 주지 않는다는 것은 이상한 일로 보인다. 친구가 하는 일이 선행을 받는 것이 아니라 잘해 주는 것이라면, 또 선행을 베푸는 것이 좋은 사람과 탁월성이 하는 일이라면, 친구에게 잘해주는 것이 이방인에게 잘해 주는 것보다 더 고귀한 일이며, 그러한 한 신실한 사람은 [자신의 선행을] 잘 받을 사람을 필요로 하게 될 것이다. 바로 이런 까닭에 좋은 처지에 있을 때 친구가 더 필요한 것인지, 아니면 역경에 처해 있을 때 친구가 더 필요한 것인지에 대한 의문도 생겨난다. 역경에 처해 있는 사람은 자신에게 선행을 베풀어 줄 친구가 필요하고, 또 좋은 처지에 있는 사람은 자신이 잘해 줄 사람이 필요하기 때문이다.

또 아마 지극히 복된 사람을 외로운 사람으로 만드는 것도 이상한 일일 것이다. 홀로 지내면서 모든 좋은 것을 다 소유하라고 하면, 이것을 선택할 사람은 아무도 없을 테니까. 인간은 폴리스적이며 함께 살게끔 되어 있기 때문이다. ……

[1169b] 만일 행복하다는 것이 삶과 행동 속에서 성립하고, 처음에 이야기한 것과 같이 좋은 사람의 활동이 신실하며, 그래서 그 자체로 즐거운 것이라면, 또 자기에게 고유한 것도 즐거운 것에 속한다면, 그런데 우리들은 자신들을 볼 때보다 가까운 사람들을 볼 때 더 잘 볼 수 있고, 우리들의 고유한 행위들보다 저들의 행위들을 더 잘 볼 수 있다면, 또 친구로서 신실한 사람들의 행위가 좋은 사람들에게 즐거움을 준다면, 지극히 복된 사람은 이러한 친구들을 필요로 할 것이다. 지극히 복된 사람이 훌륭한 행위들과 자신에게 고유한 행위들을 관조할 것을 선택하는 한, 또 친구이면서 좋은 사람의 행위들이 바로 그런 행위들인 한 말이다.

또, 사람들은 행복한 사람이 즐겁게 사는 것은 당연하다고 생각한다. 외톨이로 사는 삶은 힘겹다. 혼자서는 연속적으로 활동하기 쉽지 않은데 반해, 다른 사람과 함께라면, 또 타인과의 관계 속에서라면 쉽기 때문이다. [다른 사람과 함께라면] 그 자체로 즐거운 활동은 더 연속적으로 될 것이다. ……

그런데 사태를 더욱 자연학적으로 고찰하는 사람들에게 신실한 친구는 신실한 사람들이 본성상 선택할 만한 것으로 보인다. 본성상 좋은 것은 신실한 사람에게 좋은 것이고 그 자체로 즐거운 것이라고 이야기되기 때문이다. ……

[1170b] 또 살아 있음을 지각하는 것이 그 자체로 즐거운 일에 속한다면, 산다는 것은 선택할 만한 것, 특히 다른 누구보다도 좋은 사람들이 선택할 만한 것이다. 왜냐하면 그들에게는 존재가 좋고 즐겁기 때문이다. 그런데 신실한 사람은 친구를 자기 자신처럼 대하므로-친구는 또 다른 자기이니까-각자에게 자신의 존재가 선택할 만한 것이듯이 친구의 존재도 선택할 만한 것, 혹은 거의 그럴만한 것이다. 존재한다는 것이 선택할만한 것이 되는 것은 자신이 좋은 사람임을 지각하기 때문이다. 그러한 지각은 그 자체로 즐거운 것

이다. 따라서 친구가 존재한다는 것을 [친구와] 더불어 지각하는 일이 필요한데, 이것은 함께 살며 서로 말과 생각을 나누는 일을 통해 성립한다. 인간에게 있어서 함께 산다는 것은 가축의 경우처럼 같은 공간을 배정받았다는 뜻이 아니라, 이러한 것[즉 말과 생각을 나누는 것]을 의미하는 것으로 보이기 때문이다.

그렇다면 가능한 한 많은 친구를 사귀어야 한다는 말인가? ……

……

[1171a] 많은 사람들과 함께 사는 것, 또 그 속에서 자기 자신을 나누어 주는 것이 불가능하다는 것은 정말 자명하다. 게다가 그 많은 사람들 모두가 서로 함께 시간을 보내려면 그들끼리도 서로 친구여야만 하는데, 많은 사람들 속에서는 이런 일이 일어나기 힘들다. 또 함께 기쁨과 슬픔을 나누되 자기 일처럼 기뻐하거나 슬퍼하는 것은 많은 수의 사람에게는 어려운 일이니, 어떤 사람과는 더불어 즐거워하는 동시에 다른 사람과는 고통을 함께 나누어야 하는 일이 생길 법하기 때문이다. 그러므로 아마도 가능한 한 많은 친구들을 가지는 것보다는 함께 살기에 충분한 수만큼만 가지는 것이 좋을 것이다. ……

많은 사람들이 서로 절친한 친우 간의 친애에 따른 친구들이 되는 것은 아니며, 칭송되는 친애들은 둘 사이에서 이야기되니까. 많은 친구들을 가지고 있으며 모든 사람들에게 가깝게 대하는 사람들은 그 누구에게도 친구가 아닌 것처럼 보이는데, 만약 그래도 친구라면 폴리스 동료 시민으로서의 친구일 뿐이다. 실제로 사람들은 그들을 '비위를 맞추는 사람'이라고 부른다. …… 탁월성과 자기 자신을 근거로 성립하는 친애는 많은 사람들을 향하지 않는다. 그러한 사람을 소수라도 발견하다면 그것에 만족해야 할 것이다.

친구들은 좋은 처지에 있을 때 더 필요한가, 아니면 곤경에 처했을 때 더 필요한가? ……

사실 친구가 곁에 있다는 것 자체가 좋은 처지에 있을 때나 곤경에 처한 때나 모두 즐거운 일이다. 고통을 겪는 사람들은 친구들과 함께 괴로움을 나눌 때 위안을 받는다. 이런 까닭에 이것이 무거운 짐을 함께 지기 때문인지, 아니면 친구들이 곁에 있는 것이 즐겁고 누군가 함께 괴로워해 준다는 것에 대한 생각이 고통을 작게 하는 것인지에 대한 의문을 제기할 수 있을 것이다. ……

[1171b] 친구들을 보는 것 자체가 즐거운 일인데, 특히 역경에 처한 사람에게는 더 그렇다. [친구를 보는 것 자체가] 괴로워하지 않도록 도움을 주는 것이니, 친구는 친구에게 눈길을 주고 말을 건넴으로써-그런 재능이 있다면-위로를 주는 사람이기 때문이다. 친구의 성품을 알고 있고, 또 무엇이 그를 즐겁게, 혹은 괴롭게 하는지를 알고 있으니까. ……

…… 좋은 처지를 나누는 일에는 기꺼이 친구들을 초대해야만 하고, 반면 역경을 나누는 일은 주저해야 하는 것으로 보일지도 모른다. 나쁜 일들은 가능한 한 적게 나누어야 하는 것이니까. "불행은 나 하나로 족하다"라는 말이 나온 것은 바로 이런 이유에서이다. ……

역으로 친구가 부르지 않더라도 흔쾌히 역경에 처해 있는 친구에게 가는 것이 아마 합당한 일일 것이다. ……

…… 친애는 공통의 교제이며 자기 자신을 대하듯 친구를 대하는 것이니까. 그런데 자기 자신에 대해서는 자기가 존재하고 있음에 대한 지각이 선택할 만한 일이며, 친구가 존재함을 지각하는 것도 마찬가지로 선택할만한 일이다. 따라서 그 지각의 활동은 함께 사는 것 안에서 생기므로 그들이 이것을 추구하는 것은 그럴 법한 일이다.

[1172a] 그들 각각에 있어 존재가 무엇을 의미하든, 혹은 그들이 삶을 선

택하는 목적이 무엇이든 바로 그 의미와 목적에 있어서 그들은 친구와 함께 지내기를 바란다. 그런 까닭에 어떤 친구들은 함께 술을 마시고, 또 어떤 친구들은 함께 주사위 놀이를 하며, 또 다른 어떤 친구들은 함께 운동을 하고 사냥을 하거나 철학을 하는 것이니, 그들은 각자 자신들이 그들의 삶에서 가장 사랑하는 것을 하며 친구와 함께 시간을 보낸다. 친구들과 함께 살기를 바라기 때문에 그들은 이것들을 하고, 자기들과 함께 산다고 생각하는 사람들과 더불어 바로 그것들을 나누는 것이다.

그래서 열등한 사람들의 친애는 못난 것이 된다. (그들은 굳건하지 못해 열등한 것들을 함께 나누고 서로를 닮아 가면서 못난 사람이 되기 때문이다.) 반면 훌륭한 사람들의 친애는 친교에 의해 함께 성장하면서 훌륭해진다. 그들은 [친애적인] 활동과 상호 교정을 통해서 더욱 좋은 사람이 되는 것처럼 보인다. 각자 자기 마음에 드는 것들을 상대방으로부터 본받기 때문이다. 여기에서 "고결한 것들은 고결한 사람들로부터"라는 말이 나온 것이다.

(아리스토텔레스, 『니코마코스 윤리학』, 「9권」, 강상진, 김재홍, 이창우, 길, 2011)

2) 신중하게 사귀고 위선은 금물이라는 키케로

우리의 우정에 관한 추억이 너무나 행복한 것이어서 내 삶도 행복한 것이었다는 생각이 드네. 나는 스키피오와 함께 살았으니까 말일세. 우리는 공적인 생활에서나 사생활에서나 관심사가 같았고, 같은 집에서 살았으며, 전장에서 군 복무도 함께했다네. 우리는 취향과 목표와의견도 완전 일치했는데, 바로 이것이 우정의 요체라네.

우리는 태어나면 모두 서로 인연을 맺게 되는데 그렇게 해주는 것이 다른 아닌 자연이라고 나는 믿는다네. 가까운 관계일수록 인연도 더 강해지네. 그래서 인연은 이방인들 사이에서보다는 동포와 시민들 사이에서, 타인들 사이에서보다는 친척들 사이에서 더 강한 법이라네. 서로 이방인들이고 서로 낯선 사이에서도 자연은 우정을 맺어주긴 했지만 그런 우정은 기초가 그다지 튼튼하지 못하지. 진정한 우정은 인척관계보다 더 힘이 있네. 인척 관계는 선의 없이 존재해도 우정은 그렇지 못하기 때문이네. 우정에서 선의가 빠지면 우정이라 할 수 없지만, 인척관계는 선의가 빠져도 존속하니까 말일세.

……

우정의 힘이 얼마나 막강한지 알 수 있게 해주는 것은, 자연이 인간들 사이에 맺어준 인연은 부지기수인 데 반해 우정이란 것은 호감에서 그것들을 모두 능가할뿐더러 선택적이고 한정적이어서 단지 두 사람 또는 그보다 조금 많은 사람들 사이에서만 맺어진다는 사실이네.

우정이란 지상에서나 천상에서나 모든 사물에 관한, 선의와 호감을 곁들인 감정의 완전한 일치라고 할 수 있을 것이네. ……

우리에게는 생활필수품이라는 물과 불 못지않게 언제나 우정이 필요한 것이라네. …… 우정은 "행운은 더 빛나게 하고, 불운은 나누고 분담하게 해줌으로써 더 가볍게 해준다네.

우정은 큰 이점을 많이 가지고 있지만, 의심할 여지없이 그 점에서 그 모든 것을 능가하는 것은 우정은 미래를 향하여 밝은 빛을 투사하여 영혼이 불구가 되거나 넘어지지 않게 해준다는 것이네. 진정한 친구를 보는 사람은 자신의 영상을 보는 것이네. 친구는 그 자리에 없어도 그 자리에 있는 것이라네. 그리고 그는 가난해도 부자며, 약해도 강하며, 말하기 좀 거북하지만, 죽어도 살아 있다네. 그만큼 그의 친구들이 그를 존경하고 기억하고 그리워하기 때문이네.

……

우리의 사랑과 호의는 자연스런 현상으로서 다른 사람에게서 정직성이 명백히 드러날 때 유발된다는 결론을 내리는 것이 좋을 것 같네. 두 사람이 이런 자질을 추구하게 되면 공동의 성향으로 인하여 서로 끌리고 서로 결합하게 된다네. 그리고 좋아하게 된 사람과 결합함으로써 서로 함께하고 서로 상대방을 즐기고 사랑으로 인해 서로 성격이 닮아간다네. 그들은 점점 더 서로 봉사를 요구하기보다는 봉사를 할 각오가 되어가면서 고귀한 일에 서로 경쟁자가 된다네. 그리하여 우정에서 최대의 이익을 얻게 되는 것이네. 그리고 우정이 인간의 약점이 아니라 본성에서 기인했다는 사실은 우정을 더욱 위험 있고 진실한 것으로 만들어 줄 것이네. 만약 이익이 우정의 접착제라면 이익이 사라지면 우정도 풀어질 것이네. 하지만 본성은 바꾸지 않으므로 진정한 우정도 영원한 법이지. ……

수많은 위험이 우정 위에 운명처럼 걸려 있어, 이런 위험을 모두 피하려면 지혜뿐만 아니라 행운도 필요한 것 같다고 말했네. ……

스키피오는 사람들이 우정보다는 다른 일들에 더 정성을 들인다고 불평하곤 했다네. …… 사람들은 가축 떼를 마련할 때는 조심을 하면서도 친구를 고를 때는 조심을 하지 않으며, 누가 우정의 필요조건을 충족시키는지의 여부를 결정할 수 있는 징표나 기준을 갖고 있지 않다는 것이었네. 말하자면 우리가 고르는 친구는 굳건하고 견실하고 의연해야 하네. 하지만 그런 사람들은 매우 드문 편이네. 게다가 미리 시험해 보지 않고 판단하기란 여간 어려운 일이 아니네. 그리고 그런 시험은 우정이 시작된 후에야 가능한 법이네. 그러니까 우정이 판단을 앞지르며 미리 시험해볼 수 있는 기회를 앗아가 버리는 셈이네.

……

충고를 할 때는 거리낌은 없되 거칠지 말아야 하며, 충고를 받을 때는 참을성은 있되 대들지 말아야 하네. 우정에는 아첨과 아부와 맞장구보다 더 큰 해악이 없다는 점도 알아야 하네. …… 위선은 어떤 경우에도 사악하네. 위선은 진실을 알아볼 수 없게 하고 진실을 변조하기 때문이네. 그러나 위선은 우정에 가장 적대적이네. 위선은 신뢰를 소멸시키는데, 신뢰 없이는 우정이란 말은 아무런 의미도 없기 때문이네. 왜냐하면 우정의 취지는 여러 사람의 마음을 한마음으로 결합시켜주는데 있는데, 한 사람조차도 언제나 변함없는 한 마음이 아니라 변덕스럽고 변하기 쉽고 복잡다단한 마음을 갖고 있다면 어찌 그것이 가능하겠는가? …… 사실 말이지 다른 사람의 감정이나 의도뿐만 아니라 얼굴 표정이나 고갯짓에 따라 자신을 바꾸는 사람의 마음보다 더 휘기 쉽고 정도에서 벗어난 것이 또 어디 있겠는가? 하지만 조심하기만 하면 아첨하는 친구를 진정한 친구와 분리하고 구별할 수 있네, 마치 모든 가짜와 위조품을 정품과 진짜와 구별할 수 있듯이 말일 세. 민회는 전혀 경험 없는 사람들로 구성되지만 그럼에도 대개 선동가 즉 줏대 없이 맞장구나 치는 시민과 줏대 있고 진지하고 품위 있는 정치가의 차이를 알고 있다네. 한 세대가 다음 세대에 의해 교체되는 것이 인생의 법칙이자 자연의 법칙인 만큼 가장 바람직한 것은 함께 인생의 경주를 시작했던 동년배들과 더불어 말하자면 결승선에 도착하는 것이네.

그러나 인간사는 덧없고 무상한 까닭에 우리는 늘 사랑을 주고받을 수 있는 사람들을 찾지 않을 수 없네. 사랑과 호의가 없다면 인생에는 그 어떤 낙도 없기 때문일세. 스키피오는 갑자기 세상을 떠났지만 나에게는 그가 아직도 살아 있고 언제까지나 살아 있을 것이네. 내가 사랑한 것은 그의 미덕이고, 그의 미덕은 죽지 않았기 때문이네.

…… 나로서는 행운이나 자연이 내게 준 온갖 것들 가운데 스키피오와의 우정에 견줄만한 것은 아무것도 없다네. 그와의 우정의 특징으로는 정치 문제에 있어서의 완전한 의견 일치, 사생활에 있어서의 조언, 즐겁기만 한 여가

를 들 수 있네. 내가 알기로 나는 아주 사소한 일에도 그를 모욕한 적이 없고, 듣지 말았더라면 싶은 말을 그에게서 들은 적이 없네. 우리는 한 집에서 살았고, 생활 방식도 같았으며, 군대 생활과 해외여행만이 아니라 시골에 머물 때에도 함께했다네. ……

우리가 이목이 번다한 곳을 피해 온 여가 시간을 다 바쳐 열심히 연구하고 쉬지 않고 공부하던 일을 여기서 말할 필요가 어디 있겠는가? 만약 그런 일들에 대한 기억과 추억이 그와 함께 소멸되었다면 나는 그토록 가깝고 사랑스럽던 사람을 잃은 것을 결코 견딜 수 없을 것이네. 소멸되기는커녕 그것은 내가 회상하고 기억할수록 오히려 더 자라나고 불어난다네. 그리고 설사 내가 그런 일들을 기억할 능력을 잃었더라도 내 나이가 내게는 큰 위안이 될 것이네. 그러한 상실이 나를 오랫동안 괴롭힐 수는 없을 테니까 말일세. 아무리 심한 고통도 오래가지 않는다면 견딜 만하기 때문이네. …… 우정은 미덕 없이는 존재할 수 없는 만큼 덕을 높이 평가하되 미덕 다음에는 우정보다 더 탁월한 것은 아무것도 없다는 점을 명심해 두게나.

(마르쿠스 툴리우스 키케로, 『노년에 관하여, 우정에 관하여』, 천병희 옮김, 숲, 2007)

3) 코르크 같은 친구를 기다리는 **니체**

늘 그렇지만 나는 또 다른 나와의 대화에 너무 열성적이다. 만약 한 사람의 벗도 없다면 나는 그것을 어떻게 견뎌낼 것인가?

은자에게 벗은 언제나 제3의 인물이다. 이 제3의 인물은 마치 코르크와 같아서 두 사람의 대화가 심연으로 가라앉지 않도록 막아준다.

아, 은자들에게는 너무나 많은 심연이 존재한다. 그 까닭에 그들은 벗과 그 벗의 높은 경지를 동경하는 것이다.

다른 사람들에 대한 우리들의 믿음은 우리가 우리 자신의 어떤 점을 믿고자 하는지를 여실히 드러내 준다. 벗에 대한 우리의 동경, 그것은 우리 자신을 드러내 주는 누설자다.

사람들은 때때로 사랑을 함으로써 시샘 그 하나를 뛰어넘으려 한다. 그리고 흔히 자신들에게 공격당할 허점이 있다는 것을 감추기 위해 먼저 공격을 하고는 적을 만든다.

"나의 적이라도 되어 달라!" 우정을 감히 청하지 못하는, 진정 공격하고 두려워하는 마음은 이렇게 말한다.

벗을 원한다면 그 벗을 위해 기꺼이 전쟁을 벌일 각오라도 해야 한다. 그리고 전쟁을 벌이기 위해서는 적이 될 줄도 알아야 한다. ……

너는 네 벗이 어떤 얼굴을 하고 있는지를 보기 위해 일찍이 잠자고 있는 그의 모습을 들여다본 일이 있는가? 잠들지 않았을 때의 네 벗의 얼굴, 그것은 무엇인가? 면이 고르지도 온전하지도 못한 거울에 비친 네 자신의 얼굴이렷다. ……

벗이라면 마땅히 미루어 짐작하는 일과 침묵하는 일에서 대가여야 한다. 너 모든 것을 보려고 해서는 안된다. 니의 벗이 깨어 있을 때 무엇을 하는지는 너의 꿈이 대신 보여주어야 한다. ……

벗에 대한 연민은 딱딱한 깍지 속에 감추도록 하라. 너 그것을 깨려다 이빨 하나쯤은 부러뜨려야 할 것이다. 그래야 그것은 섬세하고 감미로운 맛을 낼 것이다.

너는 네 벗에게 맑은 대기이자 고독이며, 빵이자 영약인가? 많은 사람들은 자신의 고리조차 풀지 못한다. 그런데도 벗에게는 구세주가 되지.

너는 노예인가? 그렇다면 벗이 될 수 없다. 너는 폭군인가? 그렇다면 벗을 사귈 수 없다.

"너희에게는 벗이 이 땅에서의 축제여야 하며 위버멘쉬를 예감케 하는 것이어야 한다."

(니체, 「벗에 대하여」, 『차라투스트라는 이렇게 말했다』, 정동호 옮김, 책세상, 2017)

1 에피쿠로스, 『쾌락』, 문예출판사, 오유석 옮김, 2008, p.29.
2 김애란, 「호텔 니약 따」, 『비행운』, 문학과 지성, 2012, p.263.
3 특히, 친구는 또 다른 나-혹은 제2의 나-라는 규정이 주목받았다. 김명호, 「연암의 우정론과 서학의 영향-마테오 리치의 『교우론』을 중심으로」, 『고전문학연구』 제40집, 2007참고.
4 아리스토텔레스, 『니코마코스 윤리학』, 강상진, 김재홍, 이창우, 옮김, 길, 1108a27.
5 박지원, 『연암집』, 제8권 별집 「예덕선생전」, 신호열, 김명호 옮김, 한국고전번역원, 2004.
6 마르쿠스 툴리우스 키케로, 『노년에 관하여, 우정에 관하여』, 천병희 옮김, 숲, 2007, p.118.
7 에피쿠로스, 『쾌락』, 오유석 옮김, 문학과 지성사, 2008. p.32.
8 마르쿠스 툴리우스 키케로, 『노년에 관하여, 우정에 관하여』, p.154.

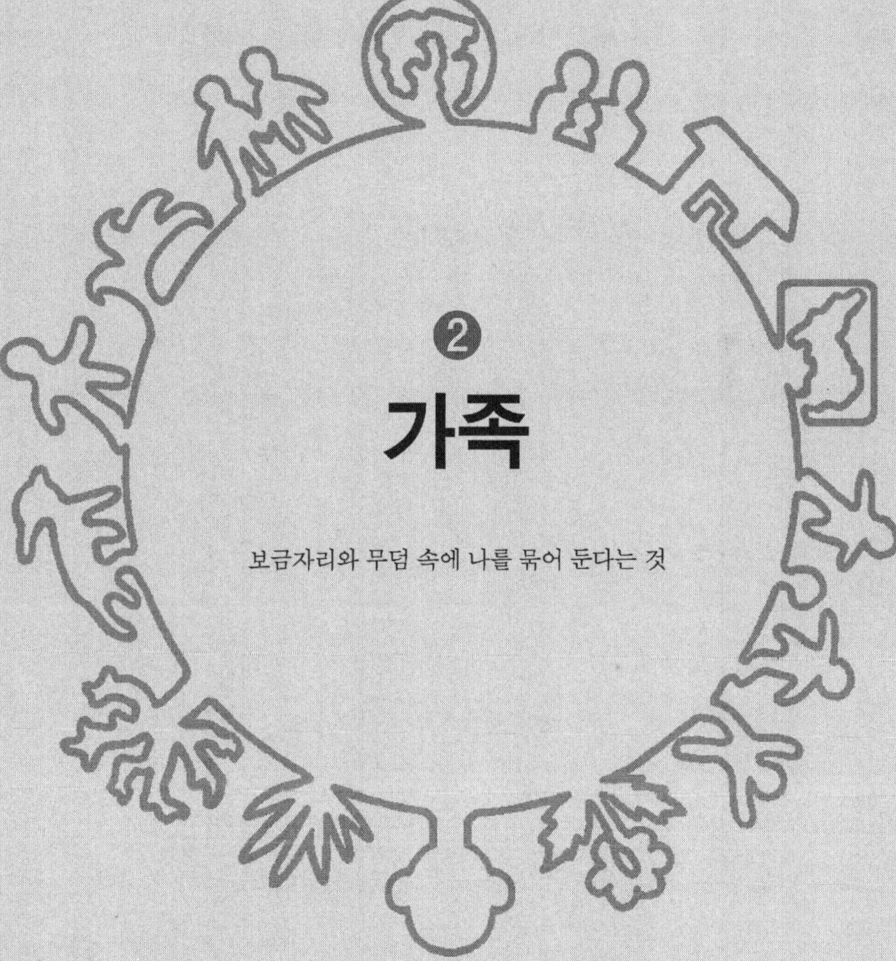

2

가족

보금자리와 무덤 속에 나를 묶어 둔다는 것

보금자리와 무덤 속에 나를 묶어 둔다는 것

1. 가족은 안식처인가?

"내 말을 들으렴. 세상은 커다란 방앗간이란다. 너의 꿈을 짓이기고 환상을 먼지처럼 작게 만들 거야. 얘야, 잘 들어보렴. 넌 매번 사랑을 비관하게 될 거야. 그리고 이걸 네가 깨달았을 때는 이미 너의 발은 심연의 끝에 잠겨 있겠지. 네가 스스로 걸어 들어간 그 심연 속에 말이야."– Cartola, 「O Mundo é Um Moinho」

아직 집을 떠나기에 이른 나이인 어린 딸에게 아버지는, 세상이란 거대한 맷돌처럼 너의 꿈을 짓이기고 환상을 깨뜨릴 것이라 말한다. 가출을 도모하는 딸에게 세상의 냉혹함을 위협 삼아 저주에 가까운 말로 딸의 결심을 되돌리려는 것처럼도 보인다. 하지만 이것은 악담이나 강권이 아니라 딸에게 세상의 단면을 침착하게 전하는 아버지의 처연하고도 담담한 노랫소리다. 아버지는 딸이 집을 나가 독립하기 위해 '창녀'라도 되겠다고 했던 말을 기억하고 있다. 어린 시절 리우의 빈민촌으로 이주해 온 아버지는 딸의 공언이 결국 빈민가 출신이 맞이하게 될 현실이라는 점을 예감했을 것이다.

이 노래는 수많은 명곡을 남긴 '삼바의 시인' 카르톨라가 딸의 가출 소식을 접하고서 만든 노래라고 한다. 딸이 왜 집을 나가려고 했으며 이후의 사태는 어떻게 전개되었는지, 구체적인 사연에 대해서는 정확히 알 수 없다. 이미 10대가 되기도 전에 가수로 활동했던 카르톨라의 딸이 실은 다섯 살에 입양되었으며, 이 일이 있던 즈음 카르톨라가 갑자기 삼바 스쿨은 물론이고 모든 걸 버린 채 세상으로부터 종적을 감추었다는 사실 외에는. 다만 한참의 시간이 흐른 뒤 세차장에서 일하고 있던 카르톨라를 한 저널리스트가 발견하면서 그 미궁의 시간도 끝났다는 사실과 그 후 그가 다시 음악계로 돌아와 발표한 생애 첫 앨범을 딸과 함께 녹음했다는 이야기가 사람들 사이에 전해지고 있다.

— 안식처

우리는 집에 돌아와 편안한 옷으로 갈아입고, 음식을 먹고, 편히 쉬면서 집 밖에서 사람들과 부딪히며 보낸 하루의 피곤함을 날려 보낸다. 여기에 한 가지를 더한다면, 가족이 있을 것이다. 집이란 가족이 있는 곳이기도 하다. 앞의 노랫말처럼 우리는 가족이야말로 험난하고 냉혹한 사회에서 그나마 편하게 몸을 뉘이고 자신을 치유하고 보호할 수 있는 울타리라고 생각한다. 부모는 안전과 치유라는 울타리로 자녀가 스스로 세상에 적응하고 대응할 수 있을 때까지 양육한다. 또한 부모는 보살핌 속에 커가는 아이들의 행복한 미소를 보면서 고달픈 삶에 희망의 빛을 얻는다.

프랑스의 철학자 가브리엘 마르셀(G. Marcel)은 '자기 집에 있음(l'être chez soi)'의 분위기 속에서 존재의 진리가 드러난다고 말한다. 달리 말해 가족이 '존재가 드러나는 장소'라는 것이다.[1] 여러 의미로 고찰될 수 있겠지만, 성경의 '돌아온 탕자' 이야기처럼 유산을 미리 상속받은 다음 집을 나가 모두 다 탕진한 아들이라 해도 돌아온 이가 다른 사람이 아닌 아들이라는 이유로 어떠한 요구나 조건 없이 기꺼이 맞이해주는 이들이 바로 가족임을 뜻하는 것으로 이해할 수 있을 것이다. 가족이라는 친밀한 타자는 한 개인에게 매우 중요한 의미를 지닌다. 아이는 단지 태어났다는 것만으로 조건 없는 보살핌을 받는다. 세상에 낯선 이 작은 존재가 할 수 있는 것이라고는 아무것도 없을 때, 단지 아이라는 이유로 누군가는 먹여주고 입혀주며 더러운 배설물도 처리해준다. 부모를 비롯한 가족 구성원으로부터 받는 이러한 보살핌은 한 아이가 자라는 데 지대한 영향을 미치고, 성인이 되어서도 때로는 아이처럼 무력한 상황에 처했을 때나 마음 둘 곳 없을 때 마지막으로 돌아갈 수 있는 곳으로 가족을 떠올리곤 한다. 가족 속에서 얻는 위로와 안식을 통해 우리는 삶을 지속할 힘을 얻는 경우가 많다. 그런 점에서 가족은 흡사 신적인 창조의 기적과 구원의 신비가 자리하는 곳과 같다고 할 수도 있을 것이다.

— 무덤

"아버지 외로운 무덤 있던 이 자리
흰 아파트 한 동만 늠름 서 있네."- 정호승, 「아버지의 무덤」

이 시가 쓰인 1973년은 베트남에 파병되었던 한국군이 돌아오던 해, 그리고 지금은 '8학군'이라 불리는 서울의 핵심 지역에 위치한 모 아파트가 분양되던 해다. 싸우러 남의 나라 갔다가 돌아와 보니 아버지 무덤이 있던 논밭은 오간 데 없고 그 위에 아파트가 생겨 있다. 시의 화자는 다시 한 번 죽음을 맞이하게 된 아버지의 두 번째 무덤인 아파트 옥상 위에 뜬 보름달에게 추석 성묘를 대신해줄 것을 기원할 수밖에 없다. 부디 아파트 안 깊숙이 묻혀 있는 첫 번째 무덤에까지 빛을 비추어달라고.

아버지, 아파트, 무덤, 성묘와 같은 이 시의 제재는 21세기 한국 사회의 우리들에게 다른 현실로 펼쳐진다. 오늘날 평범한 부모들의 삶은 집이라는 죽음의 올가미에 걸려들었다 해도 과언이 아니다. 가족이 거주할 아파트 한 채를 얻고 보존하기 위해 거의 한 평생을 바친다. 그 아파트가 자녀 교육에 도움이 될 좋은 학군에 있다면 더할 것이다. 죽기 전에 먼저 두 번째 무덤으로 걸어 들어가 죽은 듯이 산다. 한편 부모들의 애틋한 자녀 사랑은 이제 '자녀 경영'이라는 이름을 얻었다. 부모의 자녀에 대한 투사적 동일시는 더 이상 은밀한 학대가 아닌 듯하다. 부모는 미래에 회수될 이윤을 위해 자신의 모든 것을 베팅한 딜러처럼 자녀 교육에 혼신의 힘을 다한다. 더구나 경영의 한 축을 담당하는 엄마는 집안일과 사회생활 모두를 감당하면서 '슈퍼맘'이 되어 그야말로 초인의 삶을 살아간다. 부모의 위험한 모험, 대담한 기획. 기획사의 '아이돌 육성 프로그램'처럼 냉정한 평가 속에서 부모는 매정해지고 아이들은 분주하다.[2]

이제 가족이 있는 집은 피곤에 지친 사람들이 죽은 듯 잠드는 숙소에 불과하다고 생각할 법하다. 그나마 잠만 자더라도 다행일 수 있을 텐데, 집은 집 밖에서 얻은 온갖 스트레스로 가득 찬 나를, 자존감에 상처 입은 나를 방임할 수 있는 거의 유일한 곳이기 때문이다. 포털 사이트를 보면 남편이 아내를 구타하고 부모는 자녀를 학대하며 자녀가 부모를 멸시하고 홀대하는 뉴스를 한 줄 정도는 어렵지 않게 접할 수 있다. 특히 명절처럼 가족들이 모여 함께 시간을 보내야 하는 때에는 충격적인 가족 사건이 빠지지 않고 보도된다. 그럼에도 가족 구성원들 사이의 폭력에는 가족애라는 이름으로 값싼 면죄부가 남발되고, 사생활이라는 이름으로 법과 제도 등 '외부'의 개입으로부터 방어막을 여전히 유지하고 있는 것으로 보인다.

장미꽃 넝쿨이 우거지고 비둘기처럼 다정해 보이는 가족이라 할지라도 그 장벽을 넘어 들여다보면, 십중팔구 어느 가족이든 가족을 지탱하는 몇몇 가족 구성원의 힘겨운 희생과 인내를 발견할 수 있을 것이다. 그중 다수는 직접적인 폭력이나 우울증, 화병으로 남몰래 병들어가고 있을지도 모른다. 사태가 이러하다면, 가족은 '바깥' 세상으로부터 벗어나 따뜻한 위로와 휴식을 얻기는커녕 오히려 두려움과 잔인함이 감도는 폭력의 온상이라고 할 수 있지 않을까? 가족이라는 울타리는 나를 숨 막히게 옥죄는 감옥이자, 그 안에서 무슨 일이 벌어지든 볼 수도, 들을 수도, 들어갈 수도 없게 하는 분리장벽이 아닐까?

2. 가족의 위기와 신화

가족 내의 갈등과 분쟁, 기러기 아빠, 한부모 가정, 조손 가정, 결혼과 출산율 저하, 1인 가구의 증대 등을 두고 사람들은 우리 사회가 전례 없는 위기를 겪고 있다면서 가족의 해체를 우려한다. 하지만 소위 가족의 위기는 비단 현대적 현상만은 아니다. 『논어』에서 언급된 양을 훔친 아버지를 고발한 직궁(直躬), 부모에게 반항할 것을 젊은이들에게 선동했다는 혐의로 재판에 회부된 크세노폰의 『회상』에 등장하는 소크라테스, 아벨을 죽인 카인, 남편에게 배신당하고 자녀를 살해함으로써 복수를 감행한 메데이아 등의 사례는 얼마든지 찾아볼 수 있다. 오래전에도 가족이란 단지 사랑과 온정으로 서로를 감싸주는 안식처만은 아니었다.

— 위기의 가족

가족은 우리 삶에 있어 출생, 질병, 죽음과 같은 생물학적인 일들을 해결하는 것과 밀접하다. 인간이 살기 위해 행하는 아주 기본적인 사항들이 가족 관계 속에서 이루어진다. 예를 들어 인간이 세상에 왔다가 사라지는 과정은, 성관계를 통한 아이의 출산부터 사망한 사람에 대한 장례까지 대부분 가족과 깊이 결부되어 있다. 간단히 말해 가족은 생로병사의 터전이라 보아도 무방한 것이다. 혈연을 중심으로 한 가족은 생물학적 연결망을 구축하면서 매우 긴밀하고 가까운 관계를 형성한다. 특히 부모와 자녀의 유대는 특별하게 강한 유대감을 갖고 있다. 사회생물학적으로 보자면, 부모는 자녀를 통해서 유전자를 보존함으로써 자기 자신을 보존하는 것이라고 설명할 수 있을 것이다. 이렇게 볼 때 가족의 핵심은 자녀 출산을 위한 부모의 성관계, 그리고 자녀 양육을 중심으로 맺어진 부부 관계다.

그렇지만 가족은 단지 자연스러운 생물학적 혈연관계를 근간에 두고서만 이해할 수 없는 구석이 있다. 가족은 인위적인 제도의 산물, 즉 자연과 제도의 결합으로 이루어진 무엇이다. 예컨대 모계 부족의 경우 자녀의 어머니가 누구인지는 분명하지만 아버지는 불분명한 경우가 많다. 이와 같은 사회에서는 군혼이나 잡혼 등 다양한 형태의 혼인이 맺어진다. 이때의 가족은 부모가 자신의 자녀를 통해 생물학적 혈통을 유지하려 한다는 설명만으로는 부족하다. 부부 관계가 자녀를 중심으로 존속되는 것만도 아니다. 노예까지 포괄했던 고대 그리스나 로마의 가족 형태나, 모계 중심 가족을 유지하는 중국의 모쒀족처럼, 가족의 형태는 시대와 장소에 따라 다양하게 변해왔다.

그런 점에서 가족은 시대에 따라 그 목적이 무엇인가를 중심으로 다르게 이해될 수 있다. 예컨대 앞서 우리가 다뤘던 아리스토텔레스는 가족 관계가 인간과 세계의 이성적 질서를 보존하는 데 기여한다고 보았다. 우연히 한 배를 탄 사람이나 한동네에 거주하는 사람, 정치 공동체(polis)의 시민, 시장에서 만나 물건을 사고 파는 상인과 손님의 관계와는 달리, 가족 관계는 우연히 함께 살거나 특정한 목적을 위해 사는 수단적인 관계가 아니라는 것이다.

아리스토텔레스는 가족 관계가 합의에 의한 관계가 아니라 내재적으로 필연적인 관계를 맺고 있다는 점을 가장 큰 특징으로 보았다. 따라서 아리스토텔레스는 가족이 무엇보다도 부모와 자녀의 관계에 의존하고 있다는 점에서 이 관계로부터 가족의 의의를 이해해야 한다고 말한다. 그의 설명에서 흥미로운 점은, 언제나 자녀의 부모에 대한 사랑보다 부모의 자녀 사랑이 더 크다든지, 모성이라든지, 부모에 대한 공경 등과 같이 우리가 지금까지 상식적으로 수용해온 생각들의 합당한 이유를 설명해주는 대목이다.

그에 따르면 자녀와 부모 사이는 동질적이고 대등한 관계라 할 수 없다. 부모는 자녀가 태어나자마자, 아니 그 전부터 (특히 출산의 당사자인 어머니의 경우) 자녀에게 정을 주고 그와의 유대를 형성하지만 자녀가 부모를 생각하고 사랑하는 것은 어느 정도의 지각 능력을 획득하고 나서부터이기 때문이다. 또한 마치 신이 인간을 만들었듯이 자녀를 이 세상에 존재하도록 한 것이 부모라는 점에서, 인간이 신을 대하듯 자녀는 부모를 선하고 우월한 존재로 모셔야 한다고 본다. 간단히 말해 아리스토텔레스에게는 '내리 사랑'과 '위를 향한 공경'이 가족 관계의 특징이다. 그는 가족에 깃든 이러한 관계가 잘 유지되는 것을 통해서 존재의 질서를 보존할 수 있다고 보았다.[3]

한편 홉스(T. Hobbes)와 로크(J. Locke)와 같은 사회계약론자들의 이론에서 우리는 가족 관계와 정치제도의 변화가 무관하지 않다는 것을 확인할 수 있다. 이들은 사회가 개인들의 계약에 의해 창립되듯, 사회의 근간을 이루는 가족 역시 가족 구성원의 계약에 따라 성립되는 것으로 간주했다. 이것이 뜻하는 바는, 근대 사회의 성립 과정에서 왕권에 대한 도전과 제한이 시도되었듯이 가족 내에서 작은 왕으로 군림하던 부권에 대한 점진적 약화가 진행될 수 있었다는 것이다. 예컨대 근대에 들어서면서 가정의 일을 여성에게 맡기는 경향은 여성을 가족 안에 묶어두려는 것이기도 했지만, 상대적으로 가정

내에서 여성의 권한이 조금이나마 확보되기 시작한 것이라고 볼 수도 있다. 더불어 가부장의 권한 약화와 함께 가족 내에서 자녀들의 위상이 점차 높아지는 식으로 가족 구성원 간의 관계가 보다 평등한 관계로 변모해왔다는 점도 주목할 만하다.

근대의 가족 관계를 변모시킨 결정적인 요소는 시장 경제의 확산이다. 『에밀』의 저자인 루소(J.J. Roussau)의 경우 가족이 사유 재산의 확보와 상속을 위해 유지되어야 한다고 보는 한편, 그것이 신성한 결합체라는 점을 강조한다. 한 사람은 가족 안에서 장차 사회에 나설 준비를 해나간다. 루소가 보기에 가족은 사랑, 보살핌, 친절함과 같은 정서 교류의 장이며, 부모에 대한 자녀의 복종이라는 최초의 사회화를 통해 사회적 규범이나 법을 준수하는 개인을 만들어내는 계기이기도 하다. 가족은 자율적 개인의 성장과 사회성의 함양을 함께 이뤄낼 수 있는 기제인 것이다.

엥겔스(F. Engels)는 『가족, 사유재산, 국가의 기원』에서 사유재산 확보와 상속이 가족의 결정적인 역할이라는 점을 당시의 인류학적 성과 위에서 심도 있게 다룬다. 수렵과 채집 등 최소한의 의식주만 겨우 마련할 수 있었던 경제활동과는 달리, 농경 생활의 시작은 인류에게 결정적인 변화를 가져왔다. 부권 중심의 가계가 인류의 농경 생활과 동시에 확립되기 시작했으며, 농경에 따른 잉여 생산물의 발생과 이를 둘러싼 소유 문제, 부의 불평등한 분배와 권력 집단의 등장을 초래했다. 이때 자녀는 부의 상속과 농경을 위한 노동력 확보에 결정적이었다.

마르크스(K. Marx)와 엥겔스의 역사유물론에 따르면, 생산양식의 변동과 더불어 가족의 형태 역시 달라지면서 특정한 가족 형태가 위기를 겪는 것은 사회 변동만큼이나 자연스러운 것이라 할 수 있다. 근대 가족의 특징 중 하나는 중세까지 가족 단위를 바탕으로 이루어졌던 농업과 수공업과는 달리,

우리의 일상생활에 필요한 재화를 대규모 공장과 회사에서 생산하게 되면서 가족이 더 이상 생산 단위가 아닌 소비의 단위가 되었다는 점에 있다.

"대부분의 경우 부인의 취업으로 가족은 단지 흩어지기만 한 것이 아니라 완전히 역할이 전도되었다. 부인은 가족을 부양하고, 남편은 집에 앉아 아이를 돌보고 방을 치우며 요리를 한다."[4]

"어머니들은 집에서 멀리 떨어진 곳에서 일을 하고, 그들의 부재로 아이들에 대한 무시와 학대가 행해졌으며, 불충분한 영양 섭취와 아이에게 적당하지 않은 음식, 아편제의 투입 등이 자행되었다."[5]

엥겔스와 마르크스는 19세기 중반의 영국 노동계급의 현실에 대한 조사를 통해 당시의 경제적 변화가 가족 관계의 위기를 자아내고 있음을 감지했다. 조사에 따르면, 일자리를 찾아 도시로 몰려든 사람들은 생활비를 벌기 위해 직업을 찾아 뿔뿔이 흩어져 사는 경우가 많았으며, 장시간 노동으로 인한 피로, 실업과 저임금으로 인한 빈곤 등으로 아이들은 방치된 채 커가고 있었다. 또한 오늘날의 우리에게도 그다지 낯설어 보이지 않는 노동 시장에서의 성역할의 역전도 이례적이지 않았다.

『공산당 선언』은 자본주의 사회가 '가족애라는 감상적인 포장'을 거둬내고 금전 관계를 중심으로 가족이 유지되며 나아가 가족이 폐지되는 데까지 나아갈 것이라 주장한다.[6] 그렇지만 이러한 주장 이래 거의 2세기가 지난 지금, 설령 가족 관계의 깊은 곳에 돈, 취업, 상속 등의 문제가 개입되어 있을지언정 가족 자체가 붕괴되지 않은 것만은 분명해 보인다. 모든 것을 상품으로 만드는 자본주의 체제가 노동자 역시 노동력이라는 상품을 제공하는 임금노동자로 만들었으며, 자본주의 사회에서 가족은 여성의 출산과 가사노동에 기대어 임금노동을 위한 노동력을 생산하고 재생산하는 역할을 한다. 한편으로 자본주의 사회가 더욱 냉혹해질수록 사람들은 무조건적인 애정과 지원을 받을 수 있는 가족의 필요성을 사람들은 더욱 절감했다. 이렇게 본다면 오늘날 가족의 위기는 구성원들 사이의 애정 약화에 기인한다기보다는, 가족을 묶어두었던 경제적 이해관계의 변모가 가족을 위태롭게 한다고 볼 수 있다. 달리 말하면 가족은 그때부터 지금까지, 언제나 위기에 놓여 있었다.

— 정상가족이라는 이상

주요 생산양식에 따른 가족 형태의 변화, 예컨대 산업화를 전후로 확대가족에서 핵가족으로의 전환이 일어났다는 주장도 진지하게 재고해볼 가치가 있을 만큼 가족의 형태는 다채로운 모습을 띤다. 가족의 변천사나 사회변동과의 관계 속에서 가족의 이상과 현실적인 유형들을 분류하는 것은 간단한 문제가 아니다. (예컨대 19세기 후반에 들어서는 계속되는 빈곤과 경제적 불안 속에서 상호부조와 정서적 안정을 취할 곳으로 가족을 지키고자 하는 움직임이 커지면서 '정상적인' 가족으로의 복귀가 신행된나.) 그럼에도 산업화 이후의 가족, 달리 말해 오늘날 우리가 이상적으로 여기는 가족 형태란 어머니와 아버지 그리고 그들의 자녀로 이루어진 핵가족이라는 점은 분명해 보인다.

사람들은 가족이 아주 자연스럽게 만들어진 집단으로, 개인이 사회에서 살아갈 수 있도록 하는 가교라고 생각한다. 가족 구성원이 출산이나 양육, 부양과 같은 보살핌, 가사, 생계 확보 등 각각 특정한 역할을 맡아서 이를 잘 수행하느냐에 따라 사회가 잘 유지될 수 있다는 것이다. 이때 가족은 사회에 얼마나 기여하는지에 따라서 평가받을 수 있는 대상이 된다. 핵가족은 앞서 언급했듯이, 자유로운 개인들의 계약을 통한 결사체로서 생산과 소비의 단위였던 가부장 중심의 가족 해체 이후 새로운 성별 분업 위에 구축된 것으로,

산업 생산 활동과 교류가 이루어지는 일터와 분리된 근거지로서 사생활에 해당하는 영역이다.

오늘날 우리가 통상적으로 생각하는 핵가족은 우리의 가족 관계를 판가름하는 기준이 되는 정상가족이라는 이름을 얻는다. 가족이라면 사랑으로 맺어진 이성 부부와 자녀를 구성원으로 하고, 부모는 자녀 양육에 매진하면서 남편은 집 밖에서 생계 활동을, 아내는 집안에서 가사 활동을 분담하는 형태를 지녀야 하며, 친밀성과 애정을 토대로 결속되어 가족 구성원들이 서로를 다른 누구보다 최우선으로 보살펴야 하면서도 한편으로는 가족의 이익을 넘어서는 전체 사회의 이익도 함께 도모해야 한다. 이것이 가족 관계라는 퍼즐 조각으로 완성해야 할 그림이다.

이런 그림은 여전히 상당수의 사람들이 암묵적으로 그리는 이상적인 가족의 모습이다. 헤겔은 정상가족을 철학적으로 뒷받침해주었다. 헤겔은 사랑으로 맺어진 부부, 그리고 그 사랑을 다시 자녀와의 관계로 이어나가는 집단을 가정과는 구별되는 '새로운 가족'이라고 칭한다. 헤겔이 보기에, 예전에는 노예까지 포괄했던 고대 그리스 시대의 오이키아(oikia)가 가정의 특징을 띠었다면 근대에는 가족이라는 형태가 이를 대체한다. 간단히 말하자면, 여기서 가족은 주로 부부를 중심으로 한 친족 관계에 있는 사람들의 집단이나 구성원들을 뜻하며, 대개 혼인, 혈연, 입양 등으로 한집에서 생활하는 집단을 말한다. 이이 비해 가정(household)은 부부와 자녀를 포함한 집단으로, 이들이 살아가는 물리적 공간인 집을 포함한 생활공동체라는 의미가 두드러지는 말이다.

이에 따라 헤겔이 말하는 가족은 조금 더 특수한 의미를 지닌다는 것을 눈여겨볼 필요가 있다. 헤겔은 로크나 홉스처럼 계약관계에 의한 가족 관계가 이해관계로 맺어진 사회의 물결 속에서 침몰하지 않고 그 물결을 타고 넘어서는지를 논하면서 가족의 윤리적 기능을 강조한다. 가족을 통해서 한 개인은 자신의 개체성을 잃으면서도 타자와의 합일을 통해 더 높은 차원의 삶의 형태로 이행한다. 일부일처의 결혼은 연인의 사랑에 확실하고 지속적인 관계를 부여하고, 부부관계의 영속성은 자녀라는 매개를 통해 확보된다. 아리스토텔레스가 말했듯이, 공동의 산물은 관계를 결합하고 지속시켜주기 때문에, 자식은 부부를 서로 묶어두는 끈이다.[7] 다시 말해 가족의 특징은 계약관계를 넘어선 사랑이라는 감정 혹은 가치로 결속되고, 자녀의 성장과 결혼, 부모의 죽음으로 하나의 가족이 해체되고 생성되면서 그 연속성이 유지된다. 가족애라는 감정과 가치는 이러한 항구적 결속의 증표다.

가족이 인간 공동체의 기초가 되는 이유는 가족의 결성과 해체의 과정이 가족 구성원의 상호 인정과 자율성의 근간을 마련해주기 때문이다. 가족 관계는 상호 의무의 이행이나 규범의 준수와 같은 관계가 아니라 그것을 넘어서는 윤리적 결속의 길을 여는 공동체로서 인류가 장차 나아가야 할 방향을 안내하는 역할을 한다. 사회적·정치적 생활이 이루어지는 공적 영역과 구별되는 사적 영역은 남녀 가족 구성원의 성별 분입과 분담의 결정적인 단층선이 된다. 일부일처제를 따르며 남녀 성역할을 고정하여 자녀를 생산하는 부부는 사회 구성원의 요건을 갖춘 가족으로서 정상성의 척도가 된다. 아버지는 사회생활을 통해서 경제적 책임을 수행하고, 어머니는 가사와 정서적 유대를 분담하며 사회생활에 시달려 황폐해진 정신 상태로 돌아온 남편이 집에서 쉴 수 있도록 아름답고 편안한 분위기를 조성해야 한다. 부부는 싹튼 애정의 결실로 자녀를 얻고, 자녀가 자율적인 개인으로 성장하도록 힘쓰는 것이 가족 최대의 과제가 된다. 아버지의 집안일에 대한 참견은 어머니의 역할과 권한을 침범하는 것이고 아버지답지 못한 일을 하는 것이다. 어머니는 가사를 전담하고 아이의 가정교육을 지휘하는 역할을 함으로써 자식에 대한 통제권이 강해짐과 동시에 일종의 작은 신의 역할을 하는 신적인 모성의 담지자로 자리매김해야 한다. 그렇다고 해서 자녀가 부모의 소유물처럼 여겨져서는 안 되는데, 자녀는 장차 결혼을 통해 독립적인 가족을 꾸려야 하는 존재이기 때문이다.[8]

3. 가족의 재구성

정상가족의 이상은 시대적 산물이다. 여성과 남성으로 이루어진 부모 중 한 명이 없는 경우를 '한 부모'라고 부르는 것도, 결혼하지 않은 사람을 '미혼'이라고 부르고, 자녀가 없는 사람을 딱하게 여기고, 애정이 유지되지 않는 가족이나 모성이 없는 어머니, 성역할이 허물어진 가족들을 비정상적이라 생각하고, 동성결혼을 반대하는 것은 정상가족이라는 이상을 암묵적으로 전제한 반응일 수 있다. 1960년대 이후 결혼과 가족에 대한 의식과 형태의 변화는 세계적인 현상으로 나타나고 있다. 한국은 이미 독신 가구 사회라고 할 수 있을 정도로 4가구 중 1가구 정도가 독신 가구이며, 이혼과 재혼으로 이루어진 복합가족은 더 이상 낯선 형태가 아니다. 학교에서 '아버지 직업 체험하기' 같은 숙제를 내주는 것은 아이들에게 무례한 일이다. 물론 현실과 이상은 간극이 있기 마련이기에 이러한 상황이 정상가족이라는 이상을 기각하는 충분한 이유는 되지 못한다고 생각할 수도 있다. 그렇지만 정상가족에 함축된 성별 분업이 여성 차별을 강화할 수 있는 근거가 되며, 또 '비정상' 가족이라는 이름표가 자아내는 사회적, 문화적 차별, 나아가 고용과 임금 등에서 암암리에 나타나는 경제적 차별, 의료보험이나 연금, 상속 등에서 나타나는 명시적인 경제적 차이를 감안한다면, 우리는 정상가족이라는 이상을 재고해

보아야 하지 않을까? 이를 위해서 다양한 가족의 형태를 인정하면서, 가족의 가치가 무엇인지를 살펴보는 게 필요하지 않을까? 다시 말해 가족의 재구성이 필요하다면, 가족의 특정한 형식에 대한 구체적인 그림이나 포괄의 방식을 제시하는 것에 초점을 두는 것보다는, 먼저 우리에게 가족이 어떤 의미인가 하는 점을 묻는 것에서 시작하는 것이 좋을 것이다.

— "처음 뵙겠습니다"

결혼, 출산, 혈연, 공동주거와 같이 가족을 규정짓는 요소도 더 이상 가족의 핵심적인 특징이 된다고 보기 힘들다는 의견이 많다. 공동주거의 경우, 공간의 확장성과 이동성의 증대 등을 고려했을 때 가족 관계의 핵심을 차지하고 있지는 않은 듯하다는 것이다. 재혼 가정과 입양 가정 등에서 볼 수 있는 것처럼, 가족의 출산과 혈연 같은 생물학적 연속성이 가족 구성에 결정적으로 작용한다는 생각도 도전받고 있다. 그렇지만 이런 요인들이 가족 구성에 있어 쉽게 기각될 수 있는 요소들은 아닌 듯하다. 예를 들어 동성 결혼 합법화 문제라든지, 가족구성원이 흩어져 살더라도 때마다 한데 모이는 의례가 지속된다든지, 생활에 필요한 것들을 지속적이고 빈번하게 교류하고 공유한다든지, 여전히 많은 사람들이 경제적 여건이 허락한다면 자녀를 출산하고 키우고 싶어 한다는 점이 그렇다.

그렇다면 여러 형태의 가족 관계를 통해서 우리가 기대하는 것은 무엇일까. 일단 생존을 위한 상호부조도 있지만, 무엇보다도 정서적 안정과 친밀감을 형성할 수 있는 안정적인 관계를 기대할 것이다. 그렇다면 이런 관계의 특징은 무엇일까. 마사 너스바움(M. Nussbaum)은 친밀한 관계의 특징을 다음과 같이 네 가지로 정리한다. 물론 너스바움의 주장은 혈연관계를 기반으로 한 가족이나 연인 혹은 부부관계를 염두에 두고 전개된 것이지만, 전반적으로 참고해볼 만하다. 첫째, 친밀한 관계는 인간의 행복한 삶에서 핵심적인 요소를 차지한다. 달리 말해 가족이나 연인관계와 같은 친밀한 관계에서 문제가 발생하면 시험이나 승진에 실패하거나 동료에게 사기를 당하거나 하는 등 다른 어떤 것보다도 큰 고통을 느낀다는 것이다. 둘째, 친밀한 관계의 특징은 상호 신뢰에 기반을 둔 개방성인데, 이것이 뜻하는 바는 친밀한 상대로부터 자기 자신을 보호하는 것을 느슨하게 하고 상대의 배신 등으로 인한 피해 가능성을 수용한다는 것이다. 이를 두고 너스바움은 친밀한 관계는 우리를 쉽게 피해 입을 수 있는 연약하고 무력한 존재로 만들고, 이로 인해 한편으로는 상대에 대한 공격적인 행동을 낳기도 한다고 말한다. 셋째, 친밀한 관계가 한 개인의 내면이나 정체성 형성에 큰 영향을 미치기 때문에 여기서 발생하는 문제는 행정적, 법적인 조치만으로는 완전히 치유되기 어렵다. 그리고 그 문제가 내밀한 것이니만큼 다른 사람들에게도 말하기 어렵기 때문에 홀로 문제를 감당할 경우가 많다. 넷째, 기본적으로 서로 수용적인 태도를 지녔기 때문에 문제를 일으키는 사람에 대해서도 그 문제와 사람 자체를 분리해서 생각하는 경우가 많다는 것이다. 이는 한편으로 문제적 상황에 대한 판단을 흐리고 적절한 조치를 취하지 못해 문제를 방치하게 만드는 것일 수 있지만, 다른 한편으로는 구성원들이 서로 다른 가능성과 기대를 버리지 않는다는 점에서 미래지향적 관계를 형성할 수 있는 바탕이 되기도 한다.[9]

가족은 서로 행복하기 위해 관계를 맺고, 신뢰 속에서 오랜 시간 함께 지내고 습관과 경험을 공유하며 비슷한 생각을 형성한다. 가족이 윤리적 삶의 입구가 된다는 점은 어떤 도덕적 원칙을 학습하고 사회화하는 기제가 된다는 의미에서가 아니라 바로 이런 의미에서 이해되어야 할 것이다. 특히 부모와 자녀와의 관계는 무엇보다도 아이의 미래를 지원하는 데 초점을 둔 미래지향적 관계라는 점에서 아이의 행복에 대한 기원을 바탕으로 한다는 특징이 있다. 그렇지만 자식의 행복을 위한 부모의 개입이 자식의 미래를 통제하려는 시도와 쉽게 구별되지 않는다는 특징이 있다. 게다가 친밀한 관계를 형성하는 사람들은 서로가 쉽게 피해에 노출되고 공격성을 발휘할 수 있는 조건에 놓인다. 우리가 앞서 살펴봤듯이 가족 관계의 여러 가지 문제점, 즉 가족 내의 폭력을 사생활로 취급함으로써 외부의 공정한 개입을 가로막는다든지, 다른 사람에게 말하기 어려운 내밀한 상처나 표현하기 어려운 정서적 체험 같은 것 등 역시 우리가 가족에서 확보하고 기대하는 이런 친밀감의 특징으로부터 비롯하는 것이기도 하다. 예컨대 부모가 자녀를 학대하거나 방치하는 경우는 잘 알려지지 않는다. 너스바움은 특히 부모의 자녀 학대나 방치(마약 중독이나 알콜 중독인 부모 아래서 직접적인 폭력이 노출되는 경우와 같이 협소한 의미에서도 그렇겠지만 경제적 문제와 같은 것에서 비롯한 광범한 의미에서 방치도 포함될 듯하다)를 다루기 위해, 자녀들이 부모에게 갖는 원망의 감정을 논하면서 이러한 정서적 상처를 최소화하기 위한 복지 시스템의 마련에 주목한다.

케테 콜비츠(Käthe Kollwitz),
Die Mütter , 1922

정리하자면, 우리가 가족 관계를 정서적 안정과 친밀감을 위한 안정적인 관계로 본다면, 일단 그것이 정서적 신뢰 관계에 바탕을 둔다는 점, 그리고 상호 간에 발생하는 갈등과 피해의 파괴적 힘에 대해 주목해야 한다. 이렇게 볼 때 가족은 서로를 독립적인 인격체로 존중해야 한다는 점을 소홀히 할 경우 그 존재의 이유가 약화된다. 그리고 가족을 위한 충분한 사회적 지원이 있을 때야 좋은 가족 관계가 유지될 수 있다. 덧붙여 가족 제도와 다른 사회 제도의 긴밀한 관계를 염두에 둔다면, 상호 인격적 관계를 파괴하는 사회적 관행이나 제도를 개선해나가는 것도 필요할 것이다.

대한민국 헌법 36조 1항은 개인의 존엄과 양성평등을 기초로 한 자유주의적 가족법 원리를 명시하고 있다. 변화된 현실에 맞춰 삶의 질의 측면에서 개인의 존엄성과 양성평등의 원리에 기초해 가족 관련 법이 변경되고는 있지만, 그럼에도 이러한 헌법 조항은 여전히 사실혼, 동성혼, 다문화 가족 등 다양한 가족 유형을 포괄하지 못하고 있다. 또한 가족 구성원 부양의 책임을 복지 제도를 통해 분담하고 있지만, 원칙적으로 개별 가족에게 부과하고 있다는 점도 분명한 사실이다. 때문에 가족의 재구성에 있어서, 좀 더 적극적으로 국가와 사회가 가족 부양을 부담하는 정책과 법을 추진해나가야 한다는 주장이 제기되고 있는 실정이다. 나아가 가족법의 기본 원리를 '상호 인격적 결합에 기초한 사랑과 연대의 원리'로 수정함으로써 다양한 가족 유형을 포괄함과 동시에 가족 관계가 사랑과 연대의 상호 인격적 결합으로 자리 잡아야 한다는 의견이 제출되기도 했다.[10] 가족이 윤리적 삶의 입구가 되는 더 나은 기반은 이런 방향으로의 변화 속에서 마련될 수 있지 않을까. 그리고 그 입구에는 사귐의 시작을 알리는 "처음 뵙겠습니다"라는 인사가 쓰여 있어야하는 것이 아닐까.

— 먼저 온 사람과 나중에 온 사람

다양한 형태의 가족이 가능한 만큼, 혈연을 떠나고 부부관계를 중단하고 새로운 가족 관계를 만드는 것도 가능하다. 모여 살아 서로에게 불행하고 그것이 삶 전반에 악영향을 준다고 판단될 때에는 신중히 그 관계를 매듭지을 수도 있다. 그렇지만 그 과정에서 우리는 마르셀의 말을 한 번쯤 고찰할 필요가 있을 것으로 보인다. 마르셀은 가정을 구성하는 행위는 순간을 위해서가 아니라 지속하기 위해서 이뤄지는 작용이라고 말한다. 때문에 가족 구성원의 충실성 혹은 성실성(fidélité)을 가족 관계의 핵심 덕목으로 강조한다. 이는 단지 보수적인 입장에서 제출되는 것이라고 할 수만은 없을 것이다.

가족에 대한 마르셀의 주장은 무엇보다도 부모와 자녀의 관계에 대한 것(특히 부성의 문제를 다룬다)에 집약되어 있다. 때문에 가족의 중단과 지속이라는 문제에 있어서 부모와 자녀 사이의 관계에 한정하여 마르셀의 주장을 살펴보는 것이 적당할 것으로 보인다. 내 부모를 특정할 수 없다고 가정했을 경우라도, 우리는 누군가의 자녀인 것은 틀림없다. 더불어 부모와 자녀의 관계에 깃들어 있는 특징을 보편화해보자면, 먼저 세상에 와서 살고 있는 사람과 나중에 온 사람과의 관계로 확장해서 다룰 수 있는 여지는 없을까. 만약 혈연관계라는 것이 가족의 핵심적인 특징이 아닐 경우에 더더욱, 부모와 자녀의 관계는 먼저 온 사람과 나중에 온 사람 사이의 배려와 존중의 관계라고 생각해 볼 수 있지 않을까?

우리는 우리의 탄생을 선택하지 않았다. 우리는 우리가 만들지 않은 세상 속에서 태어났다. 앞서 온 사람들의 삶의 흔적들 속에서 우리가 자라나서 살아가고 있다. 마르셀은 이런 의미에서 내가 있는(Je suis) 것이 아니라, "우리가 있다(nous sommes)"가 우선한다고 말한다. 우리의 현실을 감안하자면 이런 세상을 만들어놓은 앞 세대에 대해, 그리고 가끔은 태어난 것 자체에 대해 누군가에게 원망을 보낼 때도 있다. 그렇지만 마르셀은 우리가 태어난 것 자체가 저주는 아니라고 말한다. 또한 그것은 축복도 아니다. 단지 하나의 기회일 뿐이다. 그렇다면 내가 이렇게 세상에 존재하도록 한 사람들과 어떤 관계를 맺을 것인가? 삶이라는 기회를 서로 확장하는, 축복으로 만드는 관계를 만드는 것이 중요하다. 마르셀은 가족을 생을 확장할 기회로 본다. 마르셀은 부모와 자녀가 생명을 통해서 연결되어 있으며, 이 둘의 관계가 이를 확장하는 관계로 만들어가야 함을 강조한다. 그는 부모와 자녀의 관계가, 부모가 생명을 주고 길러준 것에 대한 채권을 갖고 있고 자녀는 이것을 되갚아야 할 채무를 짊어지고 있다고 보지 않았다. 부모가 병약해서 언제 죽을지도 모르는 자녀를 극진히 보살피는 것은 그 아이가 살아서 자신에게 이 노력을 보상하기를 바라기 때문은 아니다. 또 자녀가 늙은 부모를 보살피는 것은 자신이 받아온 사랑을 되갚기 위해서가 아니라 살아 계시는 날까지 부모의 안정된 삶, 좋은 삶을 바라기 때문이다. 즉 가족은 정산서를 손에 쥐고 관계를 유지하고 지속하는 것이 아니라 서로의 삶을 좋게 확장하는 가운데 지속된다는 말이다. 마르셀은 가족 관계에서 주어진 생명의 기획을 좋은 생으로 창조해나가는 이 같은 성실성을 상대를 위한 맹목적인 헌신이나 충실함이 아니라 '창조적 성실성'이라고 말한다. 자기를 넘어선 새로운 차원의 창조를 도모하는 것이다. 이는 다음과 같은 한마디로 표현된다. "나는 우리를 위하여 너를 희망한다(j'espere en toi pour nous)." 마르셀은 이러한 창조적 성실성이 폐쇄적으로 한 가족에 한정되는 것이 아니라 그것이 하나의 마디가 되어 확장된 '우리'로 이어져 나가야 한다고 말한다.[11]

물론 창조적 성실성의 구체적인 실행이 어떤 것일지 가늠하기란 힘들다. 이제 영화의 고전이 된 「만춘」(오즈 야스지로)에서 홀아버지와 함께 살아온 '노처녀'는 아버지의 바람과 종용 끝에 결혼을 해서 집을 떠난다. 하나뿐인 딸이 없다면 아버지는 쓸쓸한 나날을 보낼 것이 분명하다. 그렇지만 아버지는 자신이 재혼할 계획을 꾸며내면서까지 딸의 결혼을 재촉한다. 그는 과연 자신이 딸의 결혼으로 무언가를 보상받기 위해 딸이 주저하고 있는 결혼을 강하게 밀어붙였을까. 또한 딸은 결혼하지 않고 홀로 계신 아버지와 계속 살고 싶다는 입장을 재차 밝히는 '효녀'로 보인다. 그렇지만 딸이 결혼을 하는 것도 불효라고 할 수 없고, 아버지가 딸에게 거짓 연극을 하는 것도 부정직하다고 말할 수 없다.[12]

오즈 야스지로(小津安二郎), 영화 〈만춘〉, 1949

결혼식이 끝난 후 집에 돌아온 아버지가 천천히 사과 껍질을 깎아 내려가는 모습을 카메라는 조용히 오래도록 응시한다. 조심스레 이어지고 있던 사과 껍질이 한순간에 끊어진다. 조심스럽게 이어온 길고 긴 부모와 자녀 간의 인연도 언제까지나 계속되지 않을 수 있음을 상징적으로 보여주는 듯하다. 가족 사이의 관계는 좀처럼 끊어지기 어려운 인연으로 여겨지지만, 그것 역시 자녀의 결혼이나 독립 그리고 부모의 죽음으로 결국에는 단절이 도래하기 마련이다. 그리고 그 마디에서 다른 생과의 연결이 생겨난다. 가족 관계에서 겪은 억울함과 깊은 상처가 얼룩져 가족이 지우고 싶은 과거가 되고 달아나고 싶은 현재가 될 때, 우리는 이러한 생의 인연을 떠올려야 하지 않을까. 또한 결국 창조적 성실성은 맺었던 관계의 '놓아줌'을 받아들이는 것에서 시작해 빛을 발하는 것은 아닐까.

[혼자 읽고 함께 생각하는 가족관계]

1. 가족은 안식처이자 지옥이라는 말의 의미를 심층적으로 검토해 보자.
2. 정상가족이라는 이상의 명암을 고찰해보고, 고레에다 히로카즈의 「어느 가족」을 통해 가족을 가족이게 끔 하는 특성은 무엇일지 토의해 보자.
3. 케테 콜비츠의 마지막 작품 제목은 "씨앗들이 짓이겨져서는 안 된다"이다. 작품을 찾아 감상해 보고, 그녀의 다음과 같은 말을 부모와 자녀의 관계를 염두에 두고 성찰해 보자.

   "나는 죽고 싶지 않다. …… 나는 충실하게 최대한 내 능력을 발휘하여, 내게 자리 잡은 씨앗이 마지막 작은 잔가지까지 자라도록 씨앗을 키워내기 위해"
4. 오늘날의 가족 형태의 다변화 속에서 부모에 대한 공경과 효도에 대한 전통사상을 현대적으로 해석해 보자.

생각의 깊이를 더해 주는 텍스트

1) **헤겔**이 본 낭만적이고도 윤리적인 가족

159절

개개인이 가족의 일체성에 의해 획득하게 되는 권리는 처음에는 이 일체성에 있어서의 그의 생활 그 자체이지만, 이 권리가 '일정한 개별성'이라는 추상적 계기의 형식을 취하여 나타나는 것은 다만 다음의 경우에 있어서 뿐이다. 즉 가족이 해체하기 시작하고, 그리하여 가족의 분지(分脂)로서 존재해야 할 자들이 심술[행동 또는 사고에 방향과 목표를 주는 한 에서의 인간의 기본적인 마음가짐]에 있어서도 현실에 있어서도 독립된 인격으로 성장하며, 그들이 가족에 있어 어떤 일정한 계기를 이루고 있었는지에 따라 마침내 그들이 각자의 자격을 가족으로부터 분리하여 다만 외적인 면(자산, 부양료, 교육비 등등)에서만 획득하는 경우에 있어서 뿐인 것이다.

160절

가족은 세 가지의 면에서 있어 자기를 완결한다.

(a) 가족의 직접적 개념인 결혼이라는 형태로서.

(b) 가족의 외면적 현존재인 소유와 재물 및 이것에 대한 배려로서.

(c) 자식의 교육 및 가족의 해체로서.

167절

결혼은 본질적으로 일부일처제이다. 왜냐하면 결혼관계에 몸을 두고 몸을 맡기는 것은 인격성이라는 직접적인 배타적 개별성이기 때문이고, 따라서 결혼 관계의 진실한 자세, 진심으로부터 이어짐(실체성의 주관적 형식)은 전적으로 이 인격성의 일심동체가 된 상호 헌신으로부터만 생기는 것이기 때문이다.

인격성이 타자에 있어 권리를 얻는 것은 인격성을, 즉 원자적 개별성으로서의 타자가 이 동일성 속에 존재하는 한에 있어서 뿐이다.

결혼은, 본질적으로 일부일처제는 공동체의 윤리가 기초로 하는 절대적 원리의 하나이며, 그렇기 때문에 결혼제도의 창설은 신들 또는 영웅에 의한 건국사업의 제계기의 하나로 꼽힌다.

172절

결혼에 의해 새 가족이 이루어지는데, 이 새 가족은 그것이 파생된 양(兩) 가계 혹은 양가정에 대해 그것 자신만으로 독립하고 있는 것이다. 그와 같은 가계 또는 가정과의 결부는 자연적 혈연관계를 바탕으로 하고 있지만, 새 가족은 윤리적 사랑을 바탕으로 하고 있다. 따라서 또한 개인의 소유는 그의 결혼관계와 본질적으로 이어져 있는 것이며, 그가 파생된 가계 또는 가정과의 결부는 좀 더 멀리 떨어져 있는 것에 지나지 않는다.

……

추가 : [씨족과 가족] 많은 입법에선 가족의 좀 더 넓은 범위가 확보되어 있고, 그리하여 이 넓은 범위인 쪽이 본질적인 유대라고 간주되며, 이것에 비교하면 또 한쪽의 각 특수적인 가족의 유대는 좀 더 가치가 낮다고 간주된다. 이것은 고대 로마법에 있어서도 마찬가지이며, 명백한 관계에 있지 않은 결혼에 의한 아내는 자식이나 남편에 대해서보다도 동족에 대해 더 한층 가까운 관계에 있다. 또한 봉건법 시대에 있어서도 '가문의 위신'을 유지할 필요에 의해 남자의 성원만이 가족원으로 계산되고 가족 전체야말로 추요하다고 간주되었으며, 이것에 비교하면 새로운 형성된 가족은 보잘것없는 것이었다.

그럼에도 불구하고 각 새 가족이야말로 혈연관계라는 보다 넓은 연계에 비해 한층 본질적인 것이었고, 부부와 자식이라는 것 역시 어떤 의미에선 가족이라 불리고 있는 것에 비례하여 가족 본래의 핵심을 이루는 것이었다. 그러므로 개개인의 자산 관계는 보다 넓은 혈연관계에 있어서보다도 결혼 관계에 있어 한층 본질적인 연계를 가지 않으면 된다.

(게오르크 빌헬름 프리드리히 헤겔, 『법철학 강요』, 권응호 옮김, 홍신문화사, 1990)

2) 효, 동양고전으로 맛보기[13]

『명심보감』, 효행편

『시경』에서 말하였다. "아버지 나를 낳으시고 어머니 나를 기르시니, 슬프고 슬프도다, 우리 부모여, 나를 낳고 길러주시느라 고생 많으셨네, 그 깊은 은혜를 갚고자 하나 넓은 하늘같이 끝이 없도다."

공자께서 말씀하셨다. "효자가 어버이를 섬길 때는 기거하심에 그 공경함을 다하고, 봉양함에는 그 즐거움을 다해 드리고, 병이 드시면 근심을 다하고, 초상에는 그 슬픔을 다하고, 제사를 지낼 때에는 그 엄숙함을 다한다."

공자께서 말씀하셨다. "부모가 살아 계시면 멀리 가서 놀지 말며, 놀 때에는 반드시 그 가는 곳을 알린다."

공자께서 말씀하셨다. "아버지께서 부르시거든 속히 대답하여 머뭇거리지 말고 음식이 입에 있거든 이를 뱉을 것이다."

태공이 말하였다. "어버이께 효도하면 내 자식 또한 나에게 효도하나니, 내가 이미 효도하지 않았다면 자식이 어찌 나에게 효도하겠는가."

효도하고 순한 이는 또한 효도하고 순한 자식을 낳을 것이요, 부모에게 거역하는 이는 또한 거역하는 지식을 낳을 것이다. 믿지 못하겠거든 저 처마 끝에 물을 보라. 방울방울 떨어짐에 어긋남이 없다.

『논어』, 「자로」

섭공이 공자에게 말하였다. "우리 마을에 정직하게 행동하고자 하는 사람이 있는데, 자기 아버지가 양을 훔치자 그것을 관에 고발하였습니다." 공자가 말하였다. "우리 마을의 정직한 사람은 이와는 다릅니다. 아버지는 자식을 감싸주고 자식은 아버지를 감싸주니, 정직함이란 바로 그 안에 있습니다."

『맹자』, 「진심 상」

제자 도응이 맹자에게 물었다.

"순임금이 천자로 있고 고요가 법관으로 있는데, 순임금의 아버지인 고수가 사람을 죽였다면, 어떻게 했을까요?"

맹자가 말했다.

"법대로 집행할 뿐이다."

"그렇게 하면 순임금이 말리지 않을까요?"

"순임금이 어떻게 말릴 수 있겠는가. 고요가 전해 받은 법이 있다."

"그렇다면 순임금은 어떻게 할까요?"

"순임금을 천하 버리기를 마치 헌신짝 버리듯 하고서, 아버지 고수를 몰래 등에 업고서 달아나, 바닷가에 가서 살 것이다. 죽을 때까지 어버이를 모시고 즐겁게 지내며, 천하를 잊고 살 테지."

1 김형효, 『가브리엘 마르셀의 구체철학과 여정의 형이상학』, 인간사랑, 1990, p.266.

2 핵가족 이어 '핵'가족… 부모 자녀 하루 대화 13분, 충청투데이, 2018년 5월 11일자.

3 아리스토텔레스, 『니코마코스 윤리학』, 강상진, 김재홍, 이창우 옮김, 길, 2011.

4 프리드리히 엥겔스, 『영국 노동계급의 상태』

5 칼 마르크스, 『자본1』

6 칼 마르크스, 프리드리히 엥겔스, 「공산당 선언」, 데이비드 보일, 『세계를 뒤흔든 공산당 선언』, 유강은 옮김, 2006, p.68~70.

7 아리스토텔레스, 『니코마코스 윤리학』, 강상진, 김재홍, 이창우 옮김, 길, 2011, 1162a28~29.

8 게오르크 빌헬름 프리드리히 헤겔, 『법철학 강요』, 권응호 옮김, 홍신문화사, 1990, 163~178절.

9 마사 너스바움, 『분노와 용서-적개심, 아량, 정의』, 강동혁 옮김, 이파리와 뿌리, 2018, 제4장.

10 서윤호, 9장 「가족과 법: 사랑과 연대의 제도화」, 몸문화연구소 엮음, 『우리는 가족일까』, 은행나무.

11 G. Marcel, *Homo viator : Introduction to a mataphysic of Hope*, (tr.)Emma Graufurd, Henry Regnery Company, 1951, p.90~93.

12 마르셀의 창조적 성실성을 주역과 중용에서 충과 효에 대한 해석과 비교해 볼 수 있다. 주역과 중용의 충과 효에 대한 해석과 성찰에 대해서는 박정근, 『중국적 사유의 원형』, 살림, 2013 참고.

13 『명심보감』, 효행편

詩에 曰, 父兮生我하시고 母兮鞠我하시니 哀哀父母여 生我劬勞시다.
欲報深恩이면 昊天罔極이로다.

子曰, 孝子之事親也에 居則致其敬하고 養則致其樂하고
病則致其憂하고 喪則致其哀하고 祭則致其嚴이니라.

子曰, 父母 在어시든 不遠遊하며 遊必有方이니라.
子曰, 父 命召어시든 唯而不諾하고 食在口則吐之니라.
太公이 曰, 孝於親이면 子亦孝之하나니 身旣不孝면 子何孝焉이리오.

孝順은 還生孝順子요 忤逆은 還生忤逆子하나니
不信커든 但看簷頭水하라. 點點滴滴不差移니라.

『論語』, 「子路」

葉公語孔子曰: "吾黨有直躬者, 其父攘羊, 而子證之."孔子曰: "吾黨之直者異於是. 父爲子隱, 子爲父隱, 直在其中矣."

『孟子』「盡心上」

桃應問曰: "舜爲天子, 皐陶爲士, 瞽瞍殺人, 則如之何?"孟子曰: "執之而已矣.""然則舜不禁與?"曰: "夫舜惡得而禁之? 夫有所受之也.""然則舜如之何?"曰: "舜視棄天下, 猶棄敝蹝也. 竊負而逃, 遵海濱而處, 終身訢然, 樂而忘天下."

3

연인

사랑의 추구와 발견

사랑의 추구와 발견

1. 불멸의 연인을 꿈꾸는가?

연인을 찾으러 죽음의 소굴로 걸어 들어가고 또 죽어서까지 연인을 잊지 못하고 그의 이름을 계속해서 부르는 이, 오르페우스(Orpheus)는 이렇게 노래한다. '사랑은 모든 살아 있는 삶을 지배하는 전능의 신입니다.'[1] 오르페우스는 트라키아 지방의 나무 요정 하마드리아데스인 에우뤼디케(Eurydike)를 사랑하고 이 둘은 만난 지 얼마 지나지 않아 결혼하게 된다. 그러나 결혼 후 며칠이 지나지 않은 날, 에우뤼디케는 올림포스 산 기슭의 독사에게 물려 죽는다. 요정들과 꽃을 따고 있던 에우뤼디케에게 관심을 보인 님프의 아들 아리스타이오스가 그녀를 졸졸 따라다녔는데, 이를 피하려고 황급히 도망가다가 이런 비극이 생긴 것이다. 사랑하는 사람을 잃은 오르페우스는 구슬픈 노래를 부르며 지내다가, 결국 그녀를 살리고자 죽은 자들이 가는 하데스의 세계로 들어간다.

산 자는 결코 들어갈 수 없는 이 지하 세계에 오르페우스는 어떻게 들어갈 수 있었을까. 제우스와 므네모쉬네의 딸들인 뮤즈 중에서 막내인 현악기의 여신 칼리오페와 음악의 신이기도 한 아폴론 사이에서 태어난 그의 무기는 뤼라와 노래뿐이었다. 그의 뤼라 연주와 노래는 너무나 감동적이어서 나무와 풀, 바위까지 그의 노래에 귀를 기울일 정도였다. 오르페우스는 '조리 있게' 에우뤼디케가 사랑의 신의 지배하에 있는 지상에서의 못다 한 삶을 누리게 해 달라고 절절한 사랑 노래로 간청한다. 죽음을 되돌리려는 오르페우스의 사랑 노래에 지하의 신도 감동했는지 에우뤼디케가 지상으로 다시 돌아갈 기회를 준다.

— 죽음에 저항하는 오르페우스

오르페우스 신화는 연인들의 원형이 되어, 희곡 『로미오와 줄리엣』, 『트리스탄과 이졸데』 같은 작품으로 변주되었고, 또 비니시우스 지 모라에스(Vinicius de Moraes) 극본과 마르셀 카뮈(Marcel Camus) 감독의 영화 「흑인 오르페」(1959)로 현대적인 해석이 덧붙여지기도 했다. 오르페우스 이야기처럼 우리는 연인과 사랑에 빠졌을 때 그 무엇도, 죽음도 두 연인을 갈라놓을 수 없다고 생각한다. 한번 맺어진 관계가 언제까지나 계속되는 것을 간절히 바란다. 이 간절한 바람은 그만큼 연인과의 관계가 우리에게 절실하고도 어려운 관계이기 때문일 것이다. 연인관계의 희소성은 그것이 운명처럼 느껴지게 만드는 데 일조한다. 특히나 연인으로 맺어지기 시작할 때, 이들이 흔히 보이는 주체할 수 없는 열정이나, 사랑하는 사람들이 상대에 맞춰서 순식간에 생활습관이나 취향까지도 바꾸고 기존에 갖고 있던 생각이나 가치관까지도 달라지는 것을 볼 때 더더욱 이러한 생각은 강해진다.

운명적 연인과의 만남은 권태로운 일상을 총천연색으로 만들면서 한 사람의 삶을 아름답게 물들인다. 때문에 연인 관계가 인생역전의 통로라고 생각하는 경우도 많다.(물론 오늘날 이 아름다운 삶으로의 인생역전은 흔히 경제력과 사회적 지위라는 전혀 다른 측면에서 고려되는 경우가 많은 듯하다.) 어떤 논리로도 모두 설명되기 힘들고 기존의 나의 취향이나 이상으로는 받아들이기 힘든 변화들까지 불러 일으키는 연인관계는 기적만큼이나 신비스러운 일로 보인다. 한눈에 반하지 않더라도 기존의 관계가 드라마틱하게 급변하면서 연인관계가 형성될 때도 마찬가지다. 사랑에 빠진 모든 연인들은 마치 떠돌이 별인 자신들이 하늘을 수놓은 별자리처럼 연결되고 결합할 수밖에 없는 항구적인 자리를 점하고 있다고 생각한다. 그렇지만 이러한 연인과의 운명적인 관계는 고통을 낳기도 한다.

오직
나의 고통만이
더욱 가혹할 뿐이다–
나는 서 있다,
불 속에 잠긴 채로,
상상도 못할 사랑의
끌 수 없는 커다란 불길 위에.[2]

커다란 불길 위에 자신을 기꺼이 올려놓게 만들었던 연인 때문이었을까. 러시아 미래파 운동을 주도했던 혁명 시인 마야코프스키(Vladimir Vladimirovich Mayakovsky)가 어느 날 항상 즐겨 입던 노란 셔츠를 벗고 정장차림을 하기 시작했다. 마야코프스키는 시의 형식을 혁신하고 표현력을 강화하기 위한 실험을 감행하는 것이 당시 러시아의 사회, 정치 혁명과 긴밀하게 연결되었다고 보았다. 그는 사회를 고발하고 혁명의 기운을 북돋는 시로 잘 알려져 있지만, 그가 그토록 비판했던 서정시가 그의 작품에 적지 않은 비중을 차지했다는 것을 간과해서는 안 될 것이다. 그의 시적 혁명은 평균적이고 일상적인 틀에 박힌 삶의 방식과 문학에 맞서는 것이었다. 한편 서정시를 쓰게 했던 연인과의 사랑은 틀에 박힌 삶에서 빠져나와 온전하게 자기 자신으로 살아있음을 느끼게 해주는 빛이었다.

마야코프스키가 가장 믿을 수 있는 친구이자 마야코프스키의 시적 재능을 무척이나 아꼈던 브릭(O. Brik)은 마야코프스키의 연인 릴리(Lili)의 남편이다. 브릭과 릴리 브릭은 마야코프스키를 만나기 전에 결혼을 했었기에 이들의 묘한 삼각관계는 15년 동안 한 집에서 동거하는 것으로 이어진다. 물론 당시 사회 혁명의 여파 속에서 연애와 결혼, 가족 관계의 다양한 실험들은 비단 이들에게서만 발견되는 것은 아니었다. 그렇지만 이들의 동거는 마야코프스키의 작품 덕분에 더욱 주목받을 만하게 되었다. 아마도 마야코프스키의 꺼지지 않은 불길에는 릴리와의 관계 사이에 항상 포함되어 있는 브릭이 한몫했을 것으로 보인다. 마야코프스키는 이 시에서 모든 것을 불살라 버리는 불길 속에서도 살아 있는 채로 고통을 받으며 불멸하는 자신의 사랑을 노래하는 것으로 보인다.

— 고통의 불길 속에 머무는 마야코프스키

사랑한다는 것의
　　　　　　의미는 :
　　　　　　　　　　뜰 깊숙이
달려 들어가
　　　　　　띠까마귀같이 캄캄한 밤이 될 때까지,
도끼를 들고 뛰놀며
　　　　　　　　　　나무를 자르는 것과 같다.
나의
　　　　　　힘을
　　　　　　　　　　가지고 놀면서.
우리에게

사랑이란
나무 그늘이 있는 천국은 아니다.[3]

사랑의 신이 지배한다는 이 지상은 환희의 송가가 울리는 천국이 아니다. 지상의 연인들은 단지 기쁨과 행복으로 가는 문턱에 서 있을 뿐이다. 오르페우스가 연인의 죽음을 되돌려 놓으려고 하는 시도는 지상에서 에우뤼디케와 함께 하는 환희를 위해 감행하는 모험이지만, 마야코프스키의 사멸하지 않는 이 사랑은 잠깐의 기쁨을 뒤로하고 고통만을 낳고 있다.

마야코프스키가 파리에서 사랑의 본질에 관한 시를 썼을 때, 그는 릴리를 떠올렸을까. 우리의 예상과는 다르게, 이 시는 타티아나라는 또 다른 여성으로부터 얻은 영감으로 쓰여 졌다. 릴리로 인해 타오르는 불길은 결코 멈추지 않았지만, 타티아나와의 관계는 매우 진지해 보였다. 타티아나의 친구이며 마야코프스키의 동생 엘자의 표현에 따르면 '격정적인 사랑에 대한 폭발적인 재능'이 있는 그는 무릎을 꿇고 열정적으로 사랑을 고백하고 시를 읊고, 매일같이 그녀를 만나서 떨어질 줄을 몰랐다. 급기야 자신과 함께 모스크바로 가서 결혼하자고도 설득했다. 물론 마야코프스키의 청혼은 결실을 맺지 못한다. 이 사건의 여파는 마야코프스키에게는 실연을, 마야코프스키가 자신이 아닌 다른 여자와 결혼을 한다거나 사랑한다는 것을 상상해 본 적이 없던 릴리에게는 매우 절망적인 감정을 갖게 만든다.

마야코프스키와 릴리의 관계에서 둘은 결코 둘만의 연인이 되지 않는다. 그렇지만 이를 흔쾌히 받아들이는 것 같지는 않다. 둘 사이에 끊임없는 혼란과 슬픔이 함께한다. 물론 갈등과 슬픔은 이들처럼 '평범하지' 않은 관계에서만 나타나지 않는다. 보통의 연인관계가 기쁨이나 행복을 주는 것은 분명하지만, 신뢰와 불신 속에서 계속되는 연인들 사이의 긴장과 갈등이 주는 고통,

그리고 어떤 경우에는 사랑이 시작된지 얼마 지나지 않아 상대에게 느끼는 실망, 결국 연인과의 관계의 실패가 주는 슬픔에 비해서 그 기쁨은 짧기 마련이다. 연인들은 사랑을 맹세하지만, 이런 맹세는 연인 관계의 깨지기 쉬운 긴장 관계 속에서 형성된 친밀함의 산물임을 간과해서는 안 된다. 긴장의 끈이 팽팽해지고 불안이 고조될 때 연인은 나의 내밀한 곳까지 파고들어 와 도끼를 휘둘러댄다.

2. 하나되기

브릭 역시 마야코프스키에 대한 깊은 애정을 가지고 있었지만, 그와 마야코프스키의 관계는 마야코프스키와 릴리의 관계와 달랐다. 친구와 연인의 경계가 무엇으로 이루어졌는지를 알기는 곤란하지만 우리가 어느 정도 이 둘을 구별하고 있는 것도 분명해 보인다. 흔히 연인과의 관계는 성적 관계가 전제되거나 포함되어 있다는 점에서 친구와의 관계와 다르다고 여긴다. 내밀하고 가늠하기 어려운 성적인 욕망과 즐거움을 함께 나눌 수 있는 사람과의 관계는 매우 친밀한 관계를 형성할 수 있다. 그렇지만 연인은 성적인 관계만 즐기는 섹스 파트너는 아니다. 더구나 누구에게도 성적 끌림을 느끼지 않거나 성생활에 거의 혹은 완전히 관심이 없는 무성애(asexuality)의 성향이 있음을 감안했을 때 연인 관계를 성적인 끌림과 결부시켜서 논하는 것이 부적절할 수 있다.

이런 점에서 연인 관계는 매우 모호한 구석이 많다. 일단 위에서 언급한 불멸의 연인들은 여러 사랑의 유형들 가운데 특정한 유형의 애정 관계로 보인다. 고대 그리스에서 에로스(eros)로 형상화된 열정적 사랑이 그것이다. 에로스는 고대 그리스 신화에서 등장하는 신적인 존재(정령, daimon)다. 특히 고대 그리스 초기 문헌들에서 에로스는 케르(ker), 즉 인간이 부정적으로 평가하는 노령이나 질병, 죽음과 같은 부정적인 존재로 등장한다. 그리스인들이 에로스를 이처럼 형상화한 데에는 에로스가 죽음에 이르게 할 수 있다고 생각했기 때문이다.[4]

— 잃어버린 반쪽을 찾아서

우리는 플라톤의 『향연』을 통해 고대 그리스인들이 에로스에 관해서 가졌을 법한 견해들을 엿볼 수 있다. 『향연』에서 파이드로스는 에로스가 연인들을 신들린 사람처럼 용감하게 만들어 주기에 연인들만으로 군대를 꾸려서 전쟁터에 나간다면 아무리 적은 숫자라고 할지라도 반드시 승리할 것이라고 말한다.[5] 한편 에뤽시마코스는 서로 대립되는 것이 화합하고 공존하는 법칙이 에로스라고 말하면서 대립물의 조화와 균형이라는 입장을 피력한다. 그렇지만 무엇보다도 우리가 흔히 떠올리는 연인 관계의 핵심은 아리스토파네스의 '사랑의 기원'에 대한 신화 속에서 발견된다.[6] 이 신화는 인간들 사이에 왜 성별이 있고, 연인의 관계는 왜 이렇게 거부할 수 없는 어떤 충동 내지 끌림 같은 것을 동반하는지, 인간들이 이러한 방식으로 관계를 맺고 사랑을 하고 있는지 그 이유를 전해 준다. 아리스토파네스에 따르면 원래 둥근 몸통에 팔과 다리가 네 개였던 인간은 강력한 힘과 능력을 지닌 나머지 신에게 도전하려고 했고, 이에 제우스가 번개를 내리쳐서 인간을 둘로 나누는 형벌을 내린다. 우리가 연인을 찾는 것은 바로 이 잘려나간 자신의 반쪽을 찾아서 자신의 본래 모습을 회복하기 위한 노력이다. 다시 말해 에로스는 인간이 자신이 입은 상처를 치유하고 회복하는 것에 다름 아니다.

반으로 갈라지기 전에 인간은 해의 자손인 남성, 땅의 자손인 여성, 달의 자손인 여성과 남성의 혼합이라는 세 종류로 나누어져 있었다. 인간이 갈라졌다가 본래의 모습을 되찾으려 하는 것이 연인 관계에서 벌어지는 사랑이라고 말하는 이 신화는, 현재 존재하는 성별이 왜 두 개인지를 그리고 동성 사이의 사랑이 일반적이지 않은 것이 아니라는 점을 우리에게 설명해준다. 또한 우리가 왜 연인과 한시라도 떨어져 있지 않으려고 하는지를, 그리고 이 충동이 아주 본능적이어서 거스를 수 없는 것이라는 점을 보여준다. 사랑은 나의 반쪽을 찾아 "하나가 되고자 하는 욕망과 노력"이다.[7] 연인과 맺는 관계는 우리가 잃어버린 반쪽을 찾아 나의 결여 내지 결핍을 충족시키려는 본능적인 결합의 욕구에 기초한다. 때문에 연인과의 관계에서 벌어지는 감정과 행위는 스스로 다스리기 힘들고, 온전한 내가 될 수 있도록 잃어버린 나의 반쪽인 연인을 소유함으로써 연인과 하나가 되려는 맹목적인 광기를 띤다. 다시 말해 에로스는 우리를 강력하게 만들면서도 우리 자신을 완전한 수동성에 빠뜨린다.

— 날개 달린 연인

『향연』에서 플라톤의 입장을 대변하는 소크라테스는 에로스가 하나가 되려는 충동이라는 점을 수긍한다. 그러나 소크라테스는 한발 더 나아가서, 에로스에 관한 디오티마의 이야기를 전하면서, 에로스가 '하나되기'라면, 연인과의 관계에서 연인의 육체나 연인의 학식이나 덕 등 연인의 어떤 것과 하나가 되려고 하는가 하는 점을 검토한다.[8] 여기서 소크라테스는 육체적인 부분 때문에 상대에게 끌려서(육체적 아름다움) 연인관계가 시작되었다고 하더라도 그것이 불멸의 사랑에 이르기 위해서는 다른 차원에서의 하나됨이 연인의 관계의 핵심으로 자리 잡아야 한다고 말한다. 무엇보다도 에로스는 사랑하는 사람에게 좋은 것들이 생겨나고 그 자신에게서 아름다움이 솟는 것 자체를 사랑하는 것이다. 연인과의 관계는 결국 사랑하는 사람이 사랑받는 사람과의 관계 속에서 자기 자신 안에서 생겨나는 "좋은 것을 자기 자신 속에 영원히 간직하려는 행위, 그 자체를 그 대상으로 삼는 것"[9]이고, 궁극적으로 "아름다운 것 자체를 직관"하기 위한 수행의 여정이라고 말한다.[10] 사랑이 광기라면 그것은 육체적 결합을 위한 맹목적인 광기라기보다는 아름다운 것 자체, 참된 것 그 자체에 이르는 혜안을 갖춘 광기라고 말한다. 이때 아름다운 것 자체, 참된 것 자체는 플라톤에게 있어서 진리의 다른 이름이다. 그래서 에로스는 철학(즉 진리와 지혜를 향해 나아가는 것)의 다른 모습이다. 때문에 에로스의 동력이 되는 광기는 신으로부터 부여받은 신적인 광기다. 플라톤이 말하는 에로스는 연인이 불멸하는 신적인 아름다움과 좋은 것에 이르려는 욕망이다.

연인이 두 개의 몸을 가진 하나의 영혼에 다름 아니게 되기 위해서는 연인과의 육체적 관계를 중심으로 한 세속적 사랑으로는 불가능하다. 플라톤은 세속적 사랑이 영혼의 추락을 가져올 수 있다고 보았다. 특히 대부분의 고대 그리스 철학자들이 동의하듯이, 여성은 아름다운 것 자체를 향하는 것을 방해하고 육체와 생물학적 요구에 매몰되도록 하는 존재로 여성과 남성 사이의 관계는 참다운 에로스를 이룰 수 없다. 플라톤이 남성들 사이의 사랑을 더욱 고귀한 것으로 둔 이유도 이 때문이다.[11]

『향연』에서 나타난 에로스에 관한 플라톤의 입장은 아름다움에 대해 논하는 『파이드로스』에서 다시 한 번 다루어진다. 소크라테스는 이 대화편에서 진리를 향한 연인들의 여정을, 사랑이 싹트면서 연인들에게 날개가 돋아나서 이들이 함께 불멸하는 세계인 천상으로 날아가는 신화를 소개하고 있다. 날개 달린 연인들이 욕망과 기개라는 두 마리 말을 이성이라는 마부가 조정하는 마차를 타고서 천상의 세계로 상승해 가며 불멸의 세계로 들어가는 환상적인 장면으로 이를 묘사한다. 이는 연인들이 서로 함께 자신들의 영혼이 욕망과 정념에 휩쓸리지 않도록 하는 영혼의 훈련을 강조하는 것이다.[12]

— 새장 속의 새

여기서 플라톤은 참된 연인관계를 서로 가르치고 재교육하면서 향상시키는 관계, 고귀한 영혼으로 자기 자신을 고양시키면서 거기에 함께 도달하는 관계로 상정한다. 그렇지만 과연 연인은 날아오를 수 있을 것인가? 상호 강화를 통해 연인관계가 고귀한 영혼 내지 참된 이상을 향해 날아오르고 있는 중이라는 것을 그 연인들 자신은 과연 알 수 있을까? 우리는 누군가를 사랑할 때 상대를 제대로 바라볼 수 없는 경우가 많다. 남들 눈에는 별 볼일 없는 사람도 사랑하는 사람의 눈에는 둘도 없는 멋진 사람이고, 그의 불성실이 자유로움으로, 틀에 박힌 거짓말이 어린이 같은 순박함으로 보인다. 단점이 보이지 않고 만약 포착된다고 하더라도 이상화된다. 간단히 말해 사랑에 눈이 멀게 된다.

그런가 하면 결핍으로 추동되는 연인 관계는 자기 자신의 결핍 충족을 위해 하나가 되려는 관계이기 때문에 한쪽이 다른 한쪽에 복종하고 다른 한쪽은 지배하는 관계로 이어지기 십상이 아닐까. 서로를 대상화하고 희생양으로 삼게 되는 것이다. 다시 말해 '하나되기'라는 연인 관계는 상대와의 폭력적인 관계를 형성하는 경향이 있다. 이는 상대에게 전권을 행사하며 상대의 육체와 삶을 배타적으로 소유하고 좌지우지 하려는 통제욕구의 시행으로 나타난다. 한편 이것이 불가능하다고 생각할 때는 반대로 상대에 자신의 모든 것에 대한 전권을 위임하여 자신을 종속시키는 관계가 형성된다. 연인관계는 물론이고 부부사이(특히 아내에 대한 남편의 폭력)에서 발생하는 폭력은 부부관계가 하나됨의 서약을 통해서 기정사실화되었다는 점 때문에 더욱 빈번하고 고질적으로 나타난다. 자신이 옳다고 믿었던, 혹은 자신이 상정했던 관계가 뒤틀렸을 때 발생하는 폭발적인 폭력이 가중된다. 그렇지만 한편으로 눈먼 사랑의 여파에서 빠져나오지 못한 경우에는 상대에 대한 동정이라는 이름으로 폭력이 무마된다. 빠져 나오기 힘든 폭력의 굴레다. 날아가던 연인은 실상 그것이 추락하고 있다는 것을 알지 못하거나, 날개가 꺾인 채 새장 속에 갇힌다.

한편 사람들은 내가 사랑하는 사람이 나 자신을 사랑하여 하나가 되었다고 생각할 때, 사랑이 식어 버리는 경험을 종종 마주한다. 사랑하는 사람들이 얼마 지나지 않아 권태에 빠진다. 에로스는 결핍이 추동하는 관계였기 때문에 그런 연인관계는 결핍이 충족되지 않았을 경우에만 현실에 존재하게 된다. 만약 사랑이 실현된다면, 즉 결여의 충족이 이루어진다면, 연인이 내가 되고 내가 연인이 됨으로써 하나됨이라는 욕망과 충동이 사라진다면, 이 관계는 더 이상 연인 관계가 아니게 되는 것이라고 말할 수 있다. 사랑의 '추구'는 사라진다. 이것이 오래된 연인이나 결혼을 통한 연인의 부부관계로의 전화에서 나타나곤 하는 일이다. 이제 연인은 새장이 없어도 날아가지 않는다.

타인과 하나가 되려는 것은 우선 타인을 나와 구별해주는 모든 것을 제거하고자 하는 것이다. 관계라고 할 만한 것이 없는 관계가 된다. 연인 사이에서는 서로가 식별이 불가능하게 뒤섞인다는 것이다. 어느 정도 각자의 삶을 살아온 세월을 거친 후에 만나는 연인들은 각기 어느 정도 자율성을 갖춘 다른 인격체라는 점에서, 하나되기는 현실적으로는 불가능하지 않을까. 만약 이런 사람들이 하나가 되는 것에 도달했다고 한다면 착각에 빠졌을 가능성이 크다. 이는 자신이 쓴 소설을 꿈속에서 상연하거나 혹은 상대방을 대상화함으로써 이루어진 것이다. 그래서 새장 밖을 상상하거나 날개를 꺾어 버리는 길로 나아가는 것이다.

마야코프스키가 자신을 철창에 갇힌 죄수로 여기며 자신의 처지를 고통스러워 하면서도, 한편으로 이렇게 갇힌 존재로 남겠다는 의사를 릴리에게 써 보낸다.[13] 릴리는, 마야코프스키만큼이나, 다른 사람들과의 자유분방한 관계를 지속적으로 이어나갔다. 그렇게 볼 때 이 구속은 어쩌면 일종의 환상이 아닐까. 마야코프스키가 구속되고자 했던 그 대상은 릴리 자체이기보다는 실제로는 없는, 결코 닿을 수 없는 영역에 위치한 '가상'의 릴리 아니었을까. 마야코프스키가 연인과의 관계에서의 거듭되는 극단의 좌절과 실패를 체험했을 때, 그가 선택할 수 있는 길은 불가능성의 영역으로의 귀속, 즉 자살이었다.

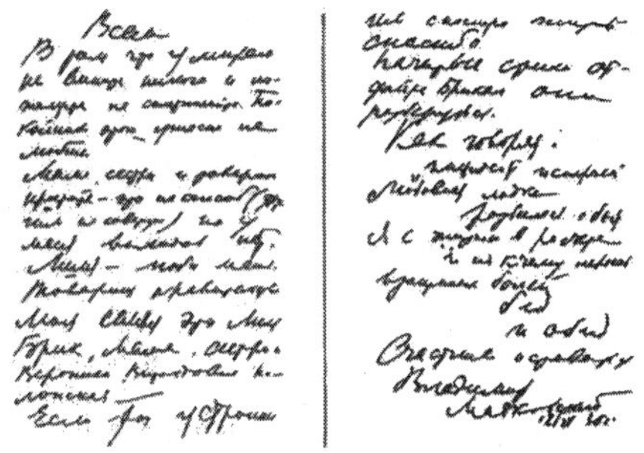

마야코프스키의 마지막 편지

3. 연인관계의 혜안 갖추기

불멸은 죽어 사라지지 않는다는 뜻이다. 신의 불멸성과 명확히 구분되는 필멸성을 인간의 본성으로 여기는 고대 그리스인들의 인간관을 굳이 언급하지 않더라도, 인간이 죽을 수밖에 없는 존재라는 점은 의심의 여지 없이 인간의 실존적인 조건을 이루는 핵심이다. 인간은 언젠가 죽고 또 모든 것을 알 수도 할 수도 없다. 그렇지만 인간은 불멸을 위한 꿈을 지니고 있다. 이것은 생물학적 목숨을 유지하는 것을 뜻하지는 않는다. 플라톤은 이름을 날리기 위한 명예욕이라든지, 다른 사람들에게 자기 존재를 입증하기 위해 힘을 행사하는 권력욕이라든지, 그리고 인간이 먹고 마시고 또 자면서 생명 유지를 위한 일들로 일상을 유지하고 또 성관계를 가지는 것(오늘날의 생물학 용어를 빌리자면 자신의 유전자를 남기기 위한 시도) 등 이 모든 활동도 불멸의 욕망이 반영된 것이라고 본다.

— 영혼의 자녀

디오티마는 에로스의 탄생 신화를 통해서, 죽을 수밖에 없는 존재인 인간이 불멸의 꿈을 추구하는 것이 사랑이고, 여기서 연인의 사랑이 특정한 역할을 한다는 점을 전해준다. 에로스는 풍요의 신 포로스와 빈곤의 신 페니아 사이에서 태어난, 불사적인 것과 가사적인 것의 중간자다. 때문에 에로스는 빈곤도 풍요도 아니고 산 것도 죽은 것도 아니다. 오직 에로스는 결핍/빈곤에서 충족/풍요로, 가사적인 것에서 불멸하는 것으로서 나아가는 힘이다. 아우구스티누스가 서로 느낌을 주고받는 가운데 빚어지는 조화에서 온전한 힘을 펼쳐내는 것이 사랑이라고 했듯이, 에로스는 연인을 통해서 그 힘을 온전히 발휘한다. 사랑하는 사람을 만나면, 활력이 생기고 살아 있는 기분이 드는 것처럼 삶의 기운이 북돋는 것, 연인에게 더 아름답게 보이려고 하고, 그가 던진 한마디 말이나 표정의 진위나 그것이 뜻하는 바를 알기 위해 노력하듯이 사랑은 더 아름답고 더 참된 것을 향한 연인들의 상승운동을 추동한다. 플라톤은 죽을 수밖에 없는 인간이 상승운동 끝에 도달해 영원의 세계에 존재할 수 있는 방법은 예전의 존재 대신에 그와는 다른 새로운 존재를 남겨놓는 것이라고 말한다.[14]

여기서 다른 존재란 성관계가 만들어 낸 어떤 황홀경의 상태나 생물학적 존재인 자녀의 탄생에 그치지 않는다. 앞서 말했듯이 플라톤이 강조하는 것은 영혼의 관계 맺기이고, 이때 다른 존재란 영혼의 자녀다. 육체관계를 통해 얻어진 자녀가 연인들이 불멸하도록 만드는 씨앗이라면, 영혼의 자녀란 무엇일까. 먼저 연인의 영혼이 성숙해 나가는 것을 뜻하는 것이다. 연인 관계가 그 어떤 관계보다 친밀한 관계인만큼 이 관계가 내면과 삶에 미치는 영향은 상당하다. 우리는 나의 의미 있는 타자로서 연인과의 관계 속에서 나의 가치관이나 삶의 목적을 검토해보기도 하고 나 자신이 바라고 원하는 것, 그것을 대하는 나의 태도 등을 고민해 볼 수 있다. 이 과정을 통해서 나는 연인을 만나기 전에는 발견할 수 없었던 나의 모습을 접하고 이렇게 발견된 나의 다른 모습들을 내 안으로 가지고 들어와 받아들이면서 더 나은 나로 변모할 수 있는 것이다. 다른 하나는 마야코프스키의 경우처럼 그 영혼의 자녀가 예술작품을 낳는 것이다. 마야코프스키는 생물학적 생명을 자살로 마감했지만, 그의 실패한 사랑 속에 살아남았다. '영혼의 자녀'와 같은 작품을 통해서 그와 릴리와의 관계는 죽어서도 연결되어 있고 그 작품은 아직도 우리들 사이에서 살아남아 있다.

— 실패의 역사

그래서일까. 연인의 마음을 얻으려 하거나 잃은 사람들은 곧잘 시를 짓고 노래를 부르며 오르페우스로 변신한다. 러브 어패어가 없었다면 상당수의 시나 노래는 이 세상에 태어나지 못했을 것이라는 점은 분명해 보인다. (물론 우리가 모두 알다시피 모든 노래와 시가 마야코프스키나 오르페우스의 작품 같지는 않다.) 그렇다면 그리스 최고의 예술가 오르페우스의 불멸을 향한 모험은 어떤 결말을 맞이했을까. 연인의 죽음을 되돌리려는 그의 저항이 성공적으로 보였으나 그렇지는 않았다. 우리는 이미 예감했을 것이다. 우리가 불멸의 연인으로 기억하는 이들의 사랑은 현실 속에서 좌절되고, 죽음을 통해서 불멸을 이룰 수 있다는 것을. 오래오래 행복하게 살았다는 연인들보다는 우리가 이들을 더 많이 기억한다는 것을. 사랑의 역사는 역사 교과서와는 달리 실패로 점철된 역사라는 것을. 오르페우스가 에우뤼디케와 지하 세계를 떠날 때 신들이 내린 조건이 하나 있었다. 지상에 이르기까지 오르페우스가 절대 뒤를 돌아보아서는 안 되며, 이를 위반할 경우 에우뤼디케는 다시 지하 세계로 회부된다는 것이다.

마르탱 드롤랭(Martin Drölling),
오르페우스와 에우뤼디케, 1820

지상으로 올라가는 길은 어둡고 가파르고 험난하고 적막했다. 오비디우스에 따르면, 오르페우스는 뱀에 물린 상처로 절룩거리는 그녀가 제대로 따라올까 하는 생각에, 또 그녀가 보고 싶기도 하여, 길을 묵묵하게 잘 헤쳐 오던 이 둘의 여정이 마침내 목적지에 다다랐을 때 오르페우스가 에우뤼디케 쪽으로 뒤를 돌아보게 된다. 그는 근심하고 방심하는 사이에 실수를 하게 된다. 죽음도 극복한 이 사랑이 거의 죽음을 뒤로할 수 있었을 때 그만 실수를 한 것이다. 그들의 사랑은 좌절된 듯 보인다. 그는 에우뤼디케를 데리러 다시 죽음의 땅으로 들어가려고 했으나 허사였다. 그가 할 수 있는 것은 식음을 전폐하고 눈물을 흘리는 것뿐이었다. 슬픔에 빠진 오르페우스는 세 번 겨울을 맞이할 때까지 그렇게 지냈다. 그동안 오르페우스에게 많은 처녀들이 구애를 했으나 그는 하나같이 거절하였는데, 이에 원한을 품은 처녀들의 분노와 광기 속에서 갈가리 찢겨 결국 죽음을 맞이한다. 그렇지만 이 참혹한 죽음도 오르페우스가 에우뤼디케를 잊게 만들 수는 없었다. 그것이 안타까웠을까. 오비디우스는『변신 이야기』에서 행복한 결말을 짓는다. 그의 이야기 속에서 찢겨진 오르페우스의 머리는 강가에 떠다니면서도 에우뤼디케의 이름을 계속 불렀으며, 결국 그 역시 죽은 자들의 세계에 들어가 에우뤼디케를 만나 행복하게 그녀를 한없이 바라볼 수 있었다.[15]

— 에로스와 같게 혹은 다르게

오비디우스의 오르페우스 신화는 한편으로 해피엔딩이지만, 그것은 죽은 자는 살아 돌아오지 못한다는 인간의 비극을 강조하는 것으로 보인다. 오르페우스는 그녀를 살릴 수 있는 기회가 있었지만, 에우뤼디케와 한 방향을 바라보며 걷던 오르페우스가 뒤를 돌아서 서로 다른 방향을 바라보았을 때 그 기회는 유실되었다. 아마도 사랑을 거의 되찾았을 때 그 성취에 도취되어 방심했거나, 그녀가 정말로 뒤에서 함께 걷고 있는지 혹시 에우뤼디케를 다시 보내준 신이 자신을 속이고 다시 에우뤼디케를 빼돌리기 위해 금지 조항을 달았던 것은 아닌지 하는, 근심과 의심 때문이 아니었을까.

우리는 여기서 에로스를 보충하거나 에로스에 함축되어 있으나 더 부각시켜 보아야 할 연인관계의 단초를 발견할 수 있을 것 같다. 앞서 언급했듯이, 하나되기를 추구하면서 함께 아름다움과 참된 것 자체를 추구하는 연인관계의 현실에 수많은 난관이 있다. 이러한 현실을 사랑하면서 연인관계를 계속하기란 쉽지 않다. 연인들이 영혼의 성장을 위해 서로 배워 나가는 것이 에로스라고 한다면, 거기에는 나와는 다른 타자와 어떻게 관계 맺을지에 대한 배움도 포함되어 있을 것이다. 그러나 우리는 연인이 운명 같은 사랑으로 이어져 있다고 생각하면서 이 같은 배움의 과정을 경시하는 것 같다. 우리가 연인을 처음 만나서 막 관계 맺기 시작했을 때 우리는 그로부터 사랑 받기를 간절히 원한다. 마치 어린아이가 부모의 보살핌을 받고 그 안에서 성장하듯이 말이다. (설혹 우리가 부모로부터 이런 사랑을 받지 못했어도, 그러한 사랑이 있다는 것은 알기는 한다.) 우리가 어느 정도 자라서 연인을 찾기 이전에 우리가 알고 있던 사랑이란 바로 부모로부터의 이러한 사랑이고, 우리는 더 완전하고 충만해진 자신을 얻기 위해 이러한 사랑을 연인에게서 기대한다. 그렇지만 연인과의 관계는, 부모의 자녀 사랑과는 달리, 나를 상실하게 만들 정도로 모호하고 수동적인 상태로 몰아넣으면서 나의 자율성과 주체성을 침범해 버린다. 우리는 사랑의 혼미함 속에서 배움의 과제를 잃어버린다. 우리는 불신이라는 망치와 신뢰라는 불로 영원이라는 갑옷을 짜고 싶어 한다. 그렇지만 우리에게 주어진 것은 단단한 철이 아니라 무른 마음과 육체 아닌가. 도달해야 할 영원한 세계는 마련되어 있지 않다.

사랑을 하나되기를 통한 일치로 간주하는 것은 현실의 관계 속에서 벌어지는 긴장과 갈등을 지워낸 환상 속의 연인을 상정하고서나 가능한 것이다. 현실적으로 이런 사랑은 외로운 관계를 만들어 낸다. 또한 설혹 순간 하나됨을 경험하더라도 그것은 정오의 태양처럼 지속되지 않는다는 점에서 하나됨은 또다시 이르러야 할 과제로 남는다. 중요한 것은, 하나'되기'란 '함께'하는 것이라는 점이다. '함께'는 한쪽이 우위를 점하고 다른 한쪽을 집어삼키는 관계가 아니다. 상대방의 고유함과 차이를 인정하고 또 그것을 원하고 사랑하는 것, 즉 둘로 지내면서 하나가 되어가는 길을 걷는다는 것이다. 이 과정에서 절룩거리는 에우뤼디케를 안아 짊어지고 가려 하는 것이 아니라 그를 되살리기 위해 마지막까지 세심한 주의를 기울이는 것이 중요할 것이다. 자기 자신과 상대방, 그리고 그 둘 사이의 관계를 돌보는 것, 연약한 존재들로 이루어진 세계에서 신뢰와 약속 같은 사랑의 자녀를 돌보는 것이 이런 것은 아닐까. 사랑은 만만치 않은 과제다.

[혼자 읽고 함께 생각하는 연인관계]

사랑이 인간 실존의 문제에 대한 해답을 품고 있다는 에리히 프롬의 생각은 플라톤의 『향연』에서의 주장과 그다지 멀리 떨어져 있지 않다. 그렇지만 한편으로 현대의 사상가인 프롬은 사랑이 소유의 방식으로 다루어질 때 발생하는 문제들을 힘주어 경고한다. 물론 프롬이, 연인 사이의 관계에서만의 사랑을 염두에 둔 것은 아니다. 연인의 사랑에 대해서 프롬이 주목하는 것은 합일이나 결합을 통해 상대를 자신이 처분 가능한 자신의 일부처럼 대할 수 있는 '자기화'의 충동 내지 열망을 떨쳐버리기 어려운 관계가 연인관계라는 점이다. 때문에 이 관계에서는 소유 방식으로서의 사랑이 언제든 부상할 수 있다고 지적한다. 이러한 문제의식에서 프롬의 시선은 연인관계의 파괴적이고 혼란스러운 양상(근래의 사례로 보자면, 데이트 폭력 등)을 가중시키는 소유 중심의 사회 제도의 문제점을 밝히는 것으로 옮겨진다. 그렇다면 소유가 아니라 존재 방식인 연인관계는 어떤 모습이며, 어떻게 가능할까?

우리는 프롬의 이러한 고찰을 일찍이 연인관계에서의 사랑의 정념을 사회 제도와 사회 문제로 다룬 샤를 푸리에의 생각과 비교해 볼 수 있다. 푸리에는 인간이 지닌 정념의 자유로운 표출과 교환의 중요성을 강조하면서, 오늘날의 사회가 이를 가로막고 있다는 점에서 인간성을 왜곡하는 연인관계의 비윤리적인 형태가 만연하고 있다고 지적한다. 연인관계는 반드시 결혼으로 결실이 맺어져야만 하는 것도 아니고, 의무를 이행하는 것만으로 지속되는 것도 아니다. 오늘날에도 다소 파격적으로 들리는 푸리에의 폴리가미와 고귀한 커플에 대한 주장은 연인과의 관계가 소유관계나 종속 내지 억압관계가 아닐 수 있는 다른 세계를 펼쳐 보여준다.

한편, 『리퀴드 러브』의 저자이기도 한 사회학자 지크문트 바우만이 국내의 한 신문사와 진행한 사랑에 대한 인터뷰는 연인과의 관계가 어떻게 필리아(philia)의 성격을 띨 수 있는지와 그것이 에로스(eros)와 그리 멀지 않다는 것을 보여준다. 푸리에와는 다른 방식으로 소유관계가 아닌 사랑의 관계를 생각해 보게 해준다.

1. 바우만의 인터뷰를 찾아 읽어보고 프롬, 푸리에가 말하는 연인 관계의 특징과 비교해 보자.
2. 존재양식으로써 사랑의 구체적인 모습을 찾아 보자.
3. 연인관계가 전적으로 사적이지 않은 이유와 사례를 생각해 보자.
4. 사랑의 다채로운 모습을 예술 작품 속에서 찾아보자.

생각의 깊이를 더해 주는 텍스트

1) **플라톤**이 마련한 향연 속의 연인

에로스는 포로스와 페니아의 아들이었기 때문에, 다음과 같은 성격을 지니게 되었답니다. 첫째로 그는 언제나 결핍 상태에 놓여 있어서, 일반인들이 생각하는 것과는 달리, 부드러움이나 아름다움과는 거리가 멀답니다. 그러한 것과는 정반대로 그는 조야하고 더럽고 맨발로 집도 절도 없이 떠돌아다니며, 언제나 땅바닥 위에서 덮을 것도 없이 드러누워 있습니다. 또 남의 집 대문 앞이건 길가이건 가리지 않고 하늘을 이불 삼아 잠을 자는데, 그것은 그가 어머니의 본성을 이어받아 언제나 결핍과 함께하기 때문이랍니다. 반면에 그는 다른 한편으로 아버지의 성격도 이어받아 아름답고 훌륭한 것을 획득하기 위해 계책을 잘 꾸며내기도 한답니다. 그는 용감하기 때문에 진취적이고 전력투구하는 빼어난 사냥꾼이고, 끊임없이 계략들을 짜냄으로써 현명한 지혜를 얻고 새로운 수단을 개척해내며, 평생 동안 지혜를 탐구하며 삽니다. 하지만 다른 한편으로는 대단한 협잡꾼이자, 마술사이며 소피스트이기도 하답니다. 그는 본성상 불사적인 존재도 가사적인 존재도 아닙니다. 그는 단 하루 동안에도, 어떤 때는 꽃처럼 피어올라 생생하게 살아 있는가 하면 어떤 때는 죽어 있기도 합니다. 그렇지만 아버지로부터 물려받은 성질 덕분에 방법만 찾아내면 다시 살아나지요. 그에게는 방법과 수단을 찾아내는 능력이 밑에서부터 끊임없이 솟아오르기 때문에, 한 번도 방법을 찾지 못한 상태에 처하지는 않습니다. 그럼에도 불구하고 그는 단 한 번도 풍족한 상태에 있는 법이 없지요.

그는 다른 한편으로 앎과 무지의 중간 상태에 있다고 할 수 있습니다. …… 사실 지혜란 가장 아름다운 것 속에 있는 것이고 에로스는 아름다운 것을 사랑하기 때문에, 에로스는 필연적으로 지혜를 사랑하는 자일 수밖에 없고, 지혜를 사랑하는 한 그는 지자와 무지한 자의 중간자가 되는 셈이지요. 에로스가 그러한 성질을 지니게 된 원인은 그의 탄생에서 찾을 수 있답니다. 사실 그는 지혜롭고 모든 수단을 잘 알지 못하는 어머니로부터 태어났으니까요. 친애하는 소크라테스여! 바로 그러한 것이 이 정령 즉 에로스의 본성이랍니다. ……

그런데 에로스가 그러한 성질을 지닌 신이라면, 그는 인간에게 어떠한 유용성을 제공할 수 있을까요? ……

결론 짓자면, 사랑이란 좋은 것을 자기 자신 속에 영원히 간직하려는 행위, 그 자체를 그 대상으로 삼는 것이랍니다.

(플라톤, 『향연』, 박희영 옮김, 문학과 지성사, 2003)

2) **프롬**의 사랑의 기술, 소유냐 존재냐

이러한 두 형태의 사랑[형제애와 모성애]와 상반되는 것이 에로틱한 사랑이다. 성애는 다른 한 삶과 결합하고자 하는 갈망이다. 성애는 배타적이며 보편적인 것이 아니다. 또 성애는 현존하는 모든 사랑의 형태 중 가장 기만적인 것인지도 모른다.

먼저 성애는 흔히 사랑에 빠진다는 유쾌한 경험, 즉 두 낯선 사람 사이에 있던 장벽이 갑자기 무너져버리는 경험을 맛보게 된다. 그러나 앞에서 설명한 바와 같이 갑자기 친해지는 이러한 경험은 결코 오래가지 못한다. 낯선 사람들이 친해져 잘 아는 사이가 되면 이미 극복해야 할 장벽도 없고 더 이상 가깝게 접근하여야 할 필요도 없다. 즉 '사랑받는' 사람을 자기 자신처럼 잘 알게 되는 것이다.

그러나 사실은 상대방에 대해 거의 모른다고 말해야 옳을지도 모르겠다. 상대방에 대해 더 깊이 경험을 했다면, 혹은 우리들이 그의 인격의 무한성을 경험할 수 있다면, 상대방이 이처럼 친밀해지는 일은 결코 없을 것이며, 장벽을 극복하는 기적은 매일 새롭게 일어날 것이다.

그러나 대다수의 사람들의 경우, 타인만이 아니라 자기 자신도 곧 탐구되어 말라 없어지게 된다. 그들의 경우는, 성적인 관계를 통해서 친밀감이 성립된다. 그들은 상대방의 분리를 우선 육체적 분리로 경험하기 때문에 육체적 결합은 분리 상태의 극복을 의미하게 된다. ……

성애는 배타적이지만 상대방을 통해 온 인류를, 모든 살아 있는 것들을 사랑할 수 있어야 한다. 나 자신을 오직 한 사람과만 열렬하게 융합시킬 수 있다는 의미에서만 그렇다. 성적 융합, 즉 생명의 모든 면에 있어서의 완전한 위임이라는 의미에서 성애는 상대방에 대한 사랑을 배척하며, 긴밀한 형제애라는 면에서는 그렇지 않다.

만일 성애가 사랑이라면, 한 가지 전제를 갖고 있다. 나는 나의 존재의 본질로부터 살아가고 있고, 다른 사람을 그의 또 그녀의 존재의 본질에서 경험하고 있다. 본질적으로 모든 인간은 동일하고 우리 모두는 하나이다. 따라서 우리가 누구를 사랑하든 차이가 없을 것이다.

……

우리는 성애의 중요한 요인인 '의지'를 무시하고 있다. 어떤 사람을 사랑한다는 것은 결코 강렬한 감정 하나만을 말하는 것이 아니다. 이것은 결단이고 판단이고 약속이다. 만약 사랑이 감정일 뿐이라면, 영원히 서로 사랑할 것을 약속할 필요는 없을 것이다. 감정은 밀려왔다가 밀려가는 것이기 때문이다. 판단과 결단이 나의 행위에 포함되어 있지 않으면, 어떻게 내가 이 사랑이 영원하리라고 장담할 수 있겠는가?

이러한 견해를 고려할 때, 우리는 사랑이 철저하게 의지와 위임의 행위이며 더불어 기본적으로 두 사람이 어떤 사람이든 상관없다는 입장에 도달할 수 있다. 결혼이 중매쟁이에 의해 성립되든, 개인적인 선택에 의해 성립되든, 결혼을 하면 의지의 행위가 사랑의 영원성을 증명할 것이다. 이러한 견해는 인간성과 성애의 역설적 성격(우리는 모두 하나이지만 우리는 각기 독특하고 복제할 수 없는 실재이다)을 무시하고 있는 듯하다.

우리들과 타인과의 관계에서도 동일한 역설이 되풀이된다. 우리가 모두 하나인 한, 우리는 형제애라는 의미에서 모든 사람들을 동일한 방식으로 사랑할 수 있다. 그러나 우리는 또한 서로 각기 다르기 때문에, 성애는 어떤 사람들 사이에는 있지만, 모든 사람들 사이에는 없는 특수하고 무척 개별적인 요소를 원한다.

따라서 이 두 가지 견해, 즉 성애는 특수한 두 사람 사이의 독특하고 완전히 개인적인 매력이라는 의견과 성애는 의지의 행위에 지나지 않는다는 또 다른 의견은 모두 옳다. 더 정확하게 말한다면, 두 의견 모두 진실은 없다. 즉 사랑은 우리가 성공하지 못하면 쉽게 해결될 수 있는 관계라는 사상도, 어떠한 환경 하에서도 이 관계는 해결되어서는 안 된다는 사상도 역시 잘못이다.

에리히 프롬, 『사랑의 기술』

우리는 사랑을 '소유'할 수 있는가? 만약 가능하다면 사랑은 하나의 사물이어야 하며, 우리가 갖고, 점유하고, 소유할 수 있는 실체이어야 한다. 그런데 사실은 '사랑'이라고 하는 사물은 없다. 사랑이란 추상개념이며, 아마도 여신이며, 이방인일 것이다. 그러나 이 여신을 본 사람은 없다. 실제로는 '사랑한다는 행위'만이 존재한다. 사랑하는 것은 생산적인 능동성이다. 그것은 인물, 나무, 그림, 관념을 존중하고 알고 반응하고 긍정하고 향유하는 것을 뜻한다. 그것은 생명을 주는 것을 의미하며, 그의 생명력을 증대시키는 것을 의미한다. 그것은 자신을 갱신하고 자신을 증대시키는 하나의 과정이다.

사랑이 소유양식에서 경험될 때 그것은 자기가 '사랑하는' 대상을 구속하고 감금하고 또는 지배하는 것을 의미한다. 그것은 생명을 주는 것이 아니라 압박하고 약화시키며 질식시켜 죽이는 행위이다. 사람들이 사랑이라 '부르는' 것은 대개가 그들이 사랑하고 있지 않다는 현실을 숨기기 위한 말의 오용이다. ……

결혼에 관해서도 똑같은 말을 할 수 있다. 사랑에 의해 결혼했든, 과거의 전통적인 결혼처럼 사회적 편의나 관습에 의해 결혼했든 간에 진짜로 서로 사랑하고 있는 부부는 예외처럼 보인다. 실은 사회적인 편의, 관습, 상호의 경제적 이해, 자식에 대한 공동의 관심, 상호의존, 또는 상호증오나 공포 등이 의식 위에서는 '사랑'으로서 경험된다.-두 사람은 서로 사랑하고 있지 않으며, 지금까지 서로 사랑한 적이 없었다는 것을 부부의 어느 한쪽, 또는 양쪽이 깨달을 때까지. 오늘날 이 점에 있어서는 어느 정도의 진보가 엿보인다. 즉 사람들은 보다 현실적이고 냉정하게 되었으며, 많은 사람들이 이제 성적으로 이끌리는 것이 사랑하는 것을 의미하지 않으며, 또 거리를 두고 있으면서도 사이좋게 공동생활을 하는 것이 사랑의 표현이 아니라는 것을 알게 되었다. 이러한 새로운 견해에 의해서 사람들은 보다 정직해졌다.-파트너도 보다 자주 바꾸게 되었지만. 그렇다고 그것에 의해서 사람들이 반드시 더욱 빈번히 사랑하게 되지는 않았으며, 새로운 부부도 이전의 부부와 마찬가지로 사랑하고 있지 않을지도 모른다. (<사랑의 기술>에서 나는 '사랑에 빠진다'는 구절 속의 '빠진다'는 말 그 자체가 모순임을 지적했다. 사랑이 생산적인 능동성인 이상 우리는 사랑 속에 '있거나' 사랑 속을 '걸을' 수 있을 뿐이며 사랑에 '빠질' 수 없다. 왜냐하면 빠진다는 것은 수동성을 의미하기 때문이다.)

구애 기간에는 어느 쪽도 아직 상대방에게 자신이 없으며, 각기 상대방을 자기 것으로 삼으려고 애쓴다. 양쪽 다 살아 있어 매력적이고 흥미를 끌며 아름답기까지 하다- 살아 있는 상태는 항상 얼굴을 아름답게 만드니까. 어느 쪽도 상대방을 '소유'하고 있지는 않다. 따라서 각자는 '존재', 즉 상대방에게 주고 상대방을 자극하는 데 정력을 쏟는다. 결혼이라는 행위에 의해서 사태가 곧잘 근본적으로 변한다. 약혼은 파트너 각자에게 상대방의 육체, 감정, 관심의 독점적 소유를 인정한다. …… 그들은 서로가 사랑할 때의 그들과 똑같은 사람이 아니라는 것을 알지 못한다. 즉 사랑을 '소유'할 수 있다는 생각이 사랑하지 못하게끔 한 과오임을 알지 못한다. 이제 그들은 서로 사랑하는 대신에 그들이 가지고 있는 것, 즉 돈, 사회적 지위, 가정, 자신의 공동 소유로 만족한다. 이리하여 어떤 경우에는 사랑에 바탕을 두고 시작된 결혼이 사이가 좋은 소유형태로 변모해 버린다. 그것은 두 개의 자기중심주의를 하나의 합동자본으로 삼는 회사, 즉 '가정'이라는 회사인 것이다. ……

…… 난점은 결혼에 있는 것이 아니라 남편과 아내의, 그리고 결국은 그들 사회의 소유 및 존재의 구조에 있다. 집단 결혼, 파트너의 교환, 집단 섹스 등과 같은 현대적인 형태의 공동생활을 제창하는 사람들은 내가 이해하는 한에서는 단지 사랑의 어려운 문제를 피하려고 끊임없이 새로운 자극으로 지루함을 잊으며, 비록 한 사람이라도 사랑할 수 있기를 바라지 않고 보다 많은 '애인들'을 '소유'하기를 바라고 있는데 불과하다.

에리히 프롬, 『소유냐 존재냐』

3) **푸리에**가 꿈꾼 사랑 넘치는 신세계

인간 본성은 사랑의 두 가지 요소, 즉 관능적 쾌락과 감정적 쾌락이 균형을 이루기를 원한다. 우리가 난잡함, 색욕 혹은 음란함이라고 부르는 육체적인 요소를 제거하는 것은 감정의 원리를 올바로 대우하지 않는 태도다. ……

나는 감정이라고 부르는 순수한 사랑에는 직감이나 마술 같은 손재간 외에 다른 것은 거의 없다는 점을 밝힐 것이다. 이는 육체적 만족을 느끼지 못하는 사람과 충분한 육체적 만족을 통해서만 감정을 탁월하게 고양시킬 수 있는 사람에게서는 더욱 그렇다. 누구나 육체적 만족을 이용하므로 어떤 여성도 이 조항에 반대하는 주장을 펴지 못할 것이라고 나는 생각한다. 우리는 소설가들이 감정적인 관계를 통해 상상할 수 있는 모든 것보다 더 새롭고 우월한 매력적인 일들을 찾아내려 한다. ……

사랑에 관한 다섯 단계의 요약된 정의를 통해 시작해보기로 하자.

(1) 소박한 혹은 근본적 단계

(2) 혼합된 혹은 균형을 이룬 단계

(3) 폴리가미 단계 혹은 혼합된 사랑을 여러 결합에 적용하는 초월적 단계

(4) 총체적 혹은 통일적 단계

(5) 오늘날 효력을 상실한 유형들을 포함한 다의적 단계 혹은 여러 가지가 혼합된 단계

……

남성이든 여성이든 사랑에 있어 난잡하고 관능을 추구하는 문명인은 내가 새로운 양식의 사랑에 대한 정보를 제공하는 것이 그들의 육체적인 성향을 만족시키기 위한 작업일 뿐이라고 믿을 수 있다. 하지만 그것은 사실이 아니다.

……

조화는 열광적인 태도를 필요로 한다. 사람을 불안하게 만드는 배신 행위가 더 이상 존재하지 않는 사회 질서 내에서 경계심을 갖지 않고 조화에 자신을 맡기는 사람은 열렬한 사랑에 대해 열광해야 한다. 나아가 고결한 사랑의 요소, 이른바 감정을 발휘하는 데 열중해야 한다. 그런데 모든 열정과 마찬가지로 가장 높은 수준의 사랑 감정은 직접적으로 혹은 그 반대의 측면에서도 모든 장르의 사랑을 아우르는 중요한 핵심이다. 우리는 사랑의 발전 과정에서 가장 이상하게 나타나는 그 반대의 경우를 다루려 한다. 각 도시와 지역에는 대개의 경우 남성과 여성 모두에게 보편적으로 선망의 대상이 되고 수많은 열정을 유발하는 뛰어난 아름다움

을 지닌 몇몇 인물이 있다. 나르키소스와 프시케는 그니드 시에서 아름다움을 상징하는 최고의 자랑거리였으므로 대중은 그 둘을 갈망했다. 프시케에게 공공연한 열정을 품고 있는 그니드 남성은 적어도 20명은 되었을 것이며 나르키소스를 향해 불꽃을 피운 여성도 20명은 있었을 것이다.

……

한편 나르키소스와 프시케 커플은 감정적 사랑으로 연결될 것이다. 이는 일곱 살짜리 어린아이에게도 보통의 사랑이 존재한다는 주장만큼 납득하기 어려운 문제다. 여기에서 얼핏 살피기만 해도 확실히 어리석은 일로 보이는 총체적 관계의 경우도 마찬가지다. 그럼에도 그것은 인간 본성 안에 존재하는 가장 숭고한 결과이며, 덕성과 보편적 열광의 가장 훌륭한 씨앗이다.

사랑의 운명에 대한 모든 문명화된 철학자의 오류를 부추겼던 것은 그들이 항상 커플에 국한된 사랑에 기초해 사고를 전개했다는 사실이다. 그래서 그들은 하나의 동일한 결론, 즉 커플에 국한된 사랑의 불가피한 결과인 이기주의에만 이를 수 있었다. 따라서 개인의 자유를 중요시하는 태도에서 비롯한 효과들을 이용하면서 공동의 사랑을 시행할 필요가 있었다. 그래서 나는 다른 방향을 좇아가지 않는다. 프시케와 나르키소스로 하여금 다음 사람들에게 자신의 몸을 맡기도록 결심하게 할 수단은 존재하지 않을지도 모른다. 존재한다면 그 수단은 이중적인 부정한 행동, 불명예스럽고 혐오감을 주는 열정이 될 것이다. 그러나 나는 프시케와 나르키소스를 자신들을 추종하는 한 무리의 사람들에게 자신의 몸을 맡길 필요가 있다고 주장한다. 이를 통해 문명화된 질서에 적용할 수 있는 상황 속에서 그 두 사람은 대중이 보기에, 또한 그들을 추종하는 사람은 물론 자신들이 보기에도 덕성을 갖춘 천사 같이 고귀한 사람이 될 것이라는 점을 증명할 것이다. 그리고 이를 통해 그 두 사람의 추종자에 비해서는 사랑을 덜 느끼지만 그들과 마찬가지로 천사처럼 착한 커플이 보여주었을 헌신적인 박애에 열광하는 대중과도 보편적 관계가 형성될 것이라는 점을 증명할 것이다.

일종의 유희처럼 즐기게 될 기이한 사랑의 원동력을 인식하기에 앞서 이 문제를 조급하게 판단할 필요는 없다. 조화는 현명함 혹은 재산 증대, 덕성 혹은 사회적 관계 확장을 도와줄 수 있는 모든 것을 고상하게 만드는 수단을 가지고 있다. 조화는 인간을 빈곤하게 만들고 인간관계를 축소하는 모든 것에 수치를 안겨준다.

그러므로 프시케와 나르키소스가 열정적인 20명 모두에게 자신을 맡긴다면 그 두 사람은 현명함과 덕성의 진보를 위해 헌신할 수 있다. 그런 결합은 사회적 인간들이 보기에 신성한 것이 되어야 하며, 문명인의 방탕한 통음 난무에 상반되는 가장 고결한 형식하에서 행해져야 한다.

……

또한 우리의 결혼 관행을 비롯한 다른 관행이 망각되고 사라짐으로써 엄청난 사랑의 혁신을 야기할 질서에 대한 것이다. 이런 혁신은 어떤 관념을 형성할 수 있을지도 모른다. 또한 이 혁신은 다양한 측면에서 오늘날 가증스럽게 느껴지는 공유에 많은 매력을 부여할 것이다. 더욱이 그것 때문에 다양한 가능성 가운데 하나인 이기적 사랑을 배제하지는 않을 것이며, 공유는 각각의 사람들에게 자유롭게 허용될 것이다.

우리는 사랑에 신성한 열정이라는 이름을 전적으로 부여한다. 하지만 우리를 신과 한층 더 분명하게 동일시하게 하고, 신의 본질에 참여하게 하는 그 열정이 우리를 극단적인 이기주의와 편파성으로 몰고 가는 것은 어찌 된 일인가? 그러므로 프시케를 공유하기보다는 자신만이 소유하기를 원하는,

내가 인용했던 사랑에 빠진 사람들의 특성을 신이 갖고 있다면 신은 최고의 이기주의를 보여주는 것이다. 자선가인 다몬이 20명의 빈민에게 20에퀴를 나누어주려 한다고 가정해보자. 만약 20명의 빈민이 각각 다른 19명을 그 혜택에서 배제하고 자신에게만 모든 금액을 달라고 요구한다면 다몬은 이 비열한 사람들을 어떻게 생각했을까? 그는 빈민들에게 이렇게 대답했을 것이다. 당신들 20명 모두는 이기주의자다. 당신들은 이 모든 돈을 받기는커녕 내가 각자에게 주려고 했던 1에퀴마저 받을 자격이 없다. 나는 당신들에게 작은 동전조차 주지 않을 것이다.

이러한 비교에도 불구하고 사람들은 20명의 남자가 프시케를 공유하려 하는 인간 본성을 거부하고, 계속해서 그것은 비열한 행동이라고 말한다. 그렇다. 지금까지 유일하게 알려진 솔직하지 못한 상태에서 이루어지는 발전이나 독점적 발전에 의거해 판단한다면 대단히 비열한 행동이다. 그러나 나는 간통 혹은 아내가 간통을 저지른 남편의 신세라는 관행을 통해 솔직한 혹은 사회성 있는 비약전 발전의 씨앗을 증명했다. 여기에 키워나가야 하는 배아가 있다. 간통을 저지르면서 살고 있는 사람들에게서는 그런 공유 상태를 자존심, 세련됨, 감정 등과 조정하려는 강력한 동기가 발견되지 않는다. 그러므로 어떤 술책을 발견해야 한다. 2명의 협력자에게 전파시킬 수 있는 견해는 필요한 경우 200명에게로 전파될 수 있다. 또한 그들을 가장 완벽한 화합의 상태로 만들고, 우리의 관습 속에서 불일치와 경멸의 씨앗이 될 수 있을 공동의 소유를 우호적 관계로 변화시킬 수 있을 것이다. 하지만 그런 결과가 전형적인 관대함을 상징하는 신의 정신에 부합하는 유일한 것이 될지는 확실하지 않다. 또한 자신만을 위한 쾌락을 바라고, 나아가 그런 쾌락을 잠깐이라도 맛보기를 원하는 다른 남자를 죽이기를 원한다는 측면에서 이기주의적 태도를 갖고 있는 어떤 남자의 ( )이 신의 정신과 아주 멀지 않다는 점도 확실하지 않다. 만약 우리가 그 남자들을 타협으로 인도할 수 있는 기술을 알고 있다면 타인을 참여시키는 일은 너무나 쉬울 것이다. 그것은 마치 한 남편이 소유하고 있는 땅에 떨어진 이삭을 공손하게 줍는 일과 비슷하기 때문이다.

조화 내에서는 비열한 행동이 필요하지 않을 것이다. 공유, 일시적인 공동생활은 정신적 순수주의에 의한 결합에 내재된 효과를 통해 명예로운 일이 될 것이다. 나는 강력한 힘을 가진 사랑이라는 개념을 제시하려 한다. 프시케와 나르키소스가 서로를 아주 사랑한다고 가정해보자. 그들은 그니드시에서 가장 아름다운 커플이기 때문에 남녀 40명의 추종자 가운데 누구도 그들이 서로를 사랑하는 것을 놀라워하지 않을 것이다. 그러나 우리의 관행 내에서는 전혀 수용될 수 없는 일시적 감정에 의해 프시케와 나르키소스가 각각 20명의 추종자와 관계를 맺고 난 이후에야 비로소 서로의 소유가 되는 데 동의한다면, 또한 그 추종자들이 다수의 친구를 만족시키기 위해 서로를 포기하는 그 두 연인의 자비로운 희생을 인정한다면, 그 두 사람의 행동은 일시적 사랑으로 비천하게 여겨진 과거의 매춘에 비해 명예로운 일이 된다. 그런데 두 연인이 대중의 쾌락을 위해 스스로 헌신하도록 결심하게 되는 동기는 무엇인가? 이는 강력한 힘을 가진 사랑 혹은 높은 등급의 순수한 감정을 다루면서 설명할 문제다. 그때까지는 자유로운 혹은 솔직한 본능적 충동을 잃어버린 오늘날의 연인들이 솔직하지 못한 관점 혹은 이기적 관점에서 완전히 깨어나야 한다는 점을 이해해야 한다. 우리는 미래에 이루어질 이런 혁신에 대해 마치 열 살 먹은 아이처럼 의견을 제시한다. 아이는 자신의 맏형이 분별력을 잃고 부인들과 아가씨들을 좇아다니는 일보다는 차갑고 작은 공을 가지고 노는 즐거움이 크다고 주장한다. 사람들은 그에게 이렇게 대답한다. 즉 그가 20세가 되면 그의 태도는 달라질 것이며, 아이들의 놀이보다는 부인들을 선호하게 될 것이라고 말이다. 이렇게 대답하면 그 아이는 민망한 웃음을 보일 것이며, 사람들은 그의 무지에 한층 더 웃게 될 것이다. 바로 이것은 문명인이 이기적인 사랑을 찬양할 때 저지르는 큰 오류다. 나는 이런 이기적인 사랑이 나름의 매력, 그것도 아주 큰 매력을 가지고 있다는 사실에 의문을 제기하지 않는다. 하지만 나는 문명인이 경험하지 못한 운동에 대한 이론을 이해하게 되면서, 조화가 우리의 관행과는 정반대의 입장에서 이루어지는 사랑의 자유주의의 씨앗을 창조할 것이라는 사실을 그들에게 공표할 수 있는 충분한 자격을 갖게 되었다. 더욱이 그 자유주의는 천사 같은 고귀한 커플에게든 그 커플을 소유하게 될 사람들에게든 고결하고 성스러운 도취 상태를 맛보게 할 것이다. 청년기의 사랑이 열 살 개구쟁이 어린이의 놀이보다 훨씬 매력적인 것처럼 숭고한 쾌락은 현실적인 이기주의보다 우위에 있다.

만약 사람들이 내가 묘사하려는 질서 속에서 이기적인 혹은 문명화된 사랑이 모든 사람에게 합법적인 것이 된다는 점을 깨달을 경우, 결합과 보편적인 민족의 씨앗을 받아들이는 새로운 양식은 진정 신에게서 비롯하는 양식이 될 것이다. 우리는 신에게서 비롯하는 열정을 현실적인 양식이나 배타적이고 반자유주의적인 사랑으로 간주하는 엄청난 잘못을 저질렀다. 그런 양식이나 사랑은 악덕의 흔적이며 신의 생각이 존재하지 않음을 보여주는 이기적 경향으로 가득 찬 순전히 인간적인 감정이다.

그러므로 사랑이 어떤 구속도 없는 상태에서 박애, 자기희생 등 보편적 화합을 위해 필요한 조치를 마련함으로써 만족을 느낄 수 있는 질서를 밝혀야 한다.

……

겉보기와 달리 해로운 우리의 문명 내에서는 사람들이 감정을 보다 상위의 역할을 수행하는 것으로 격상시키기를 원하는 반면, 감정 자체는 은밀하게 경멸과 조롱의 대상이 되고 있다. 또한 감정은 소수의 성실한 옹호자를 온갖 종류의 불행에 노출시킨다.

진정 감정에 충실한 당신들은 신의 제단을 다시 일으켜 세우기를 원하는가? 그렇다면 감정을 신중하게 다룰 필요가 있다. 왜냐하면 당신들은 육체적 사랑에 짓눌려 있기 때문이다. 이제 전면적인 보완 전략이 필요하다. 내가 당신들을 최고의 위치로 다시 올려놓을 것을 약속할 경우, 당신들이 나의 투쟁 명령에 대해 서둘러 쓸데없는 논의를 할 필요는 없다. 흔히 나약한 군대는 자신의 적을 함정으로 끌어들이기 위해 작전 지역을 포기하고 후퇴한다. 바로 이것이 내가 하려는 일이다. 우리는 먼저 과거의 지위를 모두 버리고 우리의 능력에 어울리는 한 장소를 선택할 것이다. 당신들이 읽게 될 새로운 법칙에 대해 불안감을 느낄 필요는 없다. 육체적인 것을 압도하는 유일한 수단은 처음부터 그 육체적인 것에 결론을 내리는 것이다. 우리가 먼저 이루려는 것은 바로 우리를 맨 마지막줄에 놓는 체하는 것이다.

……

빈곤한 사람이 전혀 없고 모든 사람이 나이가 아주 많이 들어서까지도 사랑을 누릴 수 있는 조화 속에서는 모든 사람이 하루 일과 중 일정 부분을 열정에 바친다. 그래서 사랑은 조화 속에서 핵심적인 활동이 된다.

(샤를 푸리에, 『사랑이 넘치는 신세계 외』, 변기환 옮김, 책세상, 2007)

1 오비디우스, 『원전으로 읽는 변신이야기』, 천병희 옮김, 숲, 2017, 제10권 17~47행, 53~75행.
2 앤 차터스, 사뮤엘 차터스, 『마야코프스키-사랑과 죽음의 시인』, 신동란 옮김, 까치, 2008, p.325.
3 마야코프스키, 「사랑의 본질에 관해 파리에서 코스트로프 동지에게 띄우는 편지」, 앤 차터스, 사뮤엘 차터스, 『마야코프스키-사랑과 죽음의 시인』, 신동란 옮김, 까치, 2008, p.269~270.
4 장영란, 『죽음과 아름다움의 신화와 철학』, 루비박스, 2015, p.115~116.
5 플라톤, 『향연』, 박희영 옮김, 문학과 지성사, 2003, 179a~e.
6 플라톤, 『향연』, 189a~193d.
7 플라톤, 『향연』, 193a.
8 플라톤, 『향연』, 201d~212.
9 플라톤, 『향연』, 206a.
10 플라톤, 『향연』, 211c~212c.
11 아름다움의 두 종류와 이를 여성과 남성의 특징으로 결부시켰다는 것에 대해서는 장영란, 『죽음과 아름다움의 신화와 철학』, p.119~120 참조.
12 플라톤, 『파이드로스』, 조대호 옮김, 문예출판사, 2008, 249d~257b
13 앤 차터스, 사뮤엘 차터스, 『마야코프스키-사랑과 죽음의 시인』, p.192
14 플라톤, 『향연』, 207d
15 오비디우스, 『원전으로 읽는 변신이야기』, 제11권 50~66행.

4

이웃과 이방인

저 멀리, 이웃을 찾아서

저 멀리,
이웃을 찾아서

"네 생각에는 이 세 사람 중에서 누가 강도 만난 자의 이웃이 되겠느냐?"(누가복음)

1. 이웃이라는 말의 생경함

오늘날 우리에게 이웃이라는 말은 생경하기 그지없다. 동네 사람들이 때마다 만나는 시장이나 마을의 사랑방 역할을 하는 구멍가게 같은 곳은 불특정 다수가 오가는 대형마트에 의해서 사라져 가고 있다. 동네 사람들의 택배를 보관해 주고 부부싸움의 중간다리를 해주는 동네 약국 같은 곳도 재개발로 인해 사라질 위기다. (소히는 이런 소재로 <만리동 신일약국>이라는 노래를 만들었다.) 비단 사람들의 교류 장소가 사라지는 것이 이웃 개념을 희미하게 만들고 있는 것은 아닐 것이다. 옆집에 누가 사는지 혹은 그가 죽었는지 살았는지에 대해 관심을 두고 살아가기에는 하루가 고단하고 바쁘다. 아랫집과 윗집을 연결해주는 배수관이 막혀야 이웃과의 소통이 시작된다. 그렇지만 소통은 소음이 되기 십상이다. 층간 소음에서 비롯한 살인처럼 흉흉한 이야기들이 왜 그렇게 많은지, 우리는 이웃을 두려움과 불신의 눈으로 대한다.

— 누가 이웃인가?

이웃 동네, 이웃 나라라는 말처럼, 이웃은 사람이 사는 특정한 공간의 경계를 사이에 두고 이에 인접해 있는 관계, 그렇지만 이 경계가 완전한 단절을 가져오는 것이 아닌 관계를 나타내고자 할 때 사용된다. 박완서의 단편 「나의 아름다운 이웃」에서 층간 소음은 정을 느끼게 해주는 또 하나의 소통 방식이 된다. 아파트의 두터운 콘크리트 벽이 절대적인 단절을 보장해 주리라고 생각했지만 그 벽을 통해 인기척이 느껴지는 게 반갑다. 옆집에 사는 그녀가 이사 오는 날 인사를 하러 몸소 방문해 준 덕분에 특별히 친하다고는 할 수 없지만 정을 느끼게 해주었던 사람이기 때문이다.[1]

비단 이러한 소통 방식이 아니라도 나란히 혹은 가까이 경계에 기대어 함께 살아가는 사람들은 다양한 방식으로 교류하면서 정감을 주고받는다. 그렇지만 지구라는 땅이 지구촌이라는 하나의 마을이 되었다고 하는 말이 교과서에 실린지도 이제 제법 오래되었지만, 오랜 전쟁을 피해, 또는 정치적인 탄압을 피해서 당장 우리나라에 온 난민들을 떠올려 보니, 지구에 사는 사람들이 정감이 싹트고 도움을 주고받는 이웃이 되었다고 할 수는 없을 법하다.

이웃사촌이라는 관용구가 있다. 이 말은 멀리 사는 친지보다 가까이 살면서 자주 보고 교류하면서 정도 많이 들어 서로 도움을 주고받기 쉬운 관계를 뜻한다. 오늘날과 같이 가족과 친족들이 흩어져 살아가는 상황에서 옆집이나 앞집이나 뒷집, 윗집이나 아랫집에 사는 사람이 가까운 친족이나 다름없다는 말이다. 그런데 이웃사촌이라는 말은 이웃은 사촌과 같다는 정도의 말을 넘어선다. '사촌이 땅을 사면 배가 아프다'라는 말에 반해 '이웃끼리는 황소 가지고도 다투지 않는다'는 속담이 있는 것처럼 이웃이라는 그림에는 손익을 따지지 않고 사이좋게 지내는 모습이 들어있기 때문이다. 오히려 이웃사촌이라는 말은 이웃과 사촌의 유사성에 기반한 말이라기보다는 그 차이로부터 비롯한 말이 아닐까? 이웃이 사촌보다 나을 때도 있다.

예전에는 갑작스러운 손님의 방문에 집에 대접할 차나 음식이 없을 때 빌리러 가거나 일하러 나가서 일찍 돌아올 수 없을 때 아이를 맡기거나 해야 하는 경우, 바로 옆에 붙어살고 있는 이웃들에게 도움을 구하곤 했지만, 이제 배달 음식과 어린이 놀이방, 학원, 방과 후 학교 등이 이웃을 대신해 주고 있다. 통신과 교통의 발달이 이동 시간을 단축시키고 거리감을 없애주며, 우리의 일상에서 필요한 서비스들을 도맡아 하는 사회제도들도 늘었다. 이웃에게 부탁하지 않더라도, 무인 택배가 우리의 물건을 맡아주고 스마트 홈서비스가 대신 보일러를 꺼준다. 말 없는 '이웃'을 이용하는 것이 훨씬 간편하게 느껴진다. 굳게 닫힌 아파트 철문을 방패 삼아 지켜온 나의 프라이버시와 권리가 침해받고 싶지 않은 것처럼, 내 부탁이 이웃에게 폐가 되지 않을까, 사생활을 침범하지 않을까 걱정할 필요도 없다. 게다가 미묘한 감정 교류 같은 다소 지난하고 모호한 구석이 없다.

이제 우리에게 이웃은 존재 자체만으로도 조금은 불편한 사람이 된 것일까. 아파트 엘리베이터 문이 열렸을 때 누군가 있다면 가볍게 인사는 하지만 아무래도 아무도 없는 것이 편안하고 안도감을 주는 식이다. 담배연기로 우리 집의 공기청정기를 더욱 힘차게 돌아가게 하고 밤늦게 집을 뒤흔드는 세탁기를 돌리는 이웃. 더 이상 참을 수 없다면 우리는 경비실이나 관리사무소를 찾아가서 민원을 제기한다. 시공간의 밀접성은 이제 이웃의 중요한 요건이 되지 않는다. 우리는 반문하지 않을 수 없을 것이다. 누가 이웃인가?

— 경계를 허무는 사람

준하는 실업 급여를 신청하러 함께 가기로 한 친구와의 약속 시간에 늦을 것 같다. 정신없이 사람들 숲을 헤치고 환승역을 지나 다행히도 때맞춰 오는 지하철로 바꿔 탔다. 마음은 약속 시간에 맞춰 도착하기 위해 지하철 안에서 뛰고 싶을 정도지만, 이내 지친 몸을 지하철 문에 기댄다. 밖에 부는 겨울 칼바람에 지하철 출구를 오르면서 가방을 뒤적이며 장갑을 찾는다. 자주 다니던 지하철역이라 주변을 살필 것도 없이 뛰어올라간다. 그런데! 출구로 올라가는 계단에 익숙하지 않은 어떤 실루엣? 할머니 한 분이 바구니를 앞에 놓고 가만히 앉아 계신다. 잠깐 어떤 생각이 스치지만 가지고 있는 현금도 없고 머릿속에는 친구가 기다린다는 생각이 가득이다. 어떻게 해야 할까. 지하철 입구를 오가는 수많은 사람들에게 이 일을 미뤄두는 수밖에.

선한 사마리아인 이야기는 이렇게 거리에 가만히 쓰러져 있는 사람을 길에서 마주친 사람들에 관한 이야기다. 그런데 이 이야기 속에서 길가에 나앉은 인물은 할머니보다 더 심각한 상황이다. 그는 강도를 만났는지 발가벗겨져 온몸이 상처투성이로 거의 생사를 오가며 쓰러져 있다. 길 위에 있는 그의 곁을 여러 사람들이 지나갔다. 한 명은 제사장이었는데, 그를 보고 피해 지나갈 뿐이었다. 다른 사람도 마찬가지였다. 다음에 지나가던 어떤 사람이 그를 보고 불쌍하게 여겨서 부축하여 상처를 싸매주고 자신의 말에 올려 태워서 그가 쉴 수 있는 근처 여관으로 데려가 그를 간호했다. 이 사람은 다시 길을 나서면서도 여관 주인에게 돈을 쥐여주며 아픈 사람을 보살펴 줄 것을 부탁하고 비용이 더 들면 자신이 돌아오면서 갚겠다고 말한다.[2]

성경에 나오는 이 이야기는 "네 이웃을 네 자신처럼 사랑하라"는 예수의 말에 이웃이란 누구인지를 묻는 유대인 교사에게 예수가 전해준 이야기다. 예수는 되묻는다. "이들 중에 누가 이웃인가." 강도를 만난 사람은 바닥에 쓰러져 있는 사람이고, 길을 지나는 사람들이 피하고만 싶은 사람이다. 길을 지나는 사람들은 이 사람보다 높은 데 시선을 두고 있다. 첫 번째 지나간 제사장과 두 번째 지나간 레위인을 현대적으로 바꿔 신앙심이 깊은 종교지도자나 주민을 위해 일하는 동네 일꾼인 구의원 정도라고 생각해보자. 예수의 이야기를 듣던 유대인 교사는 그 의미를 알아채고 쓰러진 자를 보살핀 사람이 쓰러진 자의 이웃이라 답한다.

쓰러진 자에게 다가간 사람은 오히려 유대인들에게 천대받던 이교도 하층민인 사마리아 인이었다. 그는 쓰러진 자를 일으켜 말에 올려 태운다. 예수의 이야기는 종교적, 민족적 동일함이 아니라 이렇게 가까이 다가가서 시선을 맞추는 사람이 이웃이라고 말하는 것이다. 사마리아인은 여행 중이었지만 경로를 이탈해서 쓰러진 자를 도와주었기에 쓰러진 자의 이웃이 된다. 달리 말해, 사마리아인이 어떤 행위를 하도록 만든, 어려움에 처하고 고통스러워하며 딱한 처지에 있는 사람이 사마리아인의 이웃이다. 이 이야기는 행동을 촉구하는 고통받는 사람과 이에 응답하는 사람이 이웃이 됨을 강조한다.

멀리 또는 가까이

렘브란트(Harmensz van Rijn Rembrandt), 선한 사마리아인이 있는 풍경과 선한 사마리아인

2. 이웃은 없다?

『시간과 이야기』로 널리 알려진 프랑스 철학자 폴 리쾨르(P. Ricoeur)는 20세기 중반에 쓴 「동료와 이웃」이라는 글에서 이웃 개념에 대해서 살피면서

그것과 동료를 대비시킨다. 이웃에 대한 그의 논의는 우리가 위에서 언급한 선한 사마리아인 이야기를 다루면서 시작한다. 리쾨르는 성경에 있는 상징이나 신화 혹은 일화를 해석하는 것을 통해서 인간의 실존에 대한 이해에 더욱 깊이 있게 다가간다. 그가 단지 종교적 신념 때문에 성경의 이야기를 탐색하는 것은 아니다. 그에게 있어 성경은 단지 믿음의 안내자나 대상이 아니며, 가장 오래된 이야기책이다. 그 책은 존재해 온 긴 시간만큼이나 인간에 대한 다채롭고 심층적인 메시지를 전하며 우리의 해석을 촉구하는 텍스트다. 이웃에 대한 그의 고찰은 그가 어린 시절에 겪었던 사건들을 감안한다면 자못 의미 심장해 보인다. 그는 1차 세계대전의 여파로 전쟁 고아가 되었고, 전쟁 고아를 위한 복지 프로그램의 혜택을 받으면서 공부할 수 있었다. 또한 그 자신이 이웃 나라의 침략에 의해 2차 세계대전 동안 포로 생활을 경험하기도 했다.

— 이웃을 만날 수 있는 힘

사람들은 사회 속에서 주어지거나 기대되는 역할을 수행하고 그 임무를 다함으로써 서로 관계를 맺는다. 리쾨르가 말하는 동료(socius)는 직장 상사나 옆자리에 있는 사원, 백화점 점원과 고객 등의 관계처럼 편익을 위해 우리가 흔히 관계 맺는 사람이다. 특히 근대에 확산된, 거래 관계로 맺어진 주체들의 관계가 이에 해당할 것이다. 장소를 이동하기 위해 타는 택시의 운전사, 커피를 마시기 위해 들어간 카페의 바리스타, 토익학원의 선생님 등 나는 나의 목적과 그 사람들의 역할을 통해서 사람들과 관계 맺는다. 학원에 가면 선생님이 있고, 수업시간에 맞춰 학원에 가면 선생님은 수업을 할 것이다. 택시 운전사는 내가 요청한 장소로 나를 데려다줄 것이다. 이렇게 동료는 그 사람의 역할에 따라 그가 존재하는 위치나 시간, 그의 행동을 짐작할 수 있는 사람이다. 우리가 집 밖을 나서서 무언가를 하며 주고받는 사람들 중 상당수가 동료이며, 또 특정한 역할이 기대되는 동료가 없다면, 우리가 일상을 제대로 살아갈 수 없다는 것은 분명하다.

리쾨르는 동료의 이런 특성들을 이웃과 대비함으로써 이웃의 의미를 다시 살핀다. 그에 따르면 이웃은 기대되거나 예상되는 특정한 성격이나 직책, 직업을 갖지 않은 사람이다. 그 사람이 있는 곳이나 시간, 행동을 예측할 수 없는 사람이다. 다시 말해 길을 지나가던 사마리아인이나, 지하철 계단을 올라가던 준하가 돌발적으로 마주친 쓰러진 사람들이다. 쓰러진 사람에게 다가가서 반응을 보인다면, 다가간 사람들은 아마도 그의 고통에 반응했을 것이다. 이웃 사이의 만남은 동정 내지 연민으로 엮이고 정감에 따라 행동함으로써 그 처지를 함께 나눌 수 있는 관계로 이루어 진다.

골프 여행을 떠나는 A씨는 택시를 타고 급히 공항으로 향하는 길에, 그가 탄 택시 기사가 갑자기 차를 세우고 의식을 잃는 상황에 처한다. 그는 사마리아인처럼 잠시 여행 가던 길을 멈췄을까. 계속 갔을까. 가던 길을 계속 가기 위해서 그는 택시 트렁크에서 골프채를 꺼내 얼른 다른 차를 잡아타야 한다. 실제로 몇 년 전에 보도된 이 이야기에서 A씨는 그렇게 했으며, 쓰러진 운전사는 응급조치도 받지 못하고 사망했다. A씨가 이처럼 행동한 이유는 무엇일까. 운전사를 그의 직업으로 규정한 것 이외에 다른 어떤 사람으로 볼 수 없었던 것은 아닐까. 만약 운전사라는 역할을 수행하지 못한다면 운전사는 A씨에게 존재하지 않는 것이나 다름없다. 운전사가 쓰러졌을 때 그는 자신의 직업으로 규정된 존재가 아닌 다른 존재로 변모했지만, A씨에게 그 존재는 더 이상 직업에 따른 역할을 수행할 수 없는 존재일 뿐이지 역할의 수행여부를 떠난 다른 존재로 여겨지지 않았다. 그래서 이 '다른 존재'가 A씨를 부를 때 A씨는 그에게 응답할 수 없었던 것은 아닐까. 윤리학을 제1철학으로 내세우며 타자의 윤리를 강조하는 레비나스(E. Levinas)라면 이를 두고, A씨는 쓰러진 운전사의 정신 잃은 얼굴이 그에게 요청하는 책임, 죽음을 방관하지 말라는 그 책임을 마주할 수 없던 것이라 할 것이다.

리쾨르에 따르면, 이웃은 "작은 자"(들러리, 익명의 짐꾼, 이등병, 단조로이 일하는 노동자, 국외 망명자 등)라고 부른 사람들을 향한 행위 속에 존재한다. 그렇다면 내가 일상에서 만나는 사람을 이웃과 동료라는 실질적인 경계로 분명히 갈라내는 것은 이웃과의 관계를 모색하는 데 핵심이 아니다. 정해진 비행 시간표와 자신의 스케줄을 무력하게 쫓아간 A씨는 자신이 어찌할 수 없는 상황, 돌발적으로 쓰러진 사람을 만나는 데 무능력했다. 이렇게 볼 때 결국 그 사람이 동료인가 이웃인가 하는 것은 우리가 마주하는 상대방에 달려 있는 것이 아니라 그 상대방을 마주하는 나에게 달려 있다. 그런 의미에서 이웃은 없다. 이웃은 가까이 오도록 촉구하는 사람과 그 요청에 다가가서 어떤 행위로 응답하는 사람 사이의 관계다. 곤경에 처한 누군가를 만났을 때 그에게 다가가 스스로 무언가 할 수 있을 때, 사회 속에서 비로소 사람과 사람이 만날 수 있는 능력이 발휘될 때, 그렇게 이웃이 된다.

— "불우한 이웃을 도웁시다"

이렇게 본다면 연말에 종종 신문지상이나 거리에서 볼 수 있는 "불우한 이웃을 도웁시다"는 말은 이웃의 의미를 보여주는 핵심적인 말이다. 이웃에다가 '불우한', 그리고 '도웁시다'를 덧붙여 반복법을 사용해 호소력을 높이고 있는 구호다. 그렇지만 우리는 이런 말이 들을 때 연말이 되었음을 감지할 뿐 호소에 응답하는 경우는 많지 않은 것 같다. 물론 구체적인 사안에 따라 저마다 다르긴 하겠지만, 우리는 어려움에 처한 사람들을 딱하게 여기는 마음을 갖고 있기는 하지만 이렇다 할 행동을 하지 않는 경우가 많다.

사마리아인은 쓰러진 자의 이름도, 직업도, 출신도 묻지 않는다. 맹자가 우물가 언저리에 위태롭게 있는 어린이가 우물에 빠지려 하는 것을 본 사람이 어린이를 구하려고 뛰어드는 것은, 아이의 부모에게 보답을 받기 위해서나 사람들에게 칭찬을 받기 위해서가 아니라고 했듯이 말이다. 맹자는 이를 두고 어린이에 대한 측은지심(惻隱之心)에서 나온 행위라고 말한다. 맹자의 말에 대한 주희의 해석에 따르면 측은지심만 느끼고 그대로 서 있는 것은 측은지심이 아니다. 주희는 맹자의 이야기에서 행위가 이루어진 뒤 그 마음을 일컬어서 측은지심에서 행했다고 말한 점을 강조하며, 마음이란 행위와의 일체를 전제한 것이라고 말한다. 즉, 측은지심은 있는데 행위를 하지 않는 경우는 없다는 것이다. 이렇게 볼 때 설혹 A씨가 운전사의 실신에 안타까운 마음을 가졌다 해도 그것을 연민이나 공감이라고 할 수 없다. 앞서 리쾨르가 강조했듯이 연민으로 엮인 이웃의 관계는 행위로서 나타난다. 그가 선한 사마리아인 이야기에서 무게를 둔 대목은 "가서 너도 이와 같이하라"[3]는 예수의 마지막 말이다. 우리는 A씨의 경우에 대해서는 주희나 리쾨르의 주장에 동의를 보낼 수 있을 것이다. A씨가 만약에 사태에 공감했다면 적어도 119에 연락은 했어야 한다.

그렇다면 우리의 준하는 할머니와 이웃이 된 것일까. 할머니에 대한 준하의 태도의 경우에 우리는 다른 측면에서 생각해볼 수도 있다. 일단 준하의 상황에 대해서 우리가 좀 더 알 수 있는 정보들이 있다. 택시 운전사만큼이나 할머니가 다급한 상황으로 보이지 않다. 또한 준하의 멈칫거림에서 내심 헤아릴 수도 없는 소소한 이유를 대면서 불가피하게 자신이 할머니를 그냥 지나쳐야 함을 합리화하는 순간을 읽을 수 있다. 그 와중에 준하는 다른 사람의 선의에 대한 기대를 품거나 어쩌면 노인빈곤층에 대한 정부의 정책이나 복지제도의 문제를 떠올렸을 수도 있다.

3. 손님 맞이

칸트(I. Kant)는 어려운 처지에 있는 사람을 최대한 도와야 한다고 말한다. 그는 오직 의무에서 비롯한 행위를 강조한다. 그렇지만 준하가 직접 할머니에게 돈을 건네는 것에 대해서는 오히려 몇 가지 단서를 달 것이다. 준하가 자선하면서 내심 가질 수 있는 우월감 같은 것, 할머니가 가질 수치심 같은 것을 우려해 볼 만하다고 말한다. 이런 우려를 불식시킬 수 있는 방식으로 어려운 처지에 있는 사람을 온전히 도울 수는 없는 것일까. 게다가 어려운 이를 돕는 것이 개인의 태도나 우연하고 돌발적인 만남에 의존한다면, 오히려 결과적으로는 어려운 처지에 있는 사람들 모두를 돕지 못할 수도 있는 것은 아닌가. 우리 집에 찾아온 사람에게 일일이 밥을 주고 차를 대접 한다면 단지 비용 문제가 아니더라도 말 그대로 삶을 유지하지 못할 수 있다. 모두가 때마다 사마리아인이 될 수도 없고, 사마리아인이 모든 이웃을 보살필 수도 없다. 우리 모두가 언제나 이웃이 되는 것은 불가능한 것이다.

— 기차표를 잃은 여행자

사마리아인이 여관에 돈을 주고 보살핌을 부탁한 다음에 다시 자신의 길로 떠난 것처럼, 우리에게 여관(hôtel)과 여관 주인(hôte) 같은 존재가 있어야 하지 않을까? 만약 쓰러진 자를 부축해 오는 길에 사마리아인이 돈이라도 잃어버렸다면, 그를 대신해서 비용을 지불하고 보살펴 줄 수 있는 존재가 필요하지는 않을까? 예컨대, 공항에서 마주친 난민에게 가진 음식을 나눠주고 입국을 돕는 와중에 내 보딩 티켓을 잃어버렸다면, 그런데 티켓을 살 여윳돈도 없다면 어떻게 해야 할까? 한 사람의 공감과 그의 능력에 기대는 것을 넘어서 보다 안정적이고 공고한 행위의 틀거리를 마련하는 것이 필요하지 않을까? 리쾨르는 이에 대해 동료관계를 담지한 제도의 문제를 제기한다. 복지 제도처럼 국가 기관의 일부뿐만 아니라 빈곤 노인과 취약 계층을 위한 기관이나 단체 등이 이웃되기의 역할을 수행하는 것 말이다.

리쾨르는 동료냐 이웃이냐 처럼 제도냐 개인의 공감이냐의 양자택일의 질문을 제기하지 않는다. 이웃은 동료와 완전히 다른 것이라고 할 수 없다. 공감을 통한 만남이 쉽게 사그라드는 것을 제도화를 통해 공고히 하고, 제도를 통해서 내가 직접 마주하지 않은 '얼굴 없는' 사람들까지 이웃과의 만남을 확장할 수 있다. 그런 점에서 제도는 먼 이웃이 될 수 있는 것이다. 물론 준하처럼 사람과 사람이 만나는 이웃됨의 기회를 제도의 문제로 어렵지 않게 '떠넘기는' 과정에서 공감 능력이 점차 약화될 수도 있다. 제도는 지위와 업무에 따른 역할이라는 원리에 얽매여 돌발적으로 벌어지는 사태에 반응하기 어렵게 만들 수도 있다. 자선 단체가 단체 홍보비용에 기금의 대부분을 소진할 수도 있고 복지기구는 서류처리를 주된 업무로 삼을 수도 있다.

때문에 우리는 사마리아인 이야기에서 신분과 지위가 확실한 두 사람(동료)이 아니라 사마리아인(이웃)이 행위의 모범을 제시하고 있음을 기억하는 것이 필요하다. 먼저 공감이 있고 제도가 뒤에 온다.[4] 그리고 제도에 대한 비판적 시선과 의견을 활성화할 수 있는 정치제도와 같은 다른 틀거리, 그리고 이를 통해 정의로운 제도를 확립하고 유지하려는 것이 덧붙여진다. 영화 「나, 다니엘 블레이크」에서 다니엘이 단 몇 분 늦게 도착했다는 이유로 복지수당을 받지 못하게 된 두 아이를 둔 미혼모 케이티의 처지를 보고 그녀에게 다

켄 로치(Ken Loach), 〈나, 다니엘 블레이크〉, 2016

가갔던 것처럼, 이웃이 되는 것이 먼저다. 그리고 사람들이 만나서, 사람들이 함께 살아가기 위해서 제도가 만들어 졌음을 환기하는 것이 필요하다.

— 반갑지 않은 손님

제도는 그것의 안과 밖을 가르는 작용을 함과 동시에 가름선을 조정해 가는 특징이 있다. 어떤 사람은 급식비를 보조해야 할 사람이고 어떤 사람은 아니다. 한 사무실에서 일해도 어떤 사람은 설날 선물을 받는 우리 회사 직원이고 어떤 사람은 파견업체 직원이다. 결국 제도의 문제는 제도의 경계에서 등장하는, 내 옆에 있는 이웃이나 동료가 아닌, 그와는 다른 존재라 할 수 있는 이방인의 문제를 고찰하는 것으로 이어진다. 제도가 포괄하고 있는 사람들이 아닌 낯설고 소외 받고 어려움에 처한 사람들, 이들에게 다가가는 것이 참된 이웃되기일 것이기 때문이다. 인간은 아주 가까운 것도 아주 먼 것도 제대로 바라볼 수 없다는 파스칼의 말을 참고해 보자. 이웃집에 사사건건 간섭하고 그 집안을 멋대로 드나드는 이웃과는 조금 거리를 두고, 멀리 사는 이웃은 살피러 다가가야 좋은 이웃이 되는 것처럼, 인간에게 있어서 이웃과 관계 맺기는 가까운 이웃에는 조금 먼 시선으로, 먼 이웃에게는 얼굴을 바라볼 수 있게 가까이 다가가는 식으로 확장되어야 하는 것이 아닐까. 먼 이웃인 제도의 경계나 그 바깥에 있는 사람에 가까이 다가갈수록 제도가 더 좋아지고 제도의 긍정적인 측면을 살릴 수 있다. (더구나 제도가 야기하는 불행은 대체로 집단적 불행일 경우라는 점에서 이는 중요한 문제다.) 말하자면, 우리가 이웃과의 관계에서 놓치지 말아야 할 것은 이방인을 만나고 이야기를 듣고 대화를 나누고 낯선자로서 그가 겪는 문제가 있다면 이를 해결해 보겠다는 자세를 갖는 것이 아닐까.

여기서 이웃에 대해 던졌던 질문을 다시 던져 보자. 우리 중 누가 이방인인가? 카뮈(A. Camus)의 단편 소설 『손님』(hôte)[5]을 통해서 이웃과 동료의 의미를 더 심도 있게 고찰해 볼 수 있을 것 같다. 알제리에서 태어나고 자란 프랑스인인 카뮈처럼, 소설의 주인공 다뤼는 알제리 사람들에게 동료일 수는 있어도 이웃이 아닌 존재로 보인다. 아니 이웃일 수는 있어도 동료는 아닌건가? 이들은 이웃과 동료이기 전에 방문자(손님)와 주인으로 만난다. 고요하고 황량한 사막에서 홀로 살아가는 것이 편안하지만 한편으로 그 어디에도 속하지 못하는 다뤼는 외로운 처지로 보인다. 그래서인지 다뤼는 자신의 집에 온 아랍인 손님을 한편으로는 경계하면서도 또 그의 처지에 공감 아닌 공감을 하는 것 같기도 하다. 반갑지 않은 손님인 것은 분명한 듯 하다. 꼭 다뤼가 아니라도 우리는 낯선 사람에게 호의를 베풀었다가 되레 뒤통수를 맞는 경우도 있기 때문에 무턱대고 손님을 반기지 않을 수도 있다. 우리는 우리 집을 방문한 낯선 손님을 무턱대고 도울 수는 없을 것 같다. 더구나 만약 그 방문자가 살인자라면 반갑지 않은 정도가 아니라 아예 대문조차 안 열어보지 않을까? 적어도 우리는 일단 그가 누구인지 물어보고 나에게 해를 입히지는 않을지 살펴야 하지 않을까? 이 점에서 다뤼는 섣부르지 않게 대응하는 것으로 보인다.

아랍인은 살인죄로 재판정이 있는 지역으로 호송 중인 사람이었다. 소설의 등장인물 중에 유일하게 이름이 없는 사람은 아랍인이다. 아랍인은 그저 아랍인이다. 다뤼는 헌병으로부터 이 호송 업무를 강제로 부여받을 수밖에 없었기에 결코 반갑지 않은 손님이다. 그런데 우리는 이런 질문을 던질 수 있지 않을까? 과연 확실히 아랍인이 손님인가, 주인인 다뤼가 어쩌면 진짜 손님인 것은 아닌가? 소설의 배경을 감안하자면, 프랑스인 다뤼는 아랍인의 입장에서는 식민지배를 위해 알제리에 유입된 사람의 일부로 보일 수 있다. 다시 말해 이 소설에서 식민지 상황이 만들어낸 중층적 정체성의 문제를 고려하지 않을 수 없다. 그리고 우리는 모두가 이 땅에 잠시 머물고 있는 손님이라는 점도 간과하지 말아야 할 것이다. 그리고 다음과 같은 질문을 해 보게 된다. 다뤼는 아랍인을 재판정이 있는 지역으로 인도하지도 않고 자유의 땅인 유목인이 있는 지역으로 인도하지도 않는다. 그는 두 지역이 보이는 길목에 아랍인을 세워두고 자기 집으로 돌아온다. 다뤼와 아랍인이 만나고 헤어지는 과정 속에서 과연 이들은 이웃이 되었다고 할 수 있을까? 이들의 만남은 어떤 것이었을까?

[혼자 읽고
함께 생각하는 이웃관계]

영화로 상상하기 :「티켓」, 켄 로치(Ken Loach)

영화「티켓」에서 우리는 어려움에 처한 사람을 이웃으로 대하고자 한 선행이 현실적으로 쓰디쓴 배신을 낳을 수 있는 상황을 볼 수 있다. 막 스무 살이 된 청년 세 명은 열혈 축구팬이다. 이들은 영국에서부터 로마로 챔피언스 리그 축구 경기를 보러 간다. 직장 동료이기도 한 이들은 마트에서 일해 모아 둔 돈으로 마침내 휴가 겸 꿈에 그리던 경기를 보러 가는 길이라 한껏 들떠 있다. 얼마 되지 않는 여비도 마침 홍청망청 다 써버렸다. 왁자지껄한 기차여행 중 기차표 한 장이 사라지면서 이들의 여행이 곤경에 처한다. 그렇지만 이 영화에서 어려움에 처한 사람은 이들만이 아니다. 세르비아 난민 가족이 타고 있었기 때문이다. 이 청년들은 식당 칸에서 난민 꼬마를 만나서 축구 얘기도 하고 또 배고파 보이는 꼬마에게 마트에서 잔뜩 가지고 온 샌드위치를 건네주기도 한다. 하지만 그 와중에 기차표가 사라졌다. 지금 난민의 배고픈 얼굴이 문제가 아니다. 대체 기차표는 어디로 사라졌을까. 찾지 못하면 결국 이 여행의 목적인 그토록 바라던 축구도 볼 수 없는데 말이다.

이 청년들 각각의 성격은 진부한 전형성을 벗어나 있다. 상황에 따른 서로 다른 입장과 선택으로 드러나는 인간 성격의 다면성을 고민하게 해준다. 내적 갈등을 겪으면서 어수선하고 어리숙한 모습으로 등장하는 인물들은 우리들이 보다 친숙하게 접할 수 있는 현대판 '선한 사마리아인'이 아닐까? 이 영화를 통해서 우리는 이방인, 특히 현재 우리에게 이방인으로 두드러지게 등장한 난민을 구체적으로 고민하게 해준다. 이 영화는 난민을 다루는 슬픈 정서의 이야기나 윤리적 교훈을 전달하려는 영화와는 다르다. 현실의 아포리아에 대한 일종의 예술적 해법이라고도 볼 수 있는 결말이 어리둥절하면서도 재밌다.

우리가 주인공 중 한 명이라면 어떻게 했을까. 나라면 어떻게 했을까? 각 인물들이 지닌 윤리적 태도와 결정의 문제를 생각해 보자.

1. 잠자고 있던 측은지심을 일깨운 사건을 경험한 적이 있다면, 이에 대해 친구들과 이야기 나눠보자.
2. 나의 이웃은 누구인가? 누가 나의 이웃인가?, 누군가 나의 이웃이 되어준 경험이 있는가? 이웃 되기의 경험과 가능성을 탐색해 보자.
3. 미국, 일본 등에는 선한 사마리아인 법(Good Samaritan law)이라는 조항이 있는데 이는 타인이 위험에 처한 것을 인지했을 때 본인이 크게 위험하지 않을 경우에 타인을 위험으로부터 구조해 줄 의무를 부여한 법으로, 도덕적 의무를 법으로 강제하는 사례라고 볼 수 있을 것이다. 선한 사마리아 법을 사례로 이웃 사랑을 제도화하는 것에 대한 의견을 나눠 보자.
4. 복지제도가 제대로 시행되고 있다고 가정했을 경우에도, 이웃되기가 필요한 사례들을 찾아보자.

생각의 깊이를 더해 주는 텍스트

1) 가깝고도 먼 리쾨르의 이웃

방문자는 어떤 사회적 대상에 대해, 정의와 관찰과 설명이 가능한 모종의 사회학적 계층에 대해서 사회학적 조사를 수행했다. [그에게] 예수는 이웃이란 사회적 대상-이것은 2인칭에서 비롯한 것이라 하겠다-이 아니라 일인칭의 행동이라고 답했다. 이웃이란 자신 스스로 자신으로 나타나는 행동 자체다. 이런 이유로 이웃은 이야기의 [행동에 관한] 명령이 된다. 옛날에 강도에게 두드려 맞는 익명의 한 사람의 이웃이 된 사람이 있었다. 이 이야기는 일련의 사건들의 연속, 즉 실패한 만남들과 하나의 성공적인 만남의 이야기다. 그리고 성공적인 만남의 이야기는 "가서 너도 이같이 행하라"라는 명령으로 결실을 맺는다. 이 비유에서 말로 풀어놓은 이야기는 행위의 패러다임으로 변환된다.

그러므로 이웃사회학이란 없다. 이웃에 대한 학문은 이웃의 실천에 의해서 즉시 말소된다. 우리에게 이웃이란 존재는 없다. 내가 스스로 누군가의 이웃이 될 뿐이다.

우리가 놀라는 데는 또 다른 이유가 있다. 즉 비유의 핵심은 만남의 사건이 한 사람을 다른 사람 앞에 나타나도록 만든다는 것이다. 그저 지나친 두 사람이 제사장과 레위인이라는 사회 계층으로 정의되는 것이 눈길을 끈다. 그들은 그 자체로 생생한 비유가 된다. 즉 사회적 기능을 가진 인간에 대한 비유, 자기 역할에 푹 빠져든 인간, 돌발적인 만남에 있어 결코 유연성을 발휘할 수 없을 정도로 사회적 기능에 점령당한 인간의 비유다. 그들에게 있어서 제도-정확히 말해 교회 제도-는 사건으로 들어가는 입구를 가로막는다. 말하자면, 어떤 면에서 사마리아인 역시 하나의 사회적 범주에 해당한다. 하지만 그는 여기서 타인들에 해당하는 범주다. 경건한 유대인에게 있어서 그는 이방인의 부류에 속하며, 집단에 속할 수 없다. 그는 진정한 과거나 전통이 없는 사람이다. 혈통적으로나 신앙적으로나 불순하며, 이교도보다 못한 거듭 죄를 범한 자이다. 그는 비-범주라는 범주에 속한다. 그는 사회적 역할에 몰두하지 않으며, 이 때문에 이미 다른 무엇으로 마음이 가득 차 있지 않았다. 그는 여행 중이며, 사회적 책임으로 인해 방해받지도 않으며, 경로를 변경하고 뜻밖의 행동을 할 준비가 되어 있으며, 언제나 만남과 현재에 충실할 수 있는 유연성이 있었다. 그가 창안한 행동 방식은 "사람과 사람"의 직접적인 관계다. 이것이 사건의 명령 그 자체다. 왜냐하면 그것은 어떤 제도의 매개 없이 행해진 것이기 때문이다. 사마리아인이 만남의 능력을 가지고 있는 것처럼, 그의 모든 "공감"은 역할, 인물, 기능을 넘어서는 몸짓이다. 그것은 인격 그리고 인격과 인격의 만남이라는 초사회학적 상호관계를 새롭게 도입한다. ……

사마리아인과 강도에게 약탈당한 무명인의 만남 …… [사마리아인의] 원초적인 행동의 대상은 "작은 자"로 불린다. 이 사람은 역사에서 지도적인 역할을 하지 않는 사람이다. 그는 단지 실세 "역사적" 사건들의 위대함에 필수적인 고통의 몫을 부담하는 들러리일 뿐이다. 그는 자신이 없이는 **위대한** 등산가가 명성을 얻지 못했을 카라반을 운반하는 익명의 짐꾼이다. 그는 자신 없이는 **위대한** 장군들이 천재적인 공격뿐 아니라 비극적인 실수도 해볼 수 없었을 이등병이다. 그는 그 없이 **위대한** 힘이 근대 산업 장비를 구축할 수 없었을 분업화되고 단조로운 일을 하는 노동자다. 그는 **위대한** 전투나 **위대한** 혁명의 순수한 희생자인 "국외 망명자"다. 적어도 행위자 자신들에 의해 판독된 대로의 역사의 의미란 중요한 사건들과 중요한 사람들에 의해 변형된다. "작은 자"는 역사의 의미를 되찾지 못한 모든 사람들이다. 그것은 구조, 즉위(卽位), 제도의 역사 속에 끼어 있는 행동, 사건, 개인적 공감의 역사인, 다른 역사다. 그러나 이 의미와 이 역사는 숨겨져 있다. 바로 이 부분이 예언의 핵심이다.

…… 첫째로 이웃이란 내가 **모든 사회적 매개 저편에서** 타인을 만나는 인격적 방식이라는 점에서, 둘째로, 이러한 만남의 의미가 **역사에 내재하는 어떤 기준**으로 구제받지 못하며, 행위자인 자신들에 의해서도 명확히 인식되어질 수 없으며, 다만 마지막 날, 모르는 사이에 그리스도를 만나는 방식으로, 드러나게 된다는 점[이다] ……

…… 우리는 우리 자신에게로 돌아와, **이것이 말하고자 하는 바가 무엇인지**를 스스로에게 물어야 한다. 지금 여기, 즉 사회 집단의 분화와 조직이 끊임없이 증가하는 세계 안에서 말이다. 말하자면, 우리는 "이웃"의 세계 속에 살고 있는 것이 아니라 "동료"의 세계 속에 살고 있는 것으로 보인다. "동료"란 사회적 기능을 통해 내가 만나게 되는 사람이다. 동료 관계는 매개된 관계이며, 그것은 ~로서 사람을 접하는 것을 말한다. 몇 차례 세계 대전들의 실행을 감안하지 않더라도, 로마법, 근대 정치제도의 발전, 거대한 국가의 내각 경험, 그리고 노동의 사회적 조직화는 언제나 조금씩 더 방대하고 복잡한 추상적인 인간관계의 형태를 만들었다. 그렇게 된 것은 당연하다. 왜냐하면 18세기의 말처럼, 인간의 본성은 자연과 결별하고 "시민의" 신분으로 들어가는 것이기 때문이다. 그 안에는 새로운 것도, 느닷없이 해로움을 주는 것도 없다. 인간의 시작, 이것은 동시에 언어와 도구와 제도의 시작이다. 이러한 관점에서 볼 때 이른바 자연이라 할 수 있는 사회적 실존과 인위적인 사회적 실존 사이에 본성적인 차이란 없으며, 단지 정도의 차이만이 있다. ……

만남의 사건은 순간적이고 일시적이고 깨어지기 쉽다. 그것이 지속적이고 항구적인 관계로 견고해지는 때부터, 그것은 이미 하나의 제도다. 순수한 만남의 사건은 매우 적고, 최소한의 제도적 장치 없이는 지탱될 수 없고, 예측될 수도 조직될 수도 없다. 이것은 심지어 더 멀리 나아가야 한다. 이웃 사랑의 대상은 다른 사람들 안에서 집단적 불행을 형성하도록 만드는 공통의 조건을 내가 마주할 때 너무도 자주 나타난다. 즉 임금, 식민 착취, 인종 차별과 같은 것 말이다. 그 때 내 이웃은 복수적으로 구체적이며 단수적으로 추상적이다. 이웃 사랑은 어떤 고통 받는 신체를 감싸 안음으로써만 그 대상에 이른다. …… 현재 상황에서 "이웃"을 사유한다는 것은 무슨 의미인가? 이것은 하나의 제도를 정당화하거나, 하나의 제도를 개선하거나, 하나의 제도를 비판하는 것이 될 수 있다.

물론, 많은 경우 이웃 관계는 가장자리에서, 아니면, 혹 이렇게 말할 수 있다면, 동료 관계의 틈 안에서 만들어지는 것이 사실이다. 이것은 대부분 "공적인 것" 또는 "사회적인 것"에 대립되는 "사적인 것"의 의미이며, "노동"에 대립되는 "여가"의 의미이기도 하다. 또한 노동이 점차 더 분업화되고 더 추상화되는 세계에서, 우리는 오히려 노동과 사회적 의무 밖에서 참된 인간적 교류와 진실한 만남의 온기와 친밀함을 모색하는 것이 사실이다. 이처럼 사회적인 것에 환멸을 느낀 사람들은 사적인 것으로 기대를 돌린다. 이것은 사실이다. 그러나 사적인 것과 공적인 것의 연결은 이웃과 동료의 좋은 결합만을 강조한다. 실제로, 사적인 삶은 공적 질서에 의해 보호될 뿐이다. 가정은 어떤 적법성을 방패 삼아서만 친밀성을 보유한다. …… 구체적인 것을 보호하는 것은 추상적인 것이며, 사적인 것을 창설하는 것은 사회적인 것이다. 그런데 모든 인관관계를 일종의 친교 형태로 바꾸려는 것은 환상이다. 우정과 사랑은 보다 추상적이고 익명적인 관계의 틈바구니에서 드물게 태어나는 관계다. 집약적이기보다는 확장적인 이런 관계는 어떤 점에서는 더욱 사적인 삶의 친밀함을 교류할 수 있는 사회적 바탕을 구성한다.

그러므로 이웃을 동료에 대립시키는 것은 이웃 사랑의 역사 변증법의 가장 눈에 띄고 가장 극적인 가능성일 뿐이지, 가장 의미 있는 가능성은 아니다.

……

이웃의 주제는 무엇보다도 먼저 의식의 자각을 호소한다. 즉 기계, 기술, 행정기구, 사회보장 제도 등을 바르게 사용하야지, 어리석게 그것들의 거대화를 비난해서는 안 된다는 것이다. …… 근대인의 사회적 실존의 악은 자연에 반하는 데 있는 것이 아니다. 결여된 것은 자연 본성이 아니라 이웃 사랑이다.

……

그러므로 이웃이라는 주제는 사회적 유대에 대한 항구적인 비판을 수행한다. …… 이웃, 그것은 가깝고도 먼 이웃이라는 이중적 요구이다. 예컨대 사마리아인이 그랬다. 그는 다가갔기 때문에 가까웠고, 언젠가 길에서 모르는 사람을 부축하여 일으켜 세운 비-유대인이었기에 멀었다.

(P. Ricoeur, "prochein et socius", *Histoire et Verité*.)

2) 의무로서 이웃 사랑을 실천하라는 **칸트**

할 수 있는 한 선행을 하는 것은 의무이다. 그러나 동시에 또한 어떤 다른 허영이나 사익과 같은 어떤 다른 동기 없이 자기 주변의 기쁨을 확장시키는 데에서 내적 만족을 발견하고, 그리고 그 만족이 자신의 성과인 경우에 다른 이들의 만족을 즐길 수 있는 동정심을 느끼는 영혼들도 많이 있다. 그러나 나는 주장하는데, 그러한 경우에서 그 같은 행위가 매우 의무에 맞고 매우 사랑받을 만하더라도, 참된 윤리적 가치를 갖는다기보다 오히려 명예에 대한 경향성과 같은 종류일 것이다. 명예에 대한 경향성은 그것이 운 좋게도 실제로 공익과 의무에 맞아서 명예스러울 때에는, 칭찬과 격려를 받을 만하지만 존중받을 만하지는 않다. 왜냐하면 그 준칙에는 경향성에서가 아니라,

의무로부터 하는 행위라는 윤리적 내용이 결여되어 있기 때문이다. 따라서 저 박애자의 기분이 자신의 번민으로 흐려져서 다른 이들의 운명에 대한 모든 관심을 지우고, 그는 여전히 다른 사람의 곤궁함을 도와줄 수 있는 능력이 있음에도 자기 자신의 번민에 완전히 몰두하여 낯선 이의 곤궁이 그를 자극하지 못한다고 가정해보자. 이제 어떠한 경향성도 그를 더 이상 그렇게 하도록 자극하지 않을 때, 그럼에도 그가 이러한 극도의 냉담으로부터 탈출하여, 모든 경향성 없이 오직 의무로부터 행위를 할 때, 행위는 비로소 진정한 도덕적 가치를 갖는다. 하나 더 가정해보자. 만약 자연이 이 사람 또는 저 사람의 마음에 동정심을 거의 두지 않고, 그가 (그 밖에 다른 점에서는 훌륭한 사람임에도) 기질적으로 냉정하고, 다른 사람의 고통에 대해 무관심하다 해보자. 아마도 그는 스스로 자기 자신의 고통에 대해 참아내는 특별한 재능과 버티는 힘을 갖추고 있기 때문에 다른 사람들에게도 동일한 것을 전제하고 심지어 요구하기 때문일 것이다. 만약 자연이 이러한 사람을 (진실로 자연의 최악의 생산물은 아닐지도 모르는) 원래 박애가로 만들지 않았을지라도, 그는 자기 자신에게 마음씨 순한 기질이 줄 수 있는 것보다 훨씬 높은 가치를 주는 원천을 자신에게서 여전히 발견할 수 있지 않을까? 물론이다! 바로 여기서 도덕적이고 어떤 비교도 없이 최고인 성격의 가치가, 다시 말해 그가 경향성에서가 아니라 의무로부터 선행하는 성격의 가치가 시작한다.

자기 자신의 행복을 확보하는 것은 의무이다(적어도 간접적으로). 많은 걱정들에 의한 어려움과 충족되지 못한 필요들 속에서 자신의 상태에 대한 만족의 결핍은 자칫하면 의무의 위반에 대한 커다란 유혹이 되기가 쉽다. 하지만 또한 여기서 의무에 주의를 기울이지 않고, 모든 인간이 이미 자발적으로 행복에 대한 가장 강력하고 가장 내적인 경향성을 갖는데, 왜냐하면 바로 이 행복이라는 이념 안에서 모든 경향성은 하나로 합산되기 때문이다. 대부분의 행복의 지시규정은 몇몇의 경향성에 손해를 입히는 성질이지만, 인간은 행복이라는 이름아래의 모든 만족의 합산에 대해서 아무것도 확정적이고 확실한 개념을 만들 수 없다. 따라서 어떻게 고유하고 확정된 경향성이 일정하지 않은 하나의 이념을 능가할 수 있는지는, 그것이 예견하는 것과 그것을 만족시킬 수 있는 시간을 고려했을 때, 놀라운 일은 아니다. 예를 들어 통풍 환자인 어떤 사람은 맛있는 것을 즐기고 나서, 그가 받을 수 있는 고통을 겪는 것을 선택할 수 있다. 왜냐하면 그는 자신의 어림짐작에 따라, 아마도 건강에 내재되어 있을지도 모르는 행복에 대한 근거 없는 기대 때문에, 지금 순간의 즐거움을 빼앗을 수 없었기 때문이다. 그러나 또한 이 경우에도, 만약 행복에 대한 보편적 경향성이 의지를 규정하지 않았다면, 만약 건강이 그에게 적어도 반드시 필수적인 것이 아니어서 이 어림짐작에 포함되지 않았다면, 모든 다른 경우에서처럼 여기서도 하나의 법칙, 즉 경향성에서가 아니라 의무로부터 그의 행복을 촉진한다는 것이 남는다. 바로 여기에 비로소 그의 태도는 본래적인 도덕적 가치를 갖는다.

자신의 이웃, 심지어는 우리의 적까지도 사랑하라는 성경의 구절은 의심의 여지 없이 이러하게 이해될 수 있다. 왜냐하면 경향성으로서의 사랑은 명령될 수 없는 것이지만, 의무로부터의 선행 자체는, 만약 어떠한 경향성도 그것을 촉진시키지 않고 심지어 자연적이고 억제할 수 없는 혐오가 일어나더라도, 실천적 사랑이지 감정적인 사랑이 아니기 때문이다. 실천적 사랑은 의지 안에 놓여 있지 감정의 성향에 놓여 있지 않으며, 행위의 원칙들에 놓여 있지 마음을 움직이는 공감에 놓여 있지 않다. 오직 실천적 사랑만이 명령될 수 있다.

(임마누엘 칸트, 도덕 형이상학 정초, IV398~IV399)

3) 이웃 사랑을 해부해 자기애를 꺼내보는 바우만

프로이트 『문명과 불만족』에 따르면 '네 이웃을 자신처럼 사랑하라'는 요구는 문명화된 삶의 기본 수칙 중 하나이다. 그것은 또한 문명이 촉진하려는 삶의 논리, 즉 자기 이익과 행복의 추구라는 논리에 가장 반하는 말이기도 하다. 따라서 문명의 토대를 이루는 이러한 수칙은 오직 '불합리하기 때문에 믿는다(credere quia absurdum)'는 신학적 훈계에 복종할 때만이 '이해 가능한 것'으로 받아들여지고 수긍되며 실행될 수 있다.

실제로 어떤 이웃이든 단지 이웃이라는 이유만으로 '네 이웃을 자신처럼 사랑하라'는 요구가 얼마나 어리석은지를 깨달으려면 '왜 그래야만 해? 내게 무슨 도움이 된다고?'라고 묻는 것으로 충분하다. 누군가를 사랑한다면 어떤 방식이든 그럴 만한 이유가 있어야 한다. …… "아주 중요한 점에서 나와 너무나 많이 닮아 그의 모습 속에 있는 나를 사랑할 수 있을 정도인 경우 그럴 수 있을 것이다. …… 하지만 낯선 사람이고, 그에게 고유한 어떤 가치로도 또는 나의 정서적 삶에 대해 그가 이미 가지고 있을지도 모를 어떤 중요한 것으로도 나를 매혹시키지 못한다면 그를 사랑하기는 힘들 것이다." 그러한 요구는 한층 더 귀찮고 비상식적인 것으로 느껴진다. 내가 사랑해야 하는 낯선 사람도 나를 사랑한다거나 '최소한이라도 배려하고 있다'는 증거를 별로 찾아볼 수 없는 일이 너무나 빈번하기 때문이다. "기회만 닿는다면 그는 주저 없이 나를 해치거나 조롱하고 비방하고, 나보다 힘이 더 세다는 것을 과시하려 들 것이다. …… "

그렇다면 — 프로이트는 이렇게 묻는다 — "만약 그러한 요구를 완수하는 것이 합리적인 것으로 권할 만한 것이 아니라면 그렇게 대단히 엄숙한 어투로 명시하고 있는 수칙은 진정 무엇을 말하고자 하는 것일까?" 이에 대한 답을 찾는 과정에서 우리는 상식과는 달리 '네 이웃을 사랑하라'는 실제로는 "다른 어떤 것도 그것만큼 강하게 인간 본성에 반하는 것도 없다"는 사실에 의해 정당화되는 계명이라고 결론 내리고 싶은 유혹을 느낄 것이다. 제대로 지켜지지 않을 것처럼 보이는 규범일수록 그만큼 더 완강하게 재차 강조되는 법이다. 네 이웃을 사랑하라는 명령은 다른 어떤 규범보다도 덜 지켜질 것 같다. 개종하려는 어떤 자가 자신이 한 발로 서 있을 동안 하느님의 가르침을 설명해보라고 하자, 탈무드의 성자 랍비 히렐(Hillel)은 '네 이웃을 자신처럼 사랑하라'를 신의 명령 전체를 한마디로 요약한 완벽한 대답으로 제시했다. 그러한 명을 받아들이는 것은 믿음의 도약이다. 그처럼 결정적인 비약을 통해 인간이라는 존재는 '자연적〔본능적〕' 충동들, 욕구, 성향에서 벗어나 자연〔본성〕에 반하는 위치를 차지해 '자연을 극복한(unnatural)' 존재로 탈바꿈하는데, 짐승들(아리스토텔레스가 지적한 대로 그리고 실로 천사들)과 달리 그것이 바로 인간이다.

네 이웃을 자신처럼 사랑하라는 수칙을 받아들이는 것은 인간됨(humanity)을 탄생시키는 행위였다. 인간의 공생과 관련해 사전에 정해진 또는 소급적으로 발견된 규칙들뿐만 아니라 그 밖의 다른 모든 판에 박힌 일들은 단지 그러한 수칙에 딸린 (결코 완성될 수 없는) 주석의 목록에 불과하다. 만약 이 수칙을 무시하거나 내던져버린다면 아무도 그런 목록을 만들거나 또는 완벽성을 따져볼 수 없을 것이다.

이웃을 사랑하려면 믿음의 도약이 요구된다. 그것은 인간-됨을 탄생시킨 행위가 되었다. 그것은 또한 생존 본능에서 도덕(성)으로의 운명적인 이행이기도 하다.

그것은 도덕(성)을 생존의 일부, 아마 필수불가결한 부분(conditio sine qua non)으로 만든 이행이다. 이런 구성요소와 함께 한 인간의 생존은 인간 속의 인간-됨의 생존이 되었다.

'이웃을 자신처럼 사랑하라'는 은연중에 자기애(self-love)를 아무 문제없이 주어진 것으로, 항상 이미 거기 있는 것으로 제시한다. 자기애란 생존 문제이고 생존에는 계명이 필요치 않다. 다른(인간이 아닌) 생명체들은 그러한 것 없이도 아주 잘해나가기 때문이다. 자신을 사랑하듯 이웃을 사랑하는 것이야말로 인간적인 생존을 다른 생명체들과 다른 것으로 만들어준다. 자기애의 그런 확장/초월이 없다면 물리적·육체적 삶의 연장 그 자체만으로는 인간적인 생존이 아니다. 또 짐승(그리고 — 결코 잊어서는 안 된다 — 천사)과 인간을 구별하는 생존도 아니다. 네 이웃을 사랑하라는 수칙은 자연이 부여한 본능에 도전하고 거역하는 것이다. 뿐만 아니라 자연이 부여한 생존의 의미에도 또 생존을 보호해주는 저 자기애의 의미에도 도전하고 거역하는 것이다. …… 자기애 — 이것은 과연 무엇을 의미할까? 나는 '내 자신 안'의 무엇을 사랑하는 것일까? 자신을 사랑한다고 할 때 나는 무엇을 사랑하는 것일까? 우리, 인간들은 우리와 가까운, 실은 그리 가깝지는 않으며 상당히 먼 사촌인 동물과 생존 본능을 공유한다 — 그렇지만 자기애라고 하는 데서부터 길이 갈라지고 우리는 혼자 남게 된다.

……

요컨대, 자기애를 가지려면 사랑받아야 한다. 사랑을 거부하는 것 — 사랑받을 만한 대상이라는 지위를 부정하는 것 — 사랑받을 만한 대상이라는 지위를 부정하는 것 — 은 자기혐오를 낳는다. 자기애는 타인들이 우리에게 주는 사랑으로 만들어진다. 만약 자기애를 만들기 위해 대용품이 사용되었다면 아무리 눈속임을 위한 것일지라도 그것은 그러한 사랑과 흡사한 것이어야 한다. 타인들이 먼저 우리를 사랑해야 하고, 그래야 비로소 우리도 자신을 사랑하기 시작할 수 있다.

그러면 어떻게 우리가 가망 없는 사람으로 무시당하고 내버려지지 않았다는 것을 알며, 어떻게 사랑이 다가오고 있는지 또는 그럴지 또는 그럴 거라는 것을 알며, 어떻게 우리가 사랑받을 만하고, 따라서 자기애(amour de soi)를 만끽하고 향유할 권리가 있는지를 알까? 우리는 알며, 안다고 믿으며 누가 말을 걸거나 우리말을 들을 때 그런 믿음이 틀리지 않았음을 재확인한다. 즉 반응할 준비가 되어 있음을 드러내며/알려주는 관심과 함께 우리 이야기를 유심히 들어줄 때 말이다. 그때서야 우리는 존중받고 있음을 알게 된다. 즉 우리가 생각하고, 실행하고 또는 하려는 것이 중요하다는 것을 알게 된다.

만약 타인들이 나를 존중한다면 분명히 '내 안'에는 오직 나만이 타인들에게 줄 수 있는 무엇인가가 있을 것—어찌 그렇지 않겠는가?—이 틀림없다. 그리고 분명히 내가 그것을 주는 것을 기뻐하고 감사할 그런 타인들이 있다—어찌 그렇지 않겠는가? 나는 중요하고, 내가 생각하고 말하고 행하는 것도 중요하다. 나는 쉽게 대체되고 버려지는 하찮은 존재가 아니다. 내가 '가져오는 변화'는 나 자신에 그치는 것이 아니다. 내가 말하는 것, 나의 존재, 내 주변의 세계 속에 무엇이 있든, 만약 내가 갑자기 사라지거나 다른 데로 가버리면 그 세계는 훨씬 더 빈곤해지고 덜 흥미로워지고 전망도 어두워질 것이다.

만약 그것이 우리는 정당하고 적합한 자기애의 대상으로 만들어준다면 '너 자신처럼 이웃을 사랑하라'는 요구(즉, 자기를 사랑하도록 촉발하는 것과 똑같은 이유로 이웃들도 사랑받기를 원하리라고 예상하는 것)는 이웃들로 하여금 독특하고 무엇으로도 대체 불가능하고 간단히 쓰고 버릴 수 없는 가치를 갖고 있다는 존엄성을 갖기를 바라는 것이다. 그것이 타인들에게서 인정받고, 받아들여지고, 확인받았으면 하는 욕망을 불러일으킨다. 그러한 요구는 이웃들도 정말 그러한 가치들을 대변한다고 생각하도록 재촉한다 — 적어도 그렇지 않다는 것이 입증될 때까지는 말이다. 그렇다면 자신을 사랑하듯 네 이웃을 사랑하라는 것은 상호 간의 독특성을 존중한다는 것을 의미할 것이다 — 우리가 다르다는 것이 우리가 함께 거주하는 세계를 윤택하게 하고, 그렇게 함으로써 훨씬 더 멋지고 유쾌한 장소로 만들어주며, 약속의 보고를 한층 더 풍요롭게 해주는 가치를 갖는 것이다.

(지크문트 바우만, 『리퀴드 러브』, 권태우, 조형준 옮김, 새물결, 2013)

1 박완서, 『나의 아름다운 이웃』, 작가정신, 2019.
2 「누가복음」, 10:30~35.
3 「누가복음」, 10:35~37.
4 전종윤, 「이웃에서 얼굴 없는 제3자에게로」, 『해석학연구』, 2015 p.74
5 알베르트 카뮈, 「손님」, 『적지와 왕국』, 김화영 옮김, 책세상, 1998.

5

사회와 국가

위태로운 안전 괴물과 함께 살기

| 관계의 인문학 |

위태로운 안전 괴물과 함께 살기

"전투냐 죽음이냐, 피로 얼룩진 투쟁이냐 사멸이냐 이것이야말로 냉혹하게 던져진 문제다"_(조르주 상드)

1. 불안 혹은 두려움

자신을 해고하는 데 반대표를 던져달라는 산드라의 요청에 알퐁스는 불안한 마음을 전한다. "이웃을 돕는 것은 신의 뜻이죠. 그런데 사람들이 두려워요." 알퐁스는 왜 사람들이 두려울까? 우울증 때문에 휴직을 했다가 복직을 앞둔 산드라에게 해고 통보가 도착한다. 산드라의 직장은 자연과 환경을 생각한다는 태양광 판넬 생산업체이지만, 인간을 생각하지는 않는 것 같다. 사장은 해고의 처지에 놓인 산드라에게도 그렇지만, 사람들 사이의 유대를 반목시키는 양자택일의 질문을 사람들 앞에 던져 놓았기 때문이다. 사람들은 보너스를 받을 것인가? 산드라를 복직시킬 것인가? 둘 중 하나만 택해야 한다. 산드라의 해고가 결정된 것은 물론 투표에서 다수의 동료가 보너스를 택했기 때문이다. 산드라는 눈물을 참아내기 위해 다시 우울증약을 먹을 수 밖에 없다. 그나마 다행인것은 산드라의 동료 한 명이 제기한 재투표가 받아들여졌다. 해고를 종용하는 회사의 압력이 작용해서 투표가 공정하지 못했기 때문이다. 관리자들은 산드라가 아니면 다른 사람이 해고될 수 있다는 이야기를 암암리에 흘리고 다녔던 것이다. 회사의 실질적인 요구는 '당신들의 손으로 동료를 자르라는것.' 다행히도 겨우 재투표의 기회를 얻은 산드라, 그녀는 이제 어떻게 할 것인가.

— 사람들

전투냐 죽음이냐, 과장되어 보이는 이 질문이 산드라에게는 그렇지 않은 듯하다. 사태가 산드라의 우울증을 악화시키고 있기 때문이다. 그녀는 사람들이 두렵다. 사람들이 자신의 우울증에 대해서 이러쿵저러쿵 이야기하는 것도 두렵고, 쓸모없는 존재로 버려져서 웃음거리가 되는 것도 두렵고, 자신의 복직 요청이 사람들을 곤란하게 할까 봐 두렵고, 자신의 요청이 거부당하는 것도 두렵다. 다르덴 형제의 영화 「deux jours un nuit」은 재투표를 앞둔 산드라의 1박 2일을 담은 영화다. 두렵고 피하고만 싶지만, 그녀는 자신의 복직에 찬성표를 요청하기 위해 동료들 16명의 집을 일일이 찾아 나선다. 사실 그녀가 동료를 만나서 하는 이야기는 설득이라 할 것도 없다. 얼굴을 보여주고 복직에 투표해달라는 한 두 마디뿐이다. 마지막으로 만난 알퐁스는 조금은 무표정한 얼굴로 보이지만, 단번에 복직에 찬성표를 던지겠다고 말한다. 그러면서 덧붙이는 그의 말. 첫 번째 투표에서도 같은 선택을 하고 싶었지만, 사람들이 두려웠다고. 그는 왜 사람들이 두려웠을까. 일단 알퐁스의 구체적인 설명을 확인하기 전에, '사람들'이란 말에 주목해 보자.

'사람들'은 실제로 많은 수의 사람이라는 뜻이기도 하지만, 단지 많은 수의 사람을 뜻하는 것만은 아니다. 사람들이 으레 갖고 있는 생각과 판단들, 당연시 여기는 것들을 우리는 '사람들'이라는 말을 주어로 삼아 이야기하는 경우가 많다. 우리에게 익숙한 일상적이고 평범한 것들, 사태에 대한 일반적인 이해방식, 그에 따라 사는 법 등.

우리는 특정한 누군가가 아니라 '사람들'을 근거로 삼아 자신이 무엇을 하고 어떤 입장을 취할지를 결정하곤 한다. 맛집이라고 소개된 곳을 좇아가서 사람들의 평가를 떠올리며 그것을 즐기고, 또 영화평론가의 평점을 보고 영화를 선택하고, 어떤 사람의 말에 하나둘 비판이나 조롱의 댓글이 달리기 시작하면 나도 비슷한 한마디를 던지고, 어느새 개떼처럼 사람들이 달려들어 엇비슷한 분노의 댓글들을 쏟아낸다. 우리의 일상은 대체로 이런 것들로 채워져 있다. 우리는 일상적으로 세상 사람들이 즐기듯이 즐기며, 세상 사람들이 문학과 예술을 비평하듯 비평하고, 세상 사람들이 격분하듯이 격분한다.[1]

뭉크(E. Munch)의 1894년 작품 「불안」의 인물들은 정면을 응시하고 있지만 그들의 얼굴은 알아볼 수 없다. 그나마 눈이 보이는 여성으로 추정되는 인물에게서도 시선을 찾아볼 수는 없다. 그래도 우리가 알아챌 수 있는 것은 누가 누구인지 알아볼 수는 없지만 이들이 한 방향을 향하고 있다는 것이다. 모두 하나의 목적지를 향해 가는 것 같은데, 그 목적이 무엇인지는 알 수 없다. 그림의 정확한 소실점이 향하는 곳은 붉고 검은 배경의 경계다. 사람들은 이 그림의 바깥의 시선에 갇혀 있다. 모두 엇비슷한 생각과 판단으로 삶이 열어놓은 길을 걷는다.

뭉크(Edvard Munch), 불안, 1894

산드라는 그림의 가장 앞에 선 저 여성이 아닐까. 그들 속에 있지만 가장 앞서 그 길을 걷는 사람, 막 눈빛이 돌아오고 있는 불안한 사람. 산드라가 우울증을 앓았다는 것 때문에 이전만큼 일을 잘하지 못할 것이라고 하는 이야기도 누구의 말이 아니라 '사람들'이 그렇게 말하는 것이다. 물론 이런 판단이 어디에 근거한 것인지도 불분명하다. '사람들'의 이야기가 사람들 사이에 돌고 돈다. 동료들은 산드라에 대한 사람들의 이야기를 근거로 자신이 아니라 산드라가 해고되어야 할 이유를 찾고, 보너스를 택할 이유를 찾았을 것이다. '나는 심리적으로 안정되어 있어', '나는 산드라보다 일을 잘할 수 있지' 등. '사람들'은 자신의 지위를 다른 사람들 보다 안정되게 만들고 남보다 나은 사람으로 보이게 하려고 노력하면서, 서로를 비교한다. 돈이 많고 적고, 사회적 지위가 높고 낮고, 인격이 높고 낮고, 나아가 건강하고 유약하고. 산드라도 물론 이러한 생각에서 자유롭지 못하고 우울함은 격심해진다.

— **그들**

독일 철학자 하이데거(M. Heidegger)에 따르면, 인간은 이미 태어날 때부터 사회 속에 있다는 점에서 사람들 속에 또 사회의 규범 속에 빠져(Verfallen) 있기 때문에 자기를 망각하고 있다. 대체로 우리는 호기심(Neugier)으로 이것저것에 관심을 두며, 이 사람 저 사람을 만나면서 잡담하며 사람들의 이야기를 옮기면서(Gerede), 바쁘고 산만하게 떠돌아다니며, 한편으로 사람들과 비슷한 생활방식 속에서 안락함을 얻는다. 그렇지만 안락함의 대가는 어떤 것도 자신에게 확실하지 않다는 것이다. 내가 무엇을 할지 어떤 것을 믿을지는 애매하게 둔 채, 그 결정을 사람들의 확신에 맡긴다. "그들 속에[서] …… 긴장 속에 애매하게 서로를 살피며, 몰래 서로 엿들으며 …… 서로를 위한다는 가면 아래 서로를 적대하는 연출을 진행하고 있다."[2]

대체로 우리들은 사람들이 추구하는 나은 기준을 쫓아 가기 위해 아등

바등한다. 달리 말해 '사람들'이 말하는 그 기준에 부합한다는 것은, 평균적인 '보통의' 인간이 되기 위해서, 사람들과 비슷해지기 위해서 노력하는 것에 다름 아니다. 우리는 대체로 '사람들'이라는 익명의 타인들의 말과 태도를 쫓아가며 그것에 휘둘려 가며 산다. 하이데거는 서로를 평가하며 줄 세우고 보통의 인간이 되는 것[격차성과 평균성]을 특징으로 한 불특정 다수의 세상 사람들을 그들(das Man)이라고 칭한다.

하이데거는 현존재로서 인간은 자신의 존재를 염려(마음씀, Sorge)한다고 말한다. 그렇지만 대체로 우리는 자신이 무엇을 할 수 있고 어떻게 할 수 있는지를 그들에게 의존하고 있다. "내가 왜 저곳이 아니고 이곳에 있는가"라는 파스칼이 표현한 인간의 당혹스러움처럼 완전히 혼자이고 나의 실존을 지탱해 주는 것이 없다는 기분이 우리에게 찾아온다. 일상 속에 휘말려 있는 그들로 살아가던 내가 이 불안(Angst)의 엄습과 함께 나의 개별성을 깨닫는다.[3] 두려움이나 공포와는 달리, 불안은 자기 자신에 대한 자기 불안이다. 누구도 나 대신 죽을 수 없다는 하이데거의 말은 누구도 남의 불안을 넘겨받을 수 없다는 것을 뜻하는 것이다. 우울증에 시달리는 동안 다른 사람들의 도움이 그다지 소용없다는 것과 비슷하다.[4] 사람들을 쫓아가서 간 맛집이, 선택한 영화가 형편없다면 사람들을 탓하면 된다. 반면, 나를 지탱해주는 것이 없다는 기분 속에서 깨닫는 것은 내가 나의 선택이나 행위를 사람들에 기대지 않고 독립적으로 할 수 있다는 것이고 따라서 내가 한 선택에 대해 전적으로 내가 책임져야 한다는 것이다. 오히려 진짜 불안은 내가 사람들에게 휩쓸린다는 것 자체에 있지 않고 이렇게 내가 열어놓은 가능성에서 비롯한다. 동료들을 만나러 갈 것인가 말 것인가, 사람들의 이야기를 듣고 그것을 따를 것인가 말 것인가. 이것이 산드라가 재투표를 앞두고 불안해지는 이유다.

2. 모호한 사회와 애매한 사람들

'사람들'이나 '그들'처럼 얼굴 없고 이름 없는 사람들은 어느 시대에나 존재했지만 이들이 군중이나 대중이라는 이름으로 사회적으로나 정치적으로 관심의 대상이 된 것은 근대에 들어서다. 르 봉(G. Le Bon)은 우리 시대가 군중의 시대가 될 것이라고 말했다. 유럽을 휩쓸었던 프랑스 혁명은 소수의 귀족이나 왕이 아니라 평범한 다수 사람들의 위세를 주목하도록 했다. 또한 19세기 중반의 급격한 산업화와 도시화는 다양한 연령, 사회 집단, 인종, 국적, 성별을 가진 사람들을 대규모로 한 장소에 밀집시켰으며, 신문과 같은 인쇄 매체의 등장은 사람들이 서로 대면하지 않아도 소식을 공유하고 의견을 교류하는 공중(公衆)을 창조해 냈다. 대중은 인쇄 매체를 통해서 여론을 형성할 수 있는 힘을 얻고 거리 시위나 집회를 통해서 국가에 영향을 미칠 수 있었다.[5]

인터넷을 통한 의견 교류와 형성이나 '네티즌의 힘' 같은 것에 익숙한 우리에게 이러한 변화는 대수롭지 않아 보이지만, 당시에 이것은 인터넷의 도입에 비교도 되지 않을 만큼 매우 충격적인 사회 변화를 야기한 것으로 보인다. 키에르케고르(S. Kierkeggard)는 1846년 『두 개의 시대』라는 소설에 대한 글 「현대의 비판」에서 비판적 어조로 '사람들'을 공동체 의식의 약화와 더불어 등장한 추상적 개인들, 결코 하나로 묶이지 않고 묶일 수도 없는 비현실적인 개인들이 하나의 전체로 확보되어 등장한 집단으로 다룬다.[6] 당시에 키에르케고르를 비롯하여 시대의 변화를 직시하던 사람들은 대중의 범속성과 무정형성, 이들의 수동적이면서도 제멋대로인 성격에 대해 심각한 우려를 보냈다. 그렇지만 대중은 사회와 정부에 정당하게 문제를 제기하고 변화를 이끌어 낼 수 있는 힘도 보여주었다는 점에서 단지 부정적으로만 여길 것은 아니었다.

— 두 얼굴의 사람들

키에르케고르는 '사람들'을 추상적 개인으로 이루어진 무리로 규정했다. 그렇다면 추상적 개인이란 무엇을 뜻하는 것일까? 프랑스 혁명의 〈인권선언〉(1789)에서 천명된 인간의 모습은 이 질문에 대한 하나의 답변을 제공할 수 있을 것이다. 〈인권선언〉은 그가 누구이든지, 어느 국적을 가졌든 또 돈이 얼마나 있든, 어떤 인종이든, 성별과 성 지향이 어떠하든, 또 어린이든 노인이든 나이에 관계없이 지구상에 있는 모든 인간이 인간으로서 자유와 평등 같은 기본권을 지닌다고 말한다. 우리들은 각기 다르지만, 인권의 당사자로서 인간은 각자의 특성이 모두 지워지고 '인간'이라는 이름으로 한 데 묶인다. 이런 보편성은 한편에서는 누구나 평등한 권리를 보장받을 수 있는 근거가 되지만, 다른 한편으로는 개성을 갖춘 인간으로서 개인의 중요성을 약화시킬 수 있다. 〈인권선언〉의 바탕이 되는 근대의 개인은 자율적인 인간으로서 다른 누군가에게 종속된 것이 아니라 스스로 자유롭게 자신의 이성적 능력에 따라서 결정하고 행동한다고 간주된다. 그렇지만 동질성이 부여된 추상화된 개인이 이러한 주체적인 능력을 확보할 수 있을지는 미지수다. 나아가 근대적 개인과 '인간'의 성립이 그 기준에 따라 사람들을 격리 또는 훈육하는 규율 권력의 행사와 불가분하다는 푸코(M. Foucault)의 『감시와 처벌』의 주장을 감안해 본다면, 보편 '인간'은 그 자체로 특정한 인간의 배제와 동시에 특정한 인간 형태로의 '길들임'을 통해 성립되었다는 점을 간과해서는 안 될 것이다.

19세기에 진행된 사회 변화 속에서 집단적 주체 혹은 행위자가 등장했고, 이 주체는 야누스의 얼굴로 그려진다. 한편으로 인간의 권리를 위해 주체적으로 사회를 변화시키는 힘을 지닌 집단이지만, 다른 한편으로 모래알 같이 흩어질 수 있는 수동적인 집단으로 간주된다. 국민, 민중, 인민, 민족, 시민과 같은 명칭들은 전자의 특징을 강조하는 이름이라면, 위에서 언급한 키에르케고르와 그의 비판적 입장의 연장선에 선 하이데거의 '그들'에 대한 하이데거의 비판은 후자에 보다 초점을 맞춘 것이라 할 수 있다.

한편으로 인간이 추구하는 자유와 평등의 가치를 온전하게 실현할 수 있는 주체로 집단적 주체의 긍정적 가능성을 보다 강조하는 대표적인 입장으로는 키에르케고르와 비슷한 시기에 살았던 마르크스가 대표적이다. 그는 <인권선언>이 프랑스 혁명 이래의 근대 사회에서 엄연히 존재한 계급적 격차와 그에 따른 불평등과 억압 등 반인권적인 현실을 은폐하는 측면이 있다는 점을 지적한다. 마르크스와 엥겔스의 『공산당 선언』(1848)은 인권선언이 추상해 버린 사람들을 부르주아 계급과 프롤레타리아 계급이라는 두 집단으로 재편하면서 인권선언의 이상을 실현할 집단적 주체로서 노동자계급이라는 '보편계급'의 등장을 알린다. 노동자 계급은 산업의 발전과 더불어서 수적으로 다수를 차지하며, 이들이 거대한 대중으로 한데 뭉쳐서 힘을 키우면서 자신의 힘을 자각함으로써 사회 혁명에 나선다고 말한다. 노동 계급과 이들의 사회혁명의 보편성은 일반화된 상품 체세인 세계적인 시장 경제 제제라는 환경과 이 체제에서 노동 계급이 차지하는 위치, 즉 어떠한 생산 수단도 갖고 있지 않지만 사회의 부를 창출하는 이윤 생산의 장본인이라는 점에서 기인하며, 한편으로 노동계급이 소수가 아니라 압도적 다수이며 이 다수의 이해관계를 대변하는 자기 의식적이고 독립적인 운동을 펼친다는 점으로부터 도출된다.[7]

한편, 한나 아렌트(H. Arendt)는 모든 사람들이 인권을 가지고 있는 것이 아니라 국적을 가지고 있는 국민이라는 이름의 사람들만이 그 권리를 부여받을 수 있을 뿐임을 비판적으로 지적함으로써 <인권선언>의 내재적 한계를 밝혀낸다. 아렌트는 인권보다 더 기본적으로 쟁취해야 할 권리로 '권리를 가질 권리'를 제기한다. 리쾨르의 「이웃과 동료」가 발표된 지 몇 년 후에 출간된 아렌트의 『인간의 조건』은 노동(labor), 작업(work), 행위(action)라는 인간의 활동에 대한 탐구를 통해 근대 이후 인간의 삶의 특징을 고찰하고 있다. 구체적으로 말하면, 인간의 활동적 삶에 동반되는 공동체 문제와 이를 구성하고 유지하는 인간관계 문제를 다룬다. 아렌트의 문제의식은 사회와 정치 공동체의 차이를 분명히 하는 데로 귀착되며, 궁극적으로 공동체를 구성하는 사람들의 삶의 방식이나 태도를 드러내는 말과 행위에 따라 공동체의 성격이 변할 수 있음을 강조하는 것으로 나아간다.

— 사회라는 하이브리드

인간은 혼자가 아니라 다른 사람들과 함께 살아간다. 친구, 연인, 가족같이 친밀한 사람들과의 관계는 내 삶의 친밀한 영역을 구축한다. 그렇지만 우리는 이러한 친밀한 관계를 넘어서 사회나 국가와 같은 공동체를 형성해서 살아간다. 아렌트는 우리가 흔히 생각하는 사회 개념과는 다른 보다 특수한 의미의 사회 개념을 제시하면서, 사회가 근대에 등장한 새로운 현실이라고 말한다. 아렌트는 전체주의 사회 이후에 사회에 대한 성찰을 통해서 사람들의 순응주의와 허약한 인간적 유대를 근대 사회의 성격으로 설명하고 있다.

인간이 사람들과 함께 산다는 것의 의미를 이해하기 위해서 먼저 사회라는 말이 뜻하는 바와 인간의 본질과 사회적 속성을 직결시킨 아리스토텔레스의 규정을 살펴보자. 우리가 알고 있는 "인간은 사회적 동물이다"라는 아리스토텔레스의 말은 정확하게 어떤 뜻일까. 인간이 사회적 동물이라는 아리스토텔레스의 규정은 인간이 신도 야수도 아니라는 점과 대별되어 제시된 것이다.[8] 인간은 신처럼 자족적이지 않기 때문에, 또 야수처럼 맹목적이지 않기 때문에 사회를 구성하며 산다. 아리스토텔레스의 정의에서 인간이 신이 아니라는 점은 오늘날의 우리도 비교적 손쉽게 받아들일 말한 것이지만, 오늘날의 생물학적, 인류학적 발견을 굳이 열거하지 않아도 인간이 야수가 아니라는 것에 대해서는 논란이 있을 것 같다.

프로이트는 『문명 속의 불만』에서 기독교의 제1가르침인 "이웃을 내 몸같이 사랑하라"는 말에 대한 신랄한 비판을 전개하면서 다음과 같은 말을 인용한다. "인간은 인간에게 늑대다(homo homini lupus)!"(로마의 희극 작가 프라우투스(plautus)의 아시나라아(Asinaria)에서 인용한 말) 인간은 늑대와 다를 바 없이, 공격 본능을 타고났고 이웃이야말로 인간의 공격본능을 자극하는 존재여서 이웃을 착취하고 성적으로 이용하고 재물을 강탈하고 경멸하고 고통을 주고 죽이고 싶은 유혹을 느낀다.[9]

아리스토텔레스와 프로이트 사이의 간극을 이해하기 위해서는 이 둘 사이의 약 2천 년의 간극 속에서 벌어진 중대한 사건 중에 하나, 그리고 아리스토텔레스의 말을 다시 한번 곱씹어 보는 것에 집중해 보자. 아렌트는 아리스토텔레스의 이 진술 자체를 다시 해석함으로써 근대 사회의 특수한 성격을 파헤치기 시작한다. 아리스토텔레스의 말의 출처는 『정치학』에서 인간이 정치적 동물(zoon politikon), 즉 정치공동체(polis)를 구성하는 동물이라는 것에 있다. 아렌트는 인간은 사회적 동물이라든지 적어도 인간은 '사회적, 즉 정치적 동물'이라는 믿음은 '존 폴리티콘(zoon politikon)'을 라틴어로 옮긴 세네카의 번역에서 비롯했다고 지적한다. 이렇게 정치공동체가 사회라는 말로 옮겨진 것은 희랍어와 라틴어의 차이에서 비롯하는 것이 아니라 로마에서는 고대 그리스적인 '정치'의 의미가 퇴색했음을 반영하는 것이다.[10]

사회라는 말의 핵심은 무리의 공동생활, 즉 동류의 존재들이 함께 지냄이라는 뜻인데, 이 점은 오히려 인간과 동물의 공통점이지 차이점은 아니다. 사회(societas)는 로마시대에 처음 등장했지만, 이 말이 대중적으로 사용된 것이 근대에 들어서다. 사전적 의미를 보면 사회라는 말은 '동료'나 '친구'처럼 서로 비슷한 동류의 구성원들이 친밀감을 중심으로 형성한 결사이고, '상호 이익과 방어를 위한 개인들의 집합적 생활 조직이나 생활 방식을 강조함으로써 같은 종류의 사람들끼리 함께 조화롭게 함께 관계하는 방식이나 태도를 말한다. 지금 우리가 사용하는 사회란 말은 라틴어 societas나 영어 society를 일본에서 번역한 말로, 동료, 무리, 패거리, 동아리, 인간 교제 등 인간관계를 둘러싼 말로 광범하게 번역되다가 마침내 메이지 시대에 사회라는 말로 널리 통용되기 시작했다.[11]

아렌트는 정치공동체가 동물과는 구별되는 인간만의 독특함을 담지하는 공동체임을 분명히 한다. 아리스토텔레스가 인간을 정치 공동체를 구성하는 존재로 보았다는 점을 제대로 이해하기 위해서는 인간에 대한 또 다른 정의인 인간은 이성적 동물이라는 말과 함께 다루는 것이 필요하다. 여기서 이성이라고 하는 말, 즉 희랍어의 로고스(logos)라는 말은 기본적으로 말 혹은 언어라는 뜻을 갖고 있다. 즉 인간은 동물과는 달리 말을 통해서 사람들과 말을 나누며 자신의 의견을 피력하고 설득할 수 있다는 뜻이다. 그리고 폴리스는 이런 활동이 이루어지는 곳이다.

아렌트는 인간이 동물이지만 언어 활동에 바탕을 둔 공동체를 꾸려나갈 수 있다는 것을 잘 구현해 냈던 고대 그리스의 오이키아(oikia, 사적 영역)와 폴리스(polis, 공적 영역)를 오늘날과의 사회와 대비시킨다. 생물학적인 측면에서 우리의 생명을 보존하기 위한 의식주의 생산과 소비, 생식 등이 오이키아의 일이라면, 사회는 이러한 사적인 이해관계에 공적이고 정치적인 의미를 부여하는 특이한 중간 영역이다. 아렌트에 따르면, 고대 그리스에서 인간의 삶을 구성했던 두 영역이 혼합되어 버리면서 다른 제3의 혼종(hybrid) 영역이 등장하기 시작했는데, 그것이 바로 사회다. 사회는 "경제적으로 조직되어 하나의 거대한 인간 가족의 복제물이 된 가족집합체"이다. 네이션(nation)은 이것이 정치적 혹은 사회적으로 조직화된 것을 뜻하고, 근대 국민 국가는 정치적 형식이다.

간단히 말해 아렌트의 사회 개념은 민족이나 국가가 사회를 바탕으로 구축되었으며, 사회는 인간의 동물적 측면인 생물학적 문제를 중심으로 다루는 사적 영역의 가정 유지 관리(housekeeping)가 확장된 것임을 보여준다. 가정통치술을 의미하는 오이코노미아(oikonomia)는 정치와 결합하여 개별적 이해관계들의 '집단적 살림'이라는 의미에서 국민경제, 사회경제, 민족경제(Volkswirtschaft)를 뜻하는 정치경제학으로 변형된다. 인간의 삶에서 생활필수품의 생산 소비 활동인 노동이 작업이나 정치 행위 같은 다른 활동보다 우위를 점하는 것이 사회의 형성에 결정적이었다.[12] 아렌트가 강조하는 바는 사회를 정치공동체에 다름 아니게 여기는 것은 인간의 자유로운 말과 행위로 정치 공동체가 구성된다는 점을 놓치게 만든다는 점이다.

바꿔 말하면 19세기 중반 이래에 사람들이 인간이 야수와 다를 바가 없다고 하는 것은, 어떤 점에서는 인간이 가지고 있는 이러한 고유의 능력을 인간이 잃어버리기 시작했음 혹은 말의 효력이 감소되고 공허해 지고 있음(예컨대 보편 인권을 주창하지만 현실에서는 노예가 존재하고, 약소국을 침략하고, 가난한 사람이나 여성은 참정권을 가질 수 없었던 것 등)을 강조하는 것이라고 말할 수 있을 것이다.

3. 대중, 아니 다른 사람들의 반역

사회란 생존과 안전이 공적 영역의 관심사로 자리 잡아 형성된 것이라 할 때, 이는 단지 먹고 사는 문제가 공동의 관심사를 획득했다는 정도를 의미하는 것이 아니다. 왜냐하면 이 과정은 소유(property ; idion)가 부(wealth)가 되고 이것이 자본으로 변형되는 과정을 동반했기 때문이다. 정치경제학은 개인적 이익을 추구하는 사람들의 생산과 교환 그리고 소비 행위들이 고유한 법칙과 역학을 지닌 체계를 이룬다고 보면서, 사람들을 함께 연결시켜주는 교환이 무질서와 갈등의 위협이 없는 관계를 형성해 내고 자족적인 공존의 영역을 창출하게 될 것이라는 믿음을 확산시킨다. 그렇지만 이와 달리 사회가 보장한다는 사람들의 생존과 안전은 위태롭다. 아렌트가 보기에 자본이 공동의 부(common wealth)를 형성한다고 하지만 이는 결코 공동의 것이 아니며, 자본은 공동 세계를 형성하는 발판이 되기는커녕 사람들 모두를 개별적 이해관계에 빠져들게 한다.[13]

— 위태로운 안전 괴물

홉스(Thomas Hobbes)의
『리바이어던』 표지, 1651

킹 비더(King Vidor),
영화 〈군중〉, 1928

아렌트는 근대 사회의 철학적 바탕을 홉스에게서 발견할 수 있다고 말한다. 홉스가 『리바이어던』에서 말하는 '만인에 대한 만인의 투쟁 상태'라는 인간의 자연 상태는 잠재적 살인자들의 집단 같아 보인다. 사람들은 죽음에 대한 공포에서 평화를 추구하라는 이성의 명령에 따라서 계약을 맺어 사회를 구성한다. 이렇게 구성된 공동체는 옳고 그름에 따라 공무를 결정하는 것이 아니라 개인의 이익, 즉 생명 보존에 근거하고 있다는 점은 사적 이익과 공적이익이 동일시된다는 것을 뜻한다. 아렌트가 보기에 홉스는 "인류의 연대감에 대한 의식도 없고 동물처럼 오로지 자기 보존의 본능만을 지닌 종족이라는 자연주의적 이데올로기"의 정치사상을 제공한다. 모든 사람을 제압할 수 있는 권력이 없는 곳에서는 서로 함께 기쁨을 느끼는 인간적인 유대가 없다. 이런 사회에서는 개인은 함께 있지만 외롭고 모래성처럼 허물어지기 쉬운 유대만 형성할 수 있을 뿐이다.[14] 아렌트는 전체주의의 토양이 되었던 폭민(mob)은 바로 이처럼 불안한 유대 속에 있는 외로운 사람들이라고 보았다.

아렌트는 홉스가 고안한 국가 공동체는 내재적으로 불안정을 함축하고 있다고 말한다. 공적 사안은 개인들의 힘으로 좌지우지할 수 없는 것이며 그런 힘은 정부에 양도됨으로써 "개인은 정치적 권리를 박탈당하고 점차 자신의 사생활과 개인적 운명에 새로운 관심을 가지게"[15] 된다. 아렌트가 보기에 결과적으로 근대사회는 정치적 무관심과 사생활에 대한 몰두를 낳는다. 자기조절적 사회를 상정하는 경제학은 단지 의식주의 문제만을 다루는 것이 아니라 구성원에게 일정의 행동을 기대하며, 수많은 규칙들을 부과하며, 행동의 '표준화'를 도모하는 행동 과학이기도 했다. 스페인 철학자 가세트가 19세기 중후반의 집단행동을 주목하며 그 어떤 진취성과 창조력을 발휘하지 않는 무도덕한 평균인(el hombre medio)들의 반란을 '대중의 반역'이라고 신랄하게 비난한 이유도 같은 맥락에서 이해할 수 있다.

— 다른 사람들

물론 가세트의 대중에 대한 비판은 귀족주의적 특성이 강하게 나타나는 편이다. 주의할 것은 근대의 집단적 주체의 순응주의적 측면에 대한 비판에 어느 정도 동의를 보낼 수 있다 해도, 이것이 평범한 사람들의 주체적 행위의 가능성을 기각하는 이유가 될 수 있는가 하는 점이다. 사회의 특성이 혼종적인(hybrid) 만큼, 사회적 주체는 순응이냐 저항이냐 하는 두 얼굴뿐만이 아니라, 셀 수 없는 얼굴을 가지고 있지 않을까. 어쩌면 이런 이유로 집단적 주체는 민중, 인민, 민족, 계급, 다중, 대중 등의 여러 이름을 가지고 있다. 또 아직 불리지 않은 이름도 있을 것이다. 앞서 언급했듯이, 이러한 주체가 보편적 인권이라는 인간의 가치를 제고하는 정치적 성취를 가져오는 변화를 이끈 것도 사실이다. 물론 이러한 변화의 취지가 충분히 현실에 구현되었다고는 할 수 없다. (마르크스나 아렌트 등이 지적했듯이 국가 내부에 존재하는 경제적 격차라든지, 국적을 이유로 국경선 앞에서 권리를 박탈당하고 어떠한 권리도 갖지 못하며 출입국 관리소에 갇힌 사람들이라든지, 또 근대적 개인의 자율성이라는 기준에 부합하지 못한다는 이유로 '이등 시민' 취급을 받는 장애인이나 광인 등등. 이런 사람들은 안전을 위해 창립되었다는 국가에서 안전을 보장받고 있을까?) 그렇다면 우리는 여러 얼굴과 이름을 가진 집단적 주체와 오늘날의 국가의 역할에 대해서 고찰하는 것을 중단해서는 안 될 듯하다. 아렌트는 근대 국가와 순응주의에 대한 비판에 머물지 않고 이를 모색하기를 멈추지 않는 것으로 보인다.

'사람들'을 거슬러 자신의 복직을 위해 나선 산드라는 어떻게 되었을까. 산드라는 결국 절반의 표만 얻어서 복직을 할 수 없었다. 그렇지만 산드라는 안타까운 패배가 실망스럽지만은 않다. 처음에는 보너스를 택했던 동료들도 내심 마음이 불편했다고 털어놓으면서 재투표를 해서 다행이라고 말한 뒤 산드라 편에 서고, 보너스가 없으면 당장에 집수리를 마칠 수 없는 동료도 보너스를 포기하지 못하는 남편을 설득하지는 못했지만 처음으로 남편과는 달리 독립적인 의사를 표현하고 산드라의 편에 선다. 재계약을 앞둔 계약직 직원인 알퐁스도 보너스를 원하는 사람들과 회사에 밉보일 것을 각오하고 산드라에게 찬성표를 던진다. 그렇지만 동료들을 만나러 나선 산드라의 여정은 복직을 얻어내는 지점에 이르지는 못한다. 산드라의 복직과 보너스가 팽팽히 맞서는 투표 결과가 나오자, 사장은 산드라에게 계약직 직원 알퐁스의 계약이 만료되면 그 자리에 산드라를 채용해주겠다는 제안을 한다. 그렇지만 산드라는 '아니오' 라는 대답과 함께 제법 커다란 미소를 하고 회사를 나선다.

어쩌면 결과보다 중요한 것은 산드라의 웃음이 아닐까. 산드라의 이 미소는 자신의 불안을 기꺼이 받아들인 한 사람의 웃음이 아니었을까. 산드라의 여정은 머뭇거리고 동요하지만 한편으로는 연민과 공감을 가진 동료들의 감춰진 모습을 만나는 길이였으며 사람들의 신뢰를 확인하는 과정이었다. 이 신뢰가 불안을 대면하고 두려움에 맞서는 힘을 가져다주지 않았을까. 산드라는 여전히 불안할 것이지만, 이제 불안에 섞여 있는 두려움에 맞설 수 있을 법하다. 16명이 아니라 15명으로 일할 수 있다면 누군가는 일자리에서 쫓겨나야 하는 사회의 논리, 같은 일을 하지만 언제든 쉽게 사용하고 버릴 수 있는 자리를 만들어 내어 손쉽게 폭탄돌리기를 끝낼 수 있도록 하는 교활함을 직시하고 이를 거부할 수 있다는 것. 그녀의 이런 변화는 회사를 나와서 혼자일 때에도 이제 '사람들'이 아니라 이와는 다른 사람들, 알퐁스처럼 산드라의 편에 섰던 사람들의 말과 얼굴을 떠올릴 수 있다는 것에서 비롯된 것이 아닐까. 물론 그녀의 웃음도 신뢰의 기억도 다시금 희미해질 수 있을 것이다. 그렇기에 이런 신뢰를 무너뜨리지 않고 보존하는 것이야말로 참된 정치공동체를 만드는 길로 들어서는 데 관건이 되지 않을까.

[혼자 읽고 함께 생각하는 사회관계]

우리는 사회 혹은 국가 속에서 살고 있으며, 공동체의 구성원으로서 공동체를 구성하고 유지하는 역할을 하고 있다. 나는 공동체의 구성원으로서 대중으로, 민중으로, 국민 혹은 민족과 같은 집단의 일원이 된다. 이러한 집단은 현대의 사회, 정치적 현상 규명과 대안 형성에 중요한 역할을 한다. 따라서 어떤 집단과 나를 동일시할 것인가, 달리 말해 나는 이런 집단들과 어떤 관계를 맺을 것인가의 문제를 제기한다. 이 문제에 대한 답을 모색하는 과정은, 공동체를 구성하는 경계선의 안과 밖 중 자신이 어디에 위치하고 있는가를 탐구해 봄과 동시에, 누가 이방인인가 하는 질문에 대한 답을 찾는 것을 동반한다.

우리는 공동체를 구성하는 인간 집단을 가리켜 군중, 대중, 인민, 다중, 폭민, 민중, 국민, 민족, 계급이라 부른다. 이 이름들에 따라 집단의 특성에 대한 강조점이 조금씩 다르다. 대중은 mass의 어원 maze에서도 확인할 수 있듯이, 반죽처럼 이리도 저리도 주조될 수 있는 것으로 그 형태와 경계가 모호하다. 민중 혹은 인민은 억압자와 피억압자라는 경계를 지니고 있고, 국민은 국적의 여부를, 민족은 언어나 인종 등 그 자체로 가변적인 기준을 불변하는 기준인 양 상정한다. 다양한 이름으로 등장하는 인간 집단을 언론에서 어떻게 그리고 있는지를 찾아봄으로써 사회 집단의 다채로운 양상을 이해해 보자.

1. 아렌트의 철학을 통해 현대 사회의 특징을 파악해 보고 사회와 정치 공동체의 차이점을 비교해 보자.
2. 대중, 국민, 민중, 민족과 같은 집단을 언론에서 어떻게 그리고 있는지를 찾아봄으로써 '사회'집단의 다채로운 양상을 이해해 보자.
3. 사회 혹은 정치 공동체가 구현해야 할 덕목으로, 정의 이외에도 다른 덕목들이 있을까. 이를 검토해 보고, 있다면 어떤 덕목이 가장 중요한지 토의해 보자.

생각의 깊이를 더해 주는 텍스트

1) 전체주의 이후 인간의 조건을 검토해 본 아렌트

사회의 발생, 즉 가정경영의 활동과 문제, 조직화된 장치들이 가정 내부의 그늘진 곳으로부터 공적 영역이라는 밝은 곳으로 나오는 것은 사적인 것과 정치적인 것 사이의 오래된 경계를 흐릿하게 하게 만든 것뿐만이 아니라, 또한 사적인 것과 공적인 것의 의미와 개인과 시민의 삶에 있어서 차지하는 그것의 의의를 인식할 수 없을 만큼 거의 대부분 바꿔 놓았다.

우리는 그리스인들이 공유지의 세계 밖에 "나의 소유(지)"(idion)에서의 사생활을 보내는 삶을 "바보"같다고 정의하는 것이나, 로마인들이 사생활을 공화국의 업무로부터 일시적인 피난처로 제공된 것으로 여기는 생각에 동의를 보낼 수 없다. 우리가 오늘날 친밀성의 영역이라고 부르는 사적인 것은 고대 그리스 시기에는 좀처럼 찾아보기 어렵지만 후기 로마에서는 이것의 자취를 발견할 수 있다.

사생활은 문자 그대로 어떤 것을 빼앗긴 상태를 의미한다. 그것도 가장 고도의 가장 인간다운 인간의 능력을 빼앗긴 상태를 의미한다. 노예처럼 오직 사적인 삶만 사는 사람은 공적 영역 안으로 들어가는 것이 허용되지 않았다. 또는 그런 영역을 설립하지 않기로 선택한 야만인은 완전한 인간이 아니었다. 이제 우리가 "사생활"이라는 단어를 사용할 때 더 이상 박탈이라는 뜻을 먼저 떠올리지 않는다.

사회에 대한 반항적인 대응 와중에 친밀성의 영역을 발견한 루소와 낭만주의자들은 사회의 평준화의 요구와 오늘날 우리가 모든 사회에 내재된 순응주의라고 부르는 것에 맞서게 된다.

……

사회가 모든 수준에서 행위의 가능성을 배제한다는 것이 결정적으로 중요하다. 이전에, 가정으로부터 행위가 배제되었던 것처럼 말이다. 대신, 사회는 셀 수 없을 정도로 다양한 규칙을 부과함으로써 그 구성원들 각자에게 특정한 종류의 행동을 기대한다. 이 모든 것은 그 구성원을 "규범화"하며, 규칙에 따라 행동하게 하면서 자발적인 행위나 두드러지는 성취를 배제하는 경향을 낳는다. ……

대중사회 출현과 더불어 사회의 영역은 몇 세기의 발전 끝에 마침내, 평등하게 그리고 균등한 힘으로 기존의 공동체의 모든 구성원을 에워싸고 통제하는 지점에 이르게 된다. 사회는 모든 사정을 균등하게 만들었지만, 근대 세계에서 평등의 승리는 사회가 공적 영역을 정복했다는 것을, 그리고 [한 사람의] 특성과 차이가 개인의 사적인 문제로 되어버렸다는 사실을 정치적이고 법적으로 인정하는 것일 뿐이다.

……

공적으로 노동을 수행함에 있어 우리는 탁월한 존재가 되었지만, 행위하고 말하는 우리의 능력은 많은 부분 이전에 갖고 있던 그 특성을 잃었다. 왜냐하면 사회의 등장으로 친밀하고 사적인 영역 안으로 이러한 능력을 내쫓았기 때문이다.

(Hannah Arendt, *The Human Condition*, The University of Chicago Press, 1998)

공익을 사적 이해관계에서 도출하려 시도했고 사적 이익을 위해 국가 공동체를 생각하고 그 윤곽을 그렸던 위대한 사상가의 철학에 현대의 권력 신봉자들이 완전히 동의한다는 사실은 의미심장하다. …… 설령 부르주아 계급이 오랫동안 홉스를 인정하지 않았다 하더라도, 그들은 실제로 그들이 자신들의 철학자라고 정당하게, 배타적으로 주장할 수 있는 유일한 철학자였다.

홉스의 리바이어던에 나타나는 정치 이론에 따르면 국가는, 공무와 관련하여 개인의 이익이 옳은가 아니며 그른가를 결정하는 구성법에 근거하는 것이 아니라 개인의 이익 자체에 근거하므로 "사적 이익은 공적 이익과 같다."

그는 인간 자체에 관해서가 아니라 부르주아 인간에 관해 거의 완벽한 묘사를 제공하며, 300년이 흐른 지금도 시대에 뒤떨어지지 않을 뿐만 아니라 탁월성에서 추월당하지 않은 분석을 제공한다. "이성은 …… 계산일 뿐이다." …… 인간은 이성도 없고 진리를 위한 능력도 없고 자유의지도 없는 - 다시 말해 책임질 능력이 없는-존재이며, 인간은 본질적으로 사회의 기능일 뿐이다. 따라서 그를 판단하는 기준은 "그의 평가나 가치 …… 그의 가격이다. 다시 말해 그의 힘을 사용하는 대가로 제공될 수 있는 것만큼이다." 이 가격은 사회에 의해, 공급과 수요의 법칙에 따르는 '타인들의 존경'에 의해 끊임없이 평가되고 재평가된다.

인간의 평등은 인간이 원래 다른 인간을 죽일 수 있는 힘을 충분히 가지고 있다는 사실에 근거 …… 잠재적인 살인자로서 인간의 평등은 모든 인간을 똑같이 불확실한 위치에 세우며, 이로부터 국가에 대한 필요성이 발생한다. 국가의 존재 이유는 다른 사람들로부터 위협을 느끼는 개인의 안전에 대한 필요성이다.

……

이 새로운 국가 체제는 17세기에 발생한 새로운 부르주아 사회를 위해 고안되었으며, 이 인간관은 그 사회에 적합한 새로운 유형의 인간을 위한 스케치이다. 국가 공동체의 토대는 권리의 위임이 아니라 권력의 위임이다. 국가 공동체는 살해에 대한 독점권을 요구하고 그 대가로 죽지 않을 수 있는 조건부 보장을 제공한다. 안전은 법이 제공하고 이 법은 국가의 권력 독점으로부터 직접 나온다. …… 국가의 법에 관해서는 옳고 그름의 문제는 없으며, 단지 절대적인 복종, 부르주아 사회의 맹목적인 순응주의가 있을 뿐이다.

…… 공적이고 국가적인 삶은 개인에게 필연성을 가장하고 나타나며, 개인은 정치권리를 박탈당하고 점차 자신의 사생활과 개인적 운명에 새로운 관심을 가지게 된다. …… 개인은 모든 시민이 연관된 공적인 일을 관리할 수 있는 기회로부터 배제되었기 때문에, 사회 내의 적법한 자기 자리를 잃고 또 동료와의 자연적 관계를 상실한다. 그는 이제 자신의 개인적인 사생활을 다른 사람들의 사생활과 비교함으로써만 자신의 사생활에 대한 판단을 내릴 수 있다. 사회 안에서 동료화의 관계는 경쟁의 형태를 띠게 된다. …… 개인의 사회에서는 오로지 기회(chance)만이 누가 성공할지를 결정한다. …… 부르주아의 기준에 따르면 완전히 불운하고 완전히 실패한 사람은 자동적으로 경쟁에서 제외된다. 경쟁은 사회생활이다. 행운은 명예와 불운은 수치와 동일시된다. 개인은 국가에게 자신의 정치 권리를 넘기면서 자신의 사회 책임도 국가에 위임한다. 즉 그는 범죄자로부터 보호해달라고 국가에 요구하는 것처럼 가난한 사람들을 돌보아야 하는 짐으로부터도 면제해달라고 한다.

빈곤자와 범죄자 간의 차이는 사라진다.

…… 홉스는 사회에서 배제된 사람들-실패자, 불운아, 범죄자-을 사회와 국가에 대한 모든 의무로부터, 만약 국가가 그들을 돌보지 않는다면 해방시켰다.

홉스의 국가공동체는 동요하는 불안정한 구조이며 항상 외부로부터 새로운 지주를 공급받아야만 한다. …… 겉모습만 보고 개인의 안전에 대한 홉스의 탄원과 그의 국가에 내재하는 불안정 사이에 명백한 모순이 있다고 생각하는 것은 잘못이다.

(한나 아렌트, 『전체주의의 기원1』, 이진우, 박미애 옮김, 한길사, 2006)

2) 대중의 반역을 비판하는 **가세트**의 목소리

좋은 의미든 나쁜 의미든 오늘날 유럽의 사회생활에 나타난 가장 중요한 사실 하나는 대중이 완전한 사회세력으로 등장했다는 것이다. 대중은 개념상 사회를 통치할 수 없음은 물론, 자신의 실존도 조율할 수 없고 또 그렇게 해서도 안 된다는 점을 감안할 때, 이는 유럽이 이제 어느 민족이나 어느 국가, 어느 문화도 겪어보지 못한 가장 심각한 위기에 처하게 되었음을 의미한다. 이런 위기는 역사상 이미 여러 차례 발생했기 때문에, 그 특징과 결과뿐만 아니라 이름도 알려져 있다. 이른바 대중의 반역이다.

이 가공할 현상을 이해하기 위해서는 '대중'과 '반역', '사회세력' 등의 용어에 일차적이든 배타적이든 정치적 의미를 부여하지 말아야 한다. 사회생활이란 정치적일 뿐만 아니라 동시에 지적이고 도덕적이며 경제적이고 종교적인 것이기 때문이다. 사회생활에는 복식(服飾)과 유희는 물론 일체의 집단적 관습이 포함되어 있다.

이런 역사 현상에 접근하는 최상의 방식은 아마도 가시적인 경험에 주목하여, 우리의 눈에 평범하게 비춰지는 우리 시대의 한 단면을 부각시키는 데 있을 것이다.

이 단면은 분석하기는 어렵지만, 묘사하기는 매우 쉽다. 나는 이것을 군중의 '충만'이라고 부르고자 한다. 도시는 사람들로 붐비고, 주택은 세입자들로 만원이며, 호텔은 투숙객으로 꽉 찬다. 기차는 승객들로 가득 차고, 찻집은 손님들로 만원이며, 거리는 보행자들로 붐빈다. 유명한 의사의 진료실은 환자들로 가득하고, 최근의 흥행물에는 관객이 만원이며, 해변은 수영객들로 북적댄다. 전에는 별 문제가 아니었던 것이 이제는 일상의 문제가 되기 시작한다. 바로 자리 문제이다. ……

우리가 보는 것이 무엇이기에 우리를 그토록 놀라게 만들까? 그것은 군중(muchedumbre)이다. 문명이 만들어낸 장소와 시설을 차지한 군중이다. 그런데 잠시 생각해보면, 우리는 우리가 놀랐다는 사실에 다시 놀라게 된다. 이것은 바람직한 현상이 아닌가? 극장의 좌석이란 앉으라고 마련되어 있고, 객석은 가득 차도록 만들어진 것이다. 그렇다. 지극히 당연하다. 그런데 문제는 이들 건물과 차량이 전에는 가득 차지 않았는데, 이제는 사람들로 넘쳐나, 이용하고 싶어도 기다려야 한다는 것이다. 이는 논리적이고 당연하다. 하지만 이전에는 안 그랬는데 지금은 그렇다는 사실을 그냥 지나칠 수는 없다. 변화와 혁신이 일어난 것이다. 그러니까 우리가 처음에 놀란 게 그리 이상한 일은 아닌 셈이다. ……

전과 다르게 지금은 어째서 군중의 충만 현상이 자주 일어나는 것일까?

군중을 이루고 있는 개인들이 무에서 솟아난 것은 아니다. 15년 전에도 거의 동일한 수의 사람들이 존재했을 것이다. 전쟁 직후였으니 더 적었을지도 모른다. 하지만 우리는 여기서 첫 번째 중요한 점을 발견하게 된다. 그것은 군중을 구성하는 개인들이 과거에도 존재하긴 했지만, 그때는 군중으로 존재하지 않았다는 사실이다. 다만 그들은 소집단이나 개인별로 도처에 흩어져 따로 동떨어진 생활을 영위했다. 개인이든 소집단이든 마을과 읍, 소도시와 대도시의 한 구역에서 저마다 따로 자신의 장소를 점유하고 있었다. ……

군중은 갑자기 출현해 사회의 주요 장소를 차지했다. 예전에는 존재했다고 해도 사회 무대의 뒤쪽에 있어서 간과되었지만, 이제는 전면에서 조명을 받는 주역이 되었다. 주연들은 사라지고, 합창단만 있을 뿐이다.

군중 개념은 양적이고 시각적인 것이다. 그 의미를 변질시키지 않고 사회학 용어로 번역한다면, 그것을 '사회대중'이라고 해야 할 것이다. 사회는 언제나 소수와 대중이라는 두 요소로 구성된 역동적 통일체이다. 소수는 특별한 자격을 갖추지 못한 사람들의 집합이다. 따라서 대중을 단순히 '노동대중'으로만 이해해서는 안 된다. 대중이란 '평균인(el hombre medio)'이다. 이처럼 단순히 양적인 의미의 군중이 이제 질적 특성을 지닌 존재, 곧 공통의 자질과 사회적 무소속성을 특징으로 하는 존재, 자신을 타인들과 구별하지 않고 오히려 일반적 유형을 되풀이하는 사람으로 전환된다. 이와 같은 양질 전환을 통해 우리가 얻은 것은 무엇인가? 대답은 간단하다. 그 덕분에 우리는 양의 기원을 이해할 수 있다. 군중이 정상적으로 형성된 경우에, 군중을 구성하는 개인들의 욕망과 사상, 삶의 양식이 일치했기 때문이라는 것은 두말할 나위 없이 명백하다. 이는 아무리 선별하려고 노력해도 모든 사회집단에서 발생하는 것이라고 할 수 있다. 그러나 본질적인 차이가 하나 있다. ……

엄밀히 말해 대중을 심리학적 의미로 정의하는 데는, 개인들이 대중의 형태로 출현하기를 기다릴 필요가 없다. 우리는 한 개인을 놓고도 그가 대중인지 아닌지 분별할 수 있다. 대중이란 특정한 기준에 따라 자신에 대해 선악의 가치판단을 내리는 것이 아니라, 자신을 '다른 모든 사람들'과 동일시하면서 불편함보다는 편안함을 느끼는 사람들 모두를 의미한다. 겸손한 어떤 사람이 특정한 기준을 근거로 자신을 평가하고서, 다시 말해 자신이 어떤 분야에 재능이 있는지, 어떤 면에서 우수한지를 자문하고서, 자신에게 우수한 자질이 전혀 없다는 결론에 이르렀다고 가정해보자. 이 사람은 자신이 평범하고 비천하며 무능력하다고 느끼겠지만, 자신을 '대중'이라고 느끼지는 않을 것이다.

'선택된 소수'에 대해 이야기할 때는 흔히 이 표현의 본래 의미를 얼버무리는 경향이 있다. 선택된 사람은 자신을 다른 이들보다 우월하다고 생각하는 허풍쟁이가 아니라, 비록 우월한 요구를 성취해내지는 못할지라도, 다른 사람들보다 자신에게 더 많은 것을 요구하는 사람이라는 사실을 무시하기 쉽다. 인간을 가장 기본적인 요소로 분류한다면, 틀림없이 두 부류로 나눌 수 있을 것이다. 하나는 자신에게 많은 것을 요구하면서 스스로 어려움과 부담을 누적시키는 사람들이고, 다른 하나는 자신에게 아무런 부담도 지우지 않는 사람들이다. 이들에게는 산다는 것이 매 순간 물결을 따라 표류하는 부표 같은 것이어서, 그들은 완전해지려는 노력을 전혀 기울이지 않는다. ……

만일 대중을 이루는 개인들이 스스로 전문적 자질이 있다고 생각할지라도, 그것은 개인적 착오에 불과한 것이지 사회학적 반박이 아니다. 우리 시대의 특징은 평균인이 자신이 평범하다는 사실을 알면서도 당차게 평범함에 관한 권리를 주장하면서 그것을 어디서든 실현시키려는 데 있다. 미국의 대중들이 흔히 말하듯이 "남다른 것은 꼴사나운 것이다." 대중은 모든 차이, 즉 우수하거나, 개성이 있거나, 자질이 있거나, 선택되는 모든 것을 억누른다. 모든 사람과 같지 않은 사람이나, 모든 사람과 생각이 다른 사람은 따돌림을 당할 위험이 있다. 물론 이 '모든 사람'은 '모든 사람'이 아니다. '모든 사람'은 본래 대중과 전문적인 소수의 복합체였다. 그러나 이제 '모든 사람'은 대중일 뿐이다.

이건은 난폭한 모습을 숨김없이 드러낸 우리 시대의 가공할 현상이다. ……

요컨대 우리 시대의 높이는 무엇인가?

그것은 시대의 절정이 아니다. 하지만 과거의 어떤 시대보다 상위에 있고, 알려진 모든 정상보다 더 높이 있다고 생각한다. 우리 시대가 갖고 있는 느낌을 스스로 표현하는 것은 쉬운 일이 아니다. 우리 시대는 다른 시대보다 더 충만하다고 생각하며 동시에 하나의 시작이라고 여긴다. 그러면서 죽음의 고민에 빠지지 않으리라는 확신도 없다. 어떤 표현이 적절할까? 이것은 어떨까? 다른 시대보다는 우월하지만 자기 자신보다는 열등하며, 매우 견고하면서도 자신의 운명에 대해서는 불안해하고, 자신의 힘을 자랑스러워하면서도 그것을 두려워하는 시대라는 표현 말이다.

(오르테가 이 가세트, 『대중의 반역』, 황보영조 옮김, 역사비평사, 2009)

3) **조지 오웰**이 부르는 카탈로니아 찬가

1936년 12월 말이었다. 지금 이 글을 쓰는 순간으로부터 불과 일곱 달 전이다. 그럼에도 이미 엄청난 거리 밖으로 멀어져버린 시기이다. 뒤에 일어난 사건들이 그 시기를 지워버렸다. 1935년이나 1905년을 지운 것보다 훨씬 더 완벽하게 지워버렸다. 나는 신문 기사를 쓸까 하는 생각으로 스페인에 갔다. 하지만 가자마자 의용군에 입대했다. 그 시기, 그 분위기에서는 그것이 해볼 만한 가치가 있는 유일한 일이었기 때문이다. 그때까지도 카탈로니아는 무정부주의자들이 실질적으로 장악하고 있었다. 혁명은 여전히 활발하게 진행 중이었다. 처음부터 그곳에 있었던 사람이라면 12월이나 1월에 들어서면서 이미 혁명기가 끝나간다고 생각했을 것이다. 그러나 영국에서 막 건너온 사람에게는 바르셀로나의 상황이 깜짝 놀랄 만한 것이었다. 사람을 압도하는 느낌이었다. 나로서는 노동 계급이 권력을 잡은 도시에 들어가 본 것은 그때가 처음이었다. 좀 크다 싶은 건물은 거의 예외 없이 노동자들이 장악했다. 건물마다 빨간색 깃발이나, 검은색과 빨간색이 섞인 무정부주의자들의 깃발이 드리워져 있었다. 담벼락마다 소련 국기나 혁명 정당들의 머리글자를 휘갈겨 놓았다. 교회는 내부가 거의 다 박살 났고, 성상들은 불에 탔다. 노동자 무리들은 여기저기서 조직적으로 교회를 철거했다. 상점과 카페마다 집산화(集産化)되었다는 글이 붙어 있었다. 심지어 상자 같은 구두닦이들의 점포조차 집산화되어, 빨간색과 검은색으로 칠해져 있었다. 웨이터와 지배인들은 손님의 얼굴을 똑바로 바라보며, 동등한 입장에서 손님을 맞이했다. 굴종적인 말투나 격식을 차린 말투까지도 일시에 사라졌다. 아무도 <세뇨르>나 <돈>이라는 말을 하지 않았다. 심지어 <우스테드>라는 말도 사용하지 않았다. 모두 상대를 <동지>나 <당신>이라고 불렀다. <부에노스 디아스> 하고 인사하는 대신 <살루드!> 하고 인사를 했다. 프리모 데 리베라 Primo de Rivera의 통치기 이후로 팁을 주는 것은 법으로 금지되었다. 엘리베이터를 운전하는 직원에게 팁을 주려고 하다가 호텔 지배인에게 훈시를 들은 것이 내가 그곳에서 겪은 첫 사건이라고 할 수 있다. 자가용은 없었다. 모두 징발되었다. 모든 전차와 택시, 그리고 다른 교통수단도 대부분 빨간색과 검은색으로 칠해 놓았다. 도처에 혁명 포스터들이 붙어 있었다. 빨간색과 파란색이 선명한 포스터들은 벽에서 활활 타오르는 것 같았다. 몇 개 남지 않은 다른 광고물들은 서툴고 하찮아 보였다. 도시의 대동맥이라 할 수 있는 람블라스 거리는 언제나 사람들의 이동이 많은 곳이었다. 그 거리를 따라 낮 동안은 물론이고 밤늦게까지 확성기에서 혁명가가 쩌렁쩌렁 울려 퍼졌다. 가장 신기한 것은 군중의 모습이었다. 겉으로 볼 때 그 도시는 부유한 계급이 실질적으로 사라진 곳이었다. 소수의 여자와 외국인들을 제외하면 <옷을 차려입은> 사람들은 찾아볼 수 없었다. 또는 파란 작업복을 입거나, 의용군 군복을 약간 고쳐서 입었다. 이 모든 것이 신기했고, 또 감동적이었다. 내가 이해하지 못하는 것도 많았다. 어떤 면에서는 마음에 들지 않는 면도 많았다. 그러나 나는 그 도시의 모습을 보자마자 내가 싸워서 지킬 만한 어떤 가치가 있다고 확신했다. 또한 나는 눈에 보이는 모습이 전부라고 믿었다. 그것이 정말로 노동자들의 <국가>이며, 모든 부르주아는 달아났거나, 죽임을 당했거나 아니면 자발적으로 노동자들의 편으로 넘어왔다고 믿었다. 많은 수의 부유한 부르주아가 기회를 엿보며 당분간 프롤레타리아 행세를 하고 있을 뿐임을 깨닫지 못했다.

이 모든 것과 더불어 전쟁 특유의 흉흉한 분위기도 얼마간 느껴졌다. 도시는 을씨년스럽고 깔끔하지 않은 모습이었다. 도로와 건물은 보수가 안 돼 있었다. 공습을 염려하여 밤거리의 가로등은 침침했다. 상점들은 대부분 초라하고 진열대의 반은 비었다. 고기는 귀했다. 우유는 거의 구할 수 없었다. 석탄, 설탕, 석유는 부족했다. 그 가운데도 빵 부족은 정말 심각했다. 이 시기에도 빵을 구하려는 줄은 종종 수백 미터씩 늘어서곤 했다. 그러나 전체적으로 사람들은 만족해했고 희망이 넘쳤다. 실업은 없었다. 생활비는 여전히 매우 낮았다. 눈에 띄게 곤궁해 보이는 사람은 찾아보기 힘들었다. 집시를 제외하면 거지는 없었다. 무엇보다도 혁명과 미래에 대한 믿음이 있었다. 갑자기 평등과 자유의 시대로 들어섰다는 느낌이 있었다. 인간은 자본주의 기계의 톱니가 아니라 인간으로서 행동하려고 노력했다. 이발소에 가면 이발사들이 이제 노예가 아니라고 엄숙히 천명하는 무정부주의자들의 벽보가 붙어 있었다. (이발사들은 대부분 무정부주의자들이었다.) 거리에는 매춘부들에게 매춘부 일을 그만두라고 호소하는 천연색 포스터가 붙어 있었다. 현실적이고 냉소적인 영어 문명권 사람들에게는 이 이상주의적인 스페인 사람들이 진부해진 혁명적 표현들을 문자 그대로 받아들이는 모습을 보고 왠지 애처롭다는 느낌을 지울 수 없었다. ……

나는 우연히 정치적 의식과 자본주의에 대한 불신이 그 반대의 경우보다 더 정상으로 취급되는 공동체에 들어가게 되었다. 제법 규모를 갖춘 것으로서는 서유럽에서 유일했다. 이곳 아라곤에 모여든 사람들의 수는 만 명 정도였다. 전부는 아니지만 주로 노동 계급 출신이었다. 모두들 똑같은 수준에서 생활하였으며, 평등한 관계를 유지하며 어울렸다. 이론적으로는 완전한 평등이었다. 실제적인 면에서도 완전한 평등에 가까웠다. 사회주의를 미리 맛보았다고 해도 무방할 것이다. 다시 말해서 그곳을 지배하는 정신적 분위기가 사회주의적이었다는 뜻이다. 문명화된 생활의 여러 가지 일반적인 동기들, 예컨대 속물근성이라든가, 돈을 악착같이 벌어 모으려는 태도, 상관에 대한 두려움 따위는 아예 자취를 감췄다. 자본주의 사회에 일반적인 계급 분리는 돈에 물든 영국의 분위기에서는 거의 상상도 할 수 없을 정도로 찾아보기 힘들었다. 그곳에는 농민과 우리만 있었다. 누구도 주인으로서 다른 사람을 소유하지 않았다. 물론 그런 상태는 오래 지속될 수 없었다. 그것은 지구 전체에서 벌어지고 있는 거대한 게임 속에서의 일시적이고 국지적인 한 국면일 뿐이었다. 그러나 그것을 경험한 모든 사람에게 영향을 줄 만큼은 지속되었다. 당시에는 그것을 아무리 욕했을지라도, 나중에는 뭔가 신기하고 귀중한 어떤 것과 접해보았다는 사실을 깨닫게 되었다. 우리는 냉담과 냉소보다는 희망이 더 정상적인 것으로 취급되는 공동체, 〈동지〉라는 말이 대부분의 나라에서처럼 허위가 아니라 진정한 동지적 관계를 의미하는 공동체에 속해 있었다. 우리는 평등의 공기 속에서 숨을 쉬었다. 지금은 사회주의가 평등과는 아무런 관계가 없다고 말하는 것이 유행임을 나도 잘 안다. 세계 모든 나라에서 상당한 수의 어용 문사(文士)와 말주변 좋은 교수들이 사회주의란 약탈적 동기를 그대로 놓아둔 계획적인 국가 자본주의에 불과하다는 것을 〈증명〉하느라 바쁘다. 그러나 다행히도 이와는 아주 다른 사회주의에 대한 비전도 존재한다. 보통 사람들이 사회주의에 매력을 느끼고 사회주의를 위해 목숨을 거는 이유, 즉 사회주의의 〈비결〉은 평등사상에 있다. 대다수 사람들에게 사회주의란 계급 없는 사회일 뿐이다. 그것 말고는 아무런 의미가 없다. 의용군에서 보낸 몇 달이 나에게 귀중했던 것도 바로 그런 이유에서이다. 스페인 의용군은 그것이 지속되는 동안에는 일종의 계급 없는 사회의 축소판이었다. 아무도 자기 이익에 급급해하지 않는 공동체, 모든 것이 부족하지만 특권이나 아첨 따위는 찾아볼 수 없는 공동체 속에서 우리는 사회주의의 서막을 막연하게나마 감지했던 것 같다. 결국 나는 그것에 대해 환멸을 느끼는 대신 깊은 매력을 느끼게 되었다. 그 결과 사회주의의 수립을 갈구하는 내 욕망은 전보다 훨씬 더 실제적이 되었다. 어쩌면 이것은 부분적으로는, 내가 스페인 사람들과 함께 있는 행운을 누렸기 때문인지도 모르겠다. 그들은 타고난 품위와 변함없는 무정부주의적 기질 때문에, 기회만 얻는다면 사회주의의 초기 단계조차도 견딜 만하게 만들어줄 사람들이다. ……

외적인 사건들은 약간씩 기록을 했지만, 그 사건들이 나에게 남긴 느낌은 기록할 수 없다. 그것들은 모두 글로는 전달할 수 없는 광경이나 냄새, 소리와 뒤섞여 있다. 참호의 냄새, 가없이 뻗어 나가는 서광, 땅땅거리는 싸늘한 총소리, 폭탄의 굉음과 섬광. 지난 12월, 사람들이 아직 혁명을 믿고 있던 시절의 바르셀로나를 찾은 아침의 맑고 차가운 빛, 병영 연병장에서 쿵쿵거리는 군홧발 소리. 음식을 사기 위한 줄과 검붉은 깃발과 스페인 의용군 병사들의 얼굴. 무엇보다도 스페인 병사들의 얼굴. 전선에서 만났지만 이제는 어디로 흩어졌는지 모르는 사람들. 일부는 전사하고, 일부는 불구가 되고,

일부는 투옥되었겠지. 바라건대 그들 모두가 여전히 안전하기를. 그들 모두에게 행운이 있기를. 그들이 전쟁에서 이겨 독일인, 러시아인, 이탈리아인 할 것 없이 모든 외국인들을 스페인에서 몰아낼 수 있기를 바란다. 내 역할에 무력함을 느꼈던 이 전쟁은 나에게 대체로 나쁜 기억만을 남겼다. 그러나 전쟁이 없었기를 바라지는 않는다. 이런 참사 — 어떻게 끝이 나건 스페인 전쟁은 살육과 신체적 고통은 별도로 하고라도 경악할 만한 참사였다는 것이 드러날 것이다 — 를 잠깐 보았다고 해서 꼭 환멸과 냉소만 생기는 것은 아니다. 이상한 일이지만, 그 경험 전체를 통해 인간의 품위에 대한 나의 믿음은 약해지기는커녕 오히려 강해졌다. 내가 한 이야기가 사람들을 오도하지 않기 바란다. 이런 문제에 대해서는 누구도 완벽하게 진실하지도 않고 또 진실할 수도 없다고 생각한다. 자신의 눈으로 직접 본 것 외에는 그 어떤 것에 대해서도 확신하기 힘들며, 모두가 의식적이건 무의식적이건 당파적인 입장에서 글을 쓰게 된다. 혹시 앞에서 말하지 않았을지도 모르니 지금 말해 두겠다. 나의 당파적 태도, 사실에 대한 오류, 사건들의 한 귀퉁이만 보았기 때문에 생길 수밖에 없는 왜곡을 조심하라. 또한 스페인 전쟁의 이 시기를 다룬 다른 책을 읽을 때도 똑같이 조심하라.

(조지 오웰, 『카탈로니아 찬가』, 정영목 옮김, 민음사, 2004)

1 마르틴 하이데거, 『존재와 시간』, 이기상 옮김, 까치, 1998, 27절.

2 마르틴 하이데거, 『존재와 시간』, p.239.

3 마르틴 하이데거, 『존재와 시간』, p.187~p.188, p.232, p.256.

4 블레트너는 실존적 죽음에 있어서 무의미해지는 것은 그 자신의 삶이지 다른 사람의 삶이 아니라는 점을 들어 죽음의 대리 불가능성을 설명한다. W. 블레트너, 『하이데거의 『존재와 시간』 입문』, p.266~267.

5 제프리 T. 슈나프, 매슈 튜스 엮음, 『대중들』, 양진비 옮김, 그린비, 2015, p.6~8.

6 쇠얀 키에르케고르, 『불안/현대의 비판』, 임춘갑 옮김, 치우, 2011, p.257.

7 칼 마르크스, 프리드리히 엥겔스, 「공산당 선언」, 데이비드 보일, 세계를 뒤흔든 공산당 선언, 유강은 옮김, 2006, p.56~57.

8 아리스토텔레스, 『정치학』, 천병희 옮김, 숲, 2009, 1253a1~1253a23.

9 지그문트 프로이트, 『문명 속의 불만』, 김석희 옮김, 열린책들, 2003, p.289~290.

10 Hannah Arendt, HC, p 74~75.

11 야나부 아키라, 『번역어의 성립』, 김옥희 옮김, 마음산책, 2011. p.19~38. 야나부 아키라는 사실 당시에 사회라는 현실이 없었기 때문에 society를 둘러 싼 번역 문제가 상당히 모호하게 이뤄졌음을 지적하고 있다. 사회라는 말의 근대적 정의를 보면 모종의 공통성에 기반한, 같은 종류의 구성원 내지는 동료들의 집단이라는 점에서 어떠한 합의를 통해서 형성된 것이거나 합의에 이를 수 있음을 함의하고 있다.

12 여기서 아렌트가 사회라고 말하는 것은 근대 자본주의 상품 교환 경제의 성장과 관련되지만, 사회적인 것을 단지 시장 경제 그 자체와 동일시해서는 안 된다. 김홍중, 「사회로 변신한 신과 행위자의 가면을 쓴 메시아의 전투 : 아렌트의 '사회적인 것'의 개념을 중심으로」, 『한국사회학』 제47집 제5호, 한국사회학회, 2013, p.5~6.

13 Hannah Arendt, HC, p.122~123.

14 Hannah Arendt, OT, p.139~140, p.157.

15 Hannah Arendt, OT, p.141, p.293

6

사물-동물-자연

사물_가만한 당신, 잔잔한 당신
동물_묻다, 오늘밤에 고기 좀 먹자?!
자연_집을 찾아 온 꽃과 나무

1.

사물_가만한 당신, 잔잔한 당신

여기서 말하는 사물이란 인공물이다. 다시 말해 누군가에 의해서 제작된 것이라는 점에서 그 어딘가에는 인간의 손길이 담겨 있다. 오늘날 우리는 사물들 속에 둘러싸여 있고 그것이 없으면 어떤 생활도 할 수 없는데, 그것이 누군가에 의해서 만들어졌다는 생각은 그것의 수량과 사용 빈도에 반비례하는 듯하다. 이걸 다 누가 만들었을지 생각할 겨를이 없다. 우리는 사물이 누군가에 의해서 제작되었다는 사실조차 간과한다.

우리는 일상의 사물들을 쓸모있는 것으로, 다시 말해 나의 어떤 필요나 욕구를 충족하기 위한 도구로 대한다. 그렇지만 날이 갈수록 우리는 그것이 쓸모를 다하기도 전에 점점 더 빠르게 쓰레기통으로 내던지곤 한다. 혹은 그것을 생산하는 기업들은 새로운 상품의 판매와 더 많은 이윤을 위해 일부러 그 쓸모를 제대로 구현하지 못하도록 사물을 주조하는 것으로 보인다. 현대의 인간관계의 특징은 사물을 대하는 태도가 인간을 대하는 태도로까지 확장되었다는 점이다. 이를 마르크스는 일반화된 상품 생산 체제인 자본주의 사회의 소외 이론으로, 이에 연장선에서 루카치는 사물화 이론으로 발전시켰다. 한편 만약 사물이 유용성으로부터 해방된다면 사물이란 대체 무엇이란 말인가. 이렇게 해방된 사물과 우리는 어떤 관계를 맺을 것인가.

조르지오 모란디(Giorgio Morandi)
"온 세계를 여행하고도 아무것도 보지 못하는 사람도 있다. 이해에 도달하기 위해 필요한 것은 많은 것들을 쳐다보는 게 아니라, 당신이 바라보는 대상을 주의 깊게 응시하는 것이다."

— 사물과 도구

사물이란 특정 공간을 점유하고 있는 물리적 실체이지만, 사물을 단지 이렇게만 규정하는 것은 사물과 인간의 관계나 사물이 인간에게 주는 의미를 소홀히 다루게 한다. 우리는 우리와 연관을 맺고 있는 사물을 도구라고 부른다. 우리는 한시도 도구가 없이는 살아갈 수 없다. 우리는 수많은 도구로 이뤄진 세계 속에 있다. 사물들은 인간을 향해, 인간에게 있어서 인간을 위해 존재하고 있는 것이다. 이때 인간은 사물을 어떤 목적을 달성하기 위해 유용한 것으로 평가한다. 달리 말해 인간이 어떤 목적을 달성하기 위해 도구를 만들었다는 점에서, 도구 안에는 인간이 추구하는 목적이 깃들어 있다. 그렇게 본다면 사물을 통해 우리는 인간의 삶의 목적 내지 의미를 엿볼 수도 있는 것이 아닐까.

— 사물과 작품

그렇지만 사물이 곧 도구는 아니다. 도구는 그 쓰임이 정해져 있지만, 사물은 꼭 그렇지만은 않다. 사물(事物)이라는 한자를 보면, 물(物)은 공간적 단일성과 불변하며 안정적인 것을 뜻하는 것이며, 사(事)는 시간이나 다른 것과의 관계에 따라 변화되는 것을 뜻한다.[1] 우리가 만약 사물의 물(物)이 아니라 사(事)의 관점에서 본다면 칼은 더 이상 자르기 위한 것만은 아니다.

사물은 인공물이지만, 사물은 그 자체로 온전히 인간에게 장악되어 있는 것만은 아닌 것이다. 그것은 우리로서는 무슨 맛이 느껴질지 가늠하기 어려운, 마치 각기 다른 맛으로 겹겹이 쌓아 올린 크레이프 케이크와 같다. 단지 우리의 의도에 의해 포착된 사물이 아니라 사물이 우리에게 전해 주는 것을 통해서 우리가 사물과 관계를 맺을 때, 사물은 우리를 유용성을 벗어난 활동으로 이끈다. 우리가 예술이라고 부르는 것이 이런 활동에 해당할 것이다. 우리는 사물을 유용성과 특정한 목적성에 묶어두는 시선에서 벗어나 그것을 유동적으로 볼 때, 거기에서 수면의 잔잔한 파장과 같은 사물의 고요한 울림을 느낄 수 있다.

— 사물, 삶, 매개

유대인 철학자이자 비평가, 그리고 번역가인 발터 벤야민의 글 속에는 이와 같은 사물에 대한 성찰이 물씬 담겨 있다. 그렇지만 그는 보다 더 인간의 정치와 역사를 밀접하게 결부시켜 사물에 대해 생각했다. 사물에 대한 성찰은 제작과 사용의 흔적들을 검토하는 것이기도 하다.(우리 체험의 흔적 속에서 사물은 상징이 된다.) 다른 의미에서 사물에는 인간의 시선과 손길이 담겨 있고, 인간의 체험이 스며들어 있다. 작가이자 신경학자인 올리버 색스는 죽음을 앞두고 〈뉴욕타임즈〉에 기고한 연작에서 주기율표에 따라 자리 잡은 광물들 각각을 자신의 한 해 살이를 보여주는 징표로 간주해 왔다고 말한다.[2] 그는 자신이 이 생명력 '희미한' 광물에 애착을 갖게 된 경위를 설명한다. 이 경위는 벤야민이나 모란디의 삶의 일부를 이루는 2차 세계대전이라는 사건과 무관하지 않다. 사물과 다른 관계를 맺는 이들의 시도는, 죽음을 목도한 사람들의 갈망, 즉 인간의 유한한 삶을 넘어선 삶을 지탱하는 어떤 본질적인 것을 구하고 탐색하려는 시도로 보인다.

모란디는 병과 주전자, 그릇 등의 주방용품이 미묘하게 배치된 정물화에서, 정물의 형태 자체에 집중하기 위해 그것에 덧붙여 있는 것들, 비본질적인 것들을 모두 제거한다. 예컨대, 병에 붙어 있는 라벨이나 장식 같은 것 말이다. 〈정물〉과 같은 그림들에서 느껴지는 고요한 분위기는 사물 자체의 본질에 대한 명상이라고 할 수 있다. 우리는 각기 다른 인간들을 연결해주는 사물들의 흐름 속에서 실제로 한 시대·한 공간에 있지 않더라도 삶을 교류하고 있는 사람들의 관계를 발견할 수 있을지 모른다. 작품이 된 사물은 일종의 "감정의 공동체"를 형성하는 매개가 된다. 사물에 대한 성찰은 비가시적인 것, 즉 보이지 않는 면을 바라보는 것이다. 존재의 이유가 쓸모인 그 존재들을 사물로 볼 때, 어쩌면 우리는 자신을 다 내어주며 다른 존재를 결속하는 절대적인 것의 이미지를 읽어낼 수 있을지 모른다.[3]

쓰고, 그리고, 감상하기 _ 벤야민처럼, 모란디처럼, 하이데거처럼

모란디의 그림, 벤야민의 글을 참고삼아, 사물과의 새로운 관계 맺기를 훈련해 보자.

1. 보이는 것의 이면을 탐색하고, 사물을 다른 시선으로 바라본 벤야민과 모란디의 생애를 알아보고 작품을 감상해 보자.
2. 나를 둘러싼 사물을 하나 선택하여 모란디처럼 그림을 그리고, 벤야민처럼 글을 쓰면서 사물을 대하는 일상적인 태도에서 벗어나 보자.
3. 고흐의 작품에 대한 감상과 성찰을 수행한 하이데거처럼, 사물을 그린 작품을 하나 골라 음미해보자.

생각의 깊이를 더해 주는 텍스트

1) 벤야민의 사물들

사물에서 온기가 빠져나간다. 매일 사용하는 물건들이 소리 없이, 그러나 집요하게 우리를 밀쳐낸다. 우리는 공공연한 저항뿐 아니라 우리를 향한 저 은밀한 저항을 극복하는 엄청난 일을 행해야 한다. 몸이 굳어지지 않기 위해서 우리는 물건들의 냉기를 우리의 온기로 완화시켜야 하고 피를 흘리지 않기 위해서는 가시 돋친 물건들을 아주 숙련된 솜씨로 다뤄야 한다.

주유소

삶은 구성하는 힘은 언제나 확신보다 사실에 가까이 있다. 한 번도, 그 어느 곳에서 확신을 뒷받침한 적이 없는 '사실'말이다. 이러한 상황에서 진정한 문학적 활동을 위해 문학의 테두리 안에서만 머물라는 요구를 할 수 없다. 그러한 요구들이야말로 문학이 생산적이지 못함을 보여주는 흔한 표현이다. 문학이 주요한 효과를 거둘 수 있는 것은 오직 실천과 글쓰기가 정확히 일치하는 경우뿐이다. 그러기 위해서는 포괄적 지식을 자처하는 까다로운 책보다, 공동체 안에서 영향력을 확보하기에 더 적합한 형식들, 예컨대 전단, 팸플릿, 잡지기사, 포스터 등과 같은 형식이 개발되어야 한다. 그와 같이 신속한 언어만이 순간을 잡아낸다.

장갑

동물에 대한 혐오감에서 지배적인 감정은, 동물을 만질 때 그 동물이 자신을 알아볼지 모른다는 두려움이다. 인간의 마음 깊숙이 경악을 자아내는 것은 다음과 같은 희미한 의식이다. 즉 혐오를 불러일으키는 동물에게는 그다지 낯설지가 않아서 그 동물이 알아차릴 수 있는 어떤 요소가 우리 안에도 남아 있다는, 그런 의식 말이다. 모든 혐오감은 원래 접촉에 대한 혐오감이다. 혐오감을 극복하려고 할 때에도 그것은 과도하게 급작스러운 동작을 통해서만 가능하다. 즉 혐오스러운 것을 재빨리 움켜쥐고 먹어 치우는 것이다. 이때 아주 부드러운 피부접촉은 금기가 된다. 이렇게 해서만 다음과 같은 도덕적 요구의 역설이 충족될 수 있다. 그것은 혐오감을 극복하면서 그

동시에 혐오감을 매우 세심하게 채워가는 태도가 인간에게 요구된다는 데 있다. 비록 인간은 피조물이 부를 때 혐오감으로 대답하지만 피조물과 친족 관계에 있다는 잔혹한 사실을 부인해서는 안 된다. 즉 그는 자신을 피조물의 주인으로 만들어야 한다.

(발터 벤야민, 『일방통행로/사유이미지』, 김영옥, 윤미애, 최성만 옮김, 길, 2007.)

2) 고흐의 <구두>를 마주한 하이데거

도구의 도구적 성격에 이르는 길은 어떠한 길인가? 도구가 진실로 무엇인지를 우리는 어떻게 경험해야 하는가? 지금 필요한 조치는 또다시 습성적 해석의 침해를 동반하는 어떤 시도도 분명히 회피해야 한다는 점이다. 우리가 철학적 이론에 의존하지 않으면서 도구를 소박하게 기술할 때 비로소 우리는 처음으로 이러한 침해로부터 안전하게 벗어날 수 있다.

우리는 일상적 도구의 한 예로, 한 켤레의 농부의 신발을 택하기로 하겠다. 이것을 기술하기 위해서는, 이러한 종류의 사용도구들 가운데 몇 켤레의 실제적인 신발이 필요하지는 않다. 누구나 신발을 잘 알고 있다. 그러나 구체적으로 기술하는 것이 중요하기 때문에, 쉽게 시각화하는 것이 좋을 듯싶다. …… 이에 우리는 이러한 종류의 신발을 여러 차례 그린 적이 있는 반 고흐의 잘 알려진 유화 한 폭을 택하기로 하겠다. 그러나 거기에서 대체로 볼 수 있는 것은 무엇인가? 누구나 신발에는 무엇이 속하는지 알고 있다. 그것이 나막신이나 짚신이 아닌 다음에야 거기에는 가죽으로 된 깔창과 윗가죽이 있고, 이 두 가지는 실과 바늘로 꿰매져 있다는 것을 잘 알고 있다. 이렇게 만들어진 도구는 신기 위한 것이다. 물론 그것이 밭에서 일을 할 때 신는 것인가, 아니면 춤출 때 신는 것인가 하는 용도에 따라, 재료와 형태는 달라진다.

이러한 지적은 올바르지만, 실은 우리가 이미 알고 있는 것을 설명하고 있을 뿐이다. 도구의 도구존재는 유용성 안에서 존립한다. 그러나 이 용도성이란 도대체 무엇인가? 우리는 이러한 개념으로써 이미 도구의 도구적 성격을 파악한 것일까? 그것을 파악하기 위해서는 실제로 사용되는 도구의 쓰임새에서 살펴보아야만 하지 않을까? 밭일을 하는 농촌의 아낙네는 신발을 신고 있다. 이러한 경우에 비로소 신발은 신발 자신의 본질로 존재한다. 신발이 진정 신발로서 가장 참답게 존재하는 경우는, 아낙네가 일을 하면서 자기가 신고 있는 신발에 대해 생각하거나 그것에 시선이 팔리거나 혹은 그것을 느끼는 일조차 전혀 없을 때, 오직 그때만이 가장 참답다. 농촌 아낙네가 서 있든 걸어가든, 신발은 실제로 이렇게 쓰이고 있다. 이러한 도구사용의 과정에서 우리는 도구적 성격을 발견하게 된다.

이에 반해 우리가 한 켤레의 신발을 단지 일반적으로 눈앞에 떠올려 보거나, 혹은 심지어 단지 그림 속에 막연히 놓여 있는 사용되지 않는 신발을 쳐다보는 한, 우리는 도구의 도구존재가 참으로 무엇인지를 결코 경험할 수 없다. 반 고흐의 그림을 보고서는, 심지어 이 신발이 어디에 있는지조차 우리는 확인할 수 없다. …… 거기에는 이 구두의 용도를 암시해 주는 최소한의 밭 흙이나 길바닥의 흙조차 묻어있지 않다. …… 그러나 그림에도 불구하고 ……

너무 오래 신어서 가죽이 늘어나 버린 신발이라는 이 도구의 안쪽 어두운 틈새로부터 밭일을 나선 고단한 발걸음이 엿보인다. 신발이라는 이 도구의 수수하고도 질긴 무게 속에는 거친 바람이 부는 드넓게 펼쳐진 평탄한 밭고랑 사이로 천천히 걸어가는 강인함이 배어 있고, 신발 가죽 위에는 기름진 땅의 습기와 풍요로움이 깃들어 있으며, 신발 바닥으로는 저물어가는 들길의 고독함이 밀려온다. 신발이라는 이 도구 가운데에는 대지의 말 없는 부름이 외쳐오는 듯하고, 잘 익은 곡식을 조용히 선사해주는 대지의 베풂음이 느껴지기도 하며, 또 겨울 들녘의 쓸쓸한 휴경지에 감도는 해명할 수 없는 대지의 거절이 느껴지기도 한다. 더 나아가 이 도구에서는, 빵을 확보하기 위한 불편 없는 근심과 고난을 이겨낸 후 오는 말 없는 기쁨과 출산이 임박해서 겪어야 했던 [산모의] 아픔과 죽음의 위협 앞에서 떨리는 전율이 느껴진다. 이 도구는 대지에 속해 있으며, 농촌 아낙네의 세계(Welt) 속에 포근히 감싸인 채 존재한다. 이렇듯 포근히 감싸인 채 귀속함으로써(das behüte Zugehören) 그 결과 도구 자체는 자기 안에 [고요히] 머무르게(Insichruchen) 된다.

(마르틴 하이데거, 「예술작품의 근원」, 『숲길』, 신상희 옮김, 나남, 2008.)

2.

동물 _ 묻다, 오늘밤에 고기 좀 먹자?!

오만한 인간은 스스로를 위대한 피조물이라 생각하며, 신의 중재를 말을 수 있는 존재로 파악한다. 나는 인간을 동물에서 유래된 존재로 생각하는 것이 더욱 조심스럽고 진실되다고 믿는다. (찰스 다윈)

— 동물에 대한 관심

르네상스 시대 이래의 확산된 인간중심주의는 인간과 동물의 종적 차별을 강화하는 데 기여했다. 인간은 동물과는 완전히 다른 존재가 아니라는 점에서 동물의 연장선에서 이해될 수 있는 존재이지만, 다른 한편으로 동물의 수준 내지 단계를 극복할 때만 인간은 인간일 수 있다. 때문에 인간은 동물에 대한 인간의 우월성을 입증함으로써 인류와 동물류의 차이를 분명히 하고 동물에 대한 지배를 정당화해 왔다. 그러나 몽테뉴는 인간과 동물보다는 인간과 인간 사이에 더 큰 차이가 존재한다고 말한다. 한편, 볼테르의 말처럼 개는 충성심이나 우애의 측면에서 사람을 능가한다. 그렇지만 우리는 인간이 아니라는 이유로 개를 마치 고통조차도 느끼지 못하는 존재처럼 대한다. 인간에게는 할 수 없는 잔혹한 행위를 서슴없이 하기도 한다. 동물과 인간의 이런 관계는 칸트의 견해에 따르면 그다지 큰 문젯거리가 되지 않을 수도 있다. 칸트는 우리가 동물에 대한 직접적인 의무를 갖지 않는다고 말한다. 동물은 자의식을 갖지 못하기 때문에, 단지 목적을 위한 수단으로 존재한다.

반면, 벤담은 인간과 인간의 관계와는 달리, 동물과 인간의 관계의 도덕적 거리를 발생시키는 이성과 자의식, 언어 능력의 유무라는 기준을 문제 삼는다. 중요한 점은 동물이 이성적 사고를 할 수 있는가가 아니다. 그리고 이야기를 할 수 있는가도 아니다. 문제는 동물이 고통을 느낄 수 있는가 하는 점이다. 벤담은 동물의 처지를 흑인 노예의 처지와 비교하면서, 빼앗겨서는 안되지만 폭정의 손에 빼앗긴 권리를 동물이 되찾을 날을 기대하면서 동물에 대한 인간의 폭정을 비판한 최초의 사상가다.

18세기 계몽주의 시대가 지나면서 시작된 자연에 대한 관심 증대는 동물이 처한 상황에 대해 성찰하도록 했고, 이 여파로 동물에 대한 이유 없는 학대를 금지하는 법이 만들어지기도 했다. 예를 들어 황소를 죽이게 하는 놀이에 대한 법안은 1800년에 제출되었다. 그렇지만 당시 이 법안은 터무니없다고 받아들여졌다. 최초로 법제화된 동물에 관한 법은 '아무 이유 없이', 개인이나 공동 소유인 가축을 학대하는 것을 죄로 규정한 것이다. 이후 왕립동물학대방지협회 같은 기구도 창설되었다. 그렇지만 법적 테두리 안으로 들어온 동물은 '법적 보호'의 대상이 되었지만, 이는 길들여지고 무력해진 동물에게만 주어진 '권리'였다.[4] 동물에 대한 인간의 관심과 배려는 인간에게 길들여지고, 인간에게 직접적인 이익을 주는 가축(애완 동물, 마차를 끄는 말, 우유를 생산하는 소 등)에 집중되어 있으며, 그 외의 야생 동물은 인간의 도시에 섬처럼 존재하는 동물원에 '수감'될 수 있고 되어야 하는 존재로 간주됐다.

— **동물 해방론 : '고통을 느낌'이라는 인간과 동물의 공통점**

피터 싱어는 '인간이 더 우선'이라는 우리의 편견에 의문을 던지면서 인간에게 뿌리 깊게 박혀 있는 종차별주의를 문제 삼는다. 피터 싱어는 인간과 동물의 관계를 근본적으로 재고해 볼 것을 주문하는 것이다. 종차라는 것은 특정한 기준에 따라서 주어진 것을 분류함으로써 형성된 것이다. 피터 싱어가 제시하는 새로운 기준 중에 하나는 '고통을 느끼는가'라는 질문에서 도출된다. 피터 싱어는 어느 정도의 검증할만한 자료를 통해 동물이 고통을 느끼며, 이 점을 토대로 고통을 느끼는 종으로서 인간과 동물을 한 데 묶어내기를 시도하는 것으로 보인다. 물론 싱어는 그렇다고 해서 동물의 권리를 주장하며 인간과 동물이 똑같은 대우를 받아야 한다고 말하는 것은 아니다. 동물해방론의 핵심은 동물을 혐오스럽게 대하는 것을 반대하는 데 있다. 만약 우리가 피터 싱어의 주장을 수용하여 고통을 겪는 존재들을 한 데 묶는다면 동물과 인간의 관계는 어떤 모습일까?

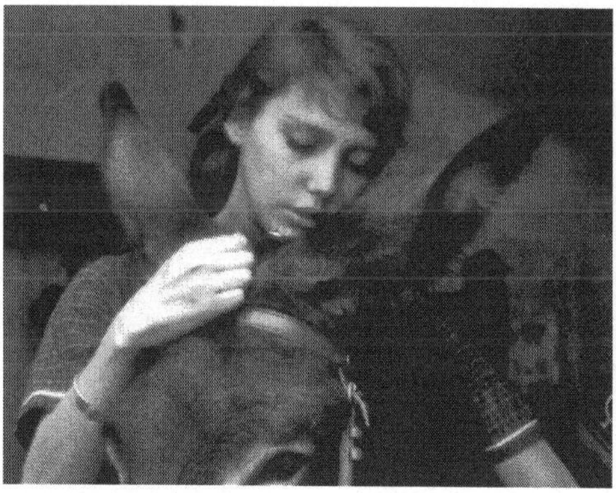

로베르 브레송(Robert Bresson),
영화 「당나귀 발타자르(Au hasard Balthazar)」, 1966

동물 해방 : 혐오에서 벗어나기

혐오의 특징은 혐오스러운 대상에 대한 제거나 배제에 있다. 너스바움은 혐오란, 인간학적 의미에서 보자면, 인간이 지닌 연약하고 덧없는 동물성을 제거하려는 감정에 다름없다고 말한다. 예컨대 특정한 사람이나 사회 집단에 대한 혐오는 그 존재에 동물적 특성을 부각하거나 부여하는 언사가 동반되면서 정당화된다. 피터 싱어는 『동물해방』의 첫머리에서 동물 해방이라는 문제가 300여 년 전 여성 해방의 문제와 유비될 수 있다고 말한다. 피터 싱어는 메리 울스턴크래프트가 『여성 권리의 옹호』를 출간한 당시, 여성에게 권리가 있다면 동물에게도 권리가 있다고 조롱하는 익명의 저자의 책에서 이러한 유비를 발견한다. 나와 동물의 관계는 일단 종적 차이에 기반한 불균등한 관계로서 시혜와 배려의 관계를 형성하지만, 한편으로 동물은 인간 자신이 지닌 육체의 부패나 연약함을 상기시켜주는 존재라는 점에서 제거와 천대의 대상이기도 하다.

여기서 우리는 이런 의문을 던질 수 있을 것이다. 만약 여성과 동물이 유비적 관계에 놓인다면, 우리는 이 여성 역시 다른 무엇인가와 유비적 관계에 놓여 있지 않은가. 그것은 바로 로베르 브레송의 영화 〈당나귀 발타자르〉에서 다른 인간들에게 버림받고 유린당해 길거리에 쓰러져 있는 주인공과 당나귀의 가련한 모습에서 예감할 수 있다. 여기서 우리는 앞 장에서 살펴보았던 이웃, 즉 "작은 자"의 모습을 마주할 수 있을 것이다.

지금, 전시 중 _ 피터 싱어와 존 버거가 밝혀 본 동물의 거리, 인간의 거리

우리는 미술비평의 고전으로 여겨지는 『보는 방법』의 저자 존 버거의 소설 『킹 - 거리의 이야기』를 통해서 인간과 동물의 새로운 관계 맺음의 방식을 상상해 볼 수 있을 것이다. 우리는 인간과 동물의 유비, 또 이방인과 소외된 사람들과 동물의 유비를 너스바움과 싱어의 도움을 받아 수행해 보고, 이를 구체적으로 형상화한 소설 『킹』을 통해서 찬찬히 생각해 볼 수 있다. 거리의 개 '킹'의 관점에서 전개되는 이 소설은 도시의 작고 후미진 길을 배경으로 한 이야기다. 우리는 생존을 위한 전시(戰時) 상황 속의 인간과 개의 이야기에서 거리의 개와 거리의 또 다른 존재인 노숙인의 우정과 연내를 목격한다. 폴 리쾨르의 표현을 빌자면, 동물은 "작은 자"의 이웃이 된다. 그리고 동물 역시 또한 이웃의 손길을 기다리는 "작은 자"가 아닐까. 거리에서 이들의 만남은 숨죽이고 숨겨져 있는 도시의 어둠 속에 감춰진 채로 남는 것이 아니라, 이들이 함께 삶으로써 생각하고 기억하고 말하는 존재로 서로의 모습을 드러내 준다.

1. 피터 싱어의 동물 해방론의 핵심을 이야기해 보자.
2. 이번 장의 제목을 염두에 두고, 『킹』의 일부를 읽어보고 이에 나타난 인간과 동물의 관계에 대해 생각해 보자. 우리는 인간과 인간 사이의 거리가 정말로 인간과 동물 사이의 거리 보다 더 짧다

고 단언할 수 있을까?

3. 자신이 거리에서 만난 동물을 사진에 담아보고 사진을 다른 친구들에게 소개해 보자. 자신이 직접 찍은 동물 사진 작품을 강의실에 전시하고 동물을 마주한 자신의 경험을 서로 나눠 보는 시간을 갖자.

생각의 깊이를 더해 주는 텍스트

1) 피터 싱어가 묶어낸 인간과 동물

이 책은 우리가 어떻게 인간 아닌 동물들을 대해야 하는가의 문제를 면밀하고도 일관되게, 그리고 남김없이 생각해 보려는 시도를 담고 있다. 그 과정에서 이 책은 우리의 현재의 태도와 행위 뒤에 숨겨져 있는 편견을 폭로한다. 그러한 태도가 어떠한 관행으로 나타나고 있는가 - 인간의 폭정으로 인해 어떻게 동물들이 고통을 당하고 있는가-를 서술하고 있는 장들에서는 정서를 자극하는 구절이 있을 것이다. 나는 그러한 자극이 이 책에서 서술된 관행에 대해 무엇인가를 해야겠다는 결심이 동반되는 노여움과 분개의 정서이길 바란다. ……

…… 해방 운동이란 인종이나 성과 같은 자의적인 특징에 기초한 편견과 차별을 종식시키기 위한 요구를 일컫는다. 흑인 해방 운동은 그 고전적인 사례에 해당한다. ……

해방 운동은 도덕적 지평의 확장을 요구한다. 그렇게 함으로써 이전까지는 자연스럽고도 불가피하다고 생각했던 관행들이 정당화될 수 없는 편견의 결과로 보이게 되는 것이다. 그 누가 자신의 모든 태도와 관행이 정당하다고 자신 있게 말할 수 있겠는가? 만약 억압자 편에 들어 있지 않고자 한다면, 우리는 다른 집단에 대한 태도를 근본적으로 재고할 준비를 하고 있어야 한다. 우리는 우리의 태도로 인해, 그리고 그러한 태도에 따르는 관행으로 인해 고통받는 존재들의 입장에서 우리의 태도를 고찰해 볼 필요가 있다. ……

이 책의 목적은 당신의 태도와 관행을 바꾸어 매우 규모가 큰 존재들의 집단, 즉 우리 종이 아닌 다른 종의 성원들에 대해서도 관심을 갖게 하는 데 있다. 나는 다른 생물들에 대한 우리의 태도가 매우 오랜 역사를 갖는 편견과 독단적인 차별에 근거하고 있다고 생각한다. ……

일상적으로 우리는 '동물'이라는 단어를 "인간을 제외한 다른 동물"을 의미하고자 할 때 사용한다. 그런데 이러한 용법은 우리 자신이 동물이 아님-생물학을 조금이라도 배운 사람이라면 거짓임을 알 수 있는-을 함축한다. 그리고 이로 인해 우리는 다른 동물들과 구분되는 존재가 되는 것이다.

흔히 사람들은 동물이라는 용어를 사용함으로써 침팬지와 인간은 차이를 두는 반면, 굴과 침팬지처럼 차이가 있는 존재들은 한 덩어리로 묶어 버린다. 인간이 아닌 동물을 지칭하는 다른 간단한 용어는 없다. 이에 따라 나는 이 책의 제목과 본문 중에서 '동물(animal)'을 마치 그것이 인간(human animal)을 포함하지 않는 것처럼 사용해야 했다. 이는 혁명적 순수성이라는 기준에서 보았을 때에는 유감스러운 일탈이지만 이는 효과적인 의사소통을 위해 불가피한 것처럼 보인다. 그럼에도 나는 한때 '짐승(brute creation)'이라고 일컬어지던 생물들을 의미하는 더 길고, 정확한 표현을 사용할 것이다.

(피터 싱어, 『동물해방』, 김성한 옮김, 연암서가, 2012.)

2) 존 버거가 들려 주는 인간과 개의 거리

처음 자살 시도를 했을 때 뤼크는 손목을 부러뜨렸다. 붕대를 감았는데 여전히 통증이 있다.

내가 인간과 완전히 다른 점은, 고통에 집착한다는 점이다. 그러니까 다른 이의 고통 말이다. 예를 들면, 뤼크의 손목 통증 같은 것. 나는 아파하는 이를 넘겨받고, 누군가 다가오면 으르렁거린다. 엄마에게 물려받은 집착인데, 이제 그 집착이 나보다 힘이 세다.

뤼크, 가서 먹을 걸 좀 구해 보죠. 내가 말한다.

오늘 밤에 고기 좀 먹자! 뤼크가 대답한다. 내가 시키는 대로만 해.

시내로 향했다. 키리나 구역으로. 신중하게 정육점을 골랐다. 주인 한 명밖에 없는 작은 정육점. 가게 안으로 들어가기 전에 뤼크는 코트에서 팔을 빼고, 그대로 망토처럼 둘렀다. 목깃을 바짝 올리고, 팔을 소매에서 빼서 옷 안으로 넣었다. 나는 밖에서 기다렸다.

정육점에 들어간 뤼크는 오소 부토를 만들 소꼬리가 있냐고 묻는다. 며칠은 버틸 수 있는 요리. 좋은 고기가 필요한데, 뤼크가 붕대 감은 팔을 들어 보이며 덧붙인다.

사고를 당하셨나 봅니다? 정육점 주인이 묻는다.

아니요, 개한테 물렸습니다.

들어오라는 신호다. 나는 약속대로 움직입니다.

선생님 갭니까? 주인이 묻는다.

처음 보는 녀석입니다. 뤼크가 말한다. 저라면 쫓아낼 것 같은데요. 정상이 아닌 것처럼 보이는데.

나가! 주인이 소리친다.

나는 한 발 더 앞으로 나아간다.

물을 한 양동이 뿌리면 어떨까요? 뒤에 물 있죠? 뤼크가 제안한다.

가까이 가지 마세요. 주인은 그렇게 말하고 뒷문으로 나간다.

나는 으르렁거린다.

뤼크는 신중하고도 능숙하게 오른손을 들어, 힘줄과 돼지비계 옆에 놓은 구이용 소고기 이삼 킬로그램을 코트 안으로 미끄러지듯 집어넣는다.

그 순간 밖으로 나갈 수도 있었다. 슬금슬금 물러날 수 있었지만, 무언가가 그럴 수 없게 막았다. 뤼크에게 인정받고 싶었다. 더러운 일을 견디는 것, 자존심에 관해 무언가를 말하고 싶었다. 그래서 그 자리에 그대로 서서, 고개를 빳빳이 들고 이를 드러내 보였다.

정육점 주인이 진열대 너머로 물을 뿌렸다. 제대로 뒤집어썼다. 정육점 주인은 물을 많이 뿌려 본 사람임에 분명했다. 모든 사람들이 그렇게 정확히 물을 뿌리지는 못한다.

나는 물을 흘리며 서 있다. 정육점 주인이 떨리는 내 옆구리를 보지 않기를 바란다.

이상한 놈이네요. 뤼크가 말한다. 이런 개는 처음 보는 것 같은데 ……

천천히 나는 물러난다. 한 걸음 한 걸음, 문에 이르고, 사라진다.

여기 고기는 코셔 고기죠? 뤼크가 진지하게 묻는다.

갑자기 무슨 코셔 고깁니까? 정육점 주인이 어리둥절한 표정으로 되묻는다.

죄송합니다. 코셔 고기를 파는 가게인 줄 알았네요. 죄송합니다.

오두막에 돌아온 뤼크는 곧장 고기를 조리한다. 잔치라도 하는 날, 먹을 것이 충분하면 생 발레리 사람들은 좋아하는 이웃을 초대한다. 하지만 평범한 날에는, 운이 좋아 먹을 것이 많이 생겨도 아껴둔다. 뤼크와 나는 둘이서 고기를 다 먹어 치운다.

……

지나치게 가까이 다가오는 약자들에게 강자들이 느끼는 증오는 인간만의 특징이다. 동물들 사이에선 그런 일이 없다. 인간들에게는 존중돼야만 할 거리가 있는데, 그게 지켜지지 않았을 때 모욕을 당했다고 느끼는 쪽은 약자들이 아니라 강자들이고, 그 모욕감에서 증오가 생겨난다. 나는 요트 주인에게서 그런 증오를 느끼며 으르렁거렸다.

그들 중 갈색 선글라스를 쓴 남자가 어깨너머로 나를 돌아보며 말했다. 꺼져, 개새끼야!

지도에 안 나온 곳도 알고 있습니다. 비코가 나비 같은 목소리로 매달렸다.

할아버지 개도, 지도도, 할아버지도 필요 없다고, 알았어요?

내 개 아닌데.

길이나 막지 마세요. 네?

그들은 돌아서서 걸음을 옮겼다.

너는 어떻게 된 거냐? 비코가 내게 처음 한 말이다. 어디서 왔니?

나는 비코를 가만히 쳐다본다.

그럼 내 소개부터 해야겠구나. 나는 비코. 위대한 잠바스티스타의 후손이지. 옛날엔 공장장이었어. 진짜란다. 작은 공장이었고, 근처에 필립스 공장도 있었는데, 좋은 이웃이었지.

말도 안 돼! 뭘 만들었는데요?

천을 만들었지, 작업용 천 말이다. 폴리에스테르, 폴리카바마이드, 엘레스탠, 폴리테트라플로오로에틸렌, 비닐 ……

천 이름이 모두 꽃 이름처럼 들리고, 비코가 그 단어들을 말할 때마다 목소리에선 나비 날개들이 가볍게 떨린다.

그를 쳐다본다. 백발이고 이마엔 주름살이 많다. 나이는 육십 대 중반. 어쩌면 더 들었을지도 모른다. 귀가 아주 크다. 귀는 나이를 먹을수록 커진다. 비코는 코끼리처럼 귀가 크고, 털도 삐져나와 있다. 눈은 짙다. 양쪽 눈 모두 아직 젖은 모래밭에 남은 짐승 발자국 속의 검은 돌멩이 같다. 돌멩이는 꼼짝도 하지 않는다. 갈라지고 얇은 손톱이 눈에 띄는 손은 작고 섬세하다. 마치 소녀의 손처럼. 하지만 그 손엔 굳은살과 회색 얼룩이 가득하다. 몇 년 동안 납이나 중금속을 다루는 일을 한 사람 같다. 손만 본다면, 아버지가 시력을 잃은 후 아세틸렌 용접일이 물려받은 딸의 손으로 착각할지도 모른다.

블라우스와 바지, 망토, 모자를 만들었는데, 제일 유명했던 건 장갑이었단다. 그가 말했다. 유럽 최고의 절연 장갑을 만들었거든, 석영 파생물을 이용해서 말이야. 너는 이름이 뭐니?

바로 말해주지는 않을 생각이었다.

앞으로 킹이라고 부르마. 그가 말했다.

잠시 걸은 후 비코는 광장에 있는 분수 모퉁이에 앉아, 들고 있던 비닐봉지에서 환타 한 캔을 꺼냈다. 뚜껑을 딴 후 내게 내밀었지만, 나는 고개를 가로저었다.

그가 말했다. 다섯 살 때쯤 달라지는 거야. 물론 전시는 예외지. 전시를 생각하면 모든 게 달라지니까. 전시에는 유년시절이란 것도 없어. 그건 분명히 해 두자. 킹, 유년 시절 같은 건 없는 거야. 다섯 살이 될 때까지, 그러니까 평화로운 시기에는 말이다. 예상치 못했던 일은 늘 놀라움과 함께 찾아오고, 다섯 살 때 놀랄 일이란 보통은 좋은 일이게 마련이지. 그러다 뭔가 바뀌고, 예상치 못했던 일은 꼭 나쁜 일이 되지. 아주 나쁜 일. 나만 봐도 그래. 나는 머리에서 발끝까지 꽁꽁 싸맨 채 추위에 맞서고, 예상치 못했던 일에 맞서지. 밤낮으로 그것들을 쫓아내려고 애쓴단다. 추위와 예상치 못했던 일 말이다. 내가 어디서 자는지 보고 싶니?

그런 식으로 말하는 남자는 비코가 처음이었다. 나는 비코를 따라나섰고, 그는 서블리시우스 다리 아래 자신의 잠자리를 보여주었다. 우유에 담근 빵도 주었다. ……

……

잠바스티스타는 라틴어로 글을 썼단다. 비코가 얘기해 주었다. 이미 사라진 언어지. 라틴어에 '후마니타스'라는 말이 있는데, 서로 도우려는 사람들의 성향을 일컫는 거야. 우리 조상님은 말이다. 킹, '후마니타스'라는 단어가

'후마레(humare)'라는 동사에서 온 거라고 믿었다. '묻다'는 뜻이지. 죽은 사람을 묻어 주는 거 말이야. 인간성이라는 건, 그분의 생각에 따르면, 죽은 사람들을 존중하는 것에서 시작하는 거였어. 그런데 킹, 너도 뼈를 묻잖아, 그렇지?

(존 버거, 『킹-거리의 개 이야기』, 김현우 옮김, 열화당, 2014)

3.

자연_집을 찾아 온 꽃과 나무

— 자연, 환경, 생태

생태가 인간을 포함한 생물집단의 생존과 관련된 개체 간의 상호 관계와 집단 생활 상태를 뜻한다면, 환경이라는 개념은 그 자체가 인간 중심적인 개념이다. 환경은 인간 주체를 둘러싸고 있으면서 주체에게 영향을 미치는 객체를 뜻하기 때문이다. 자연환경은 인간을 둘러싼 환경들 중 인공 환경 내지 사회 환경과는 구별되는 환경 중 하나다. 하지만 자연환경은 환경의 일부이지만 인간의 의지와는 독립적으로 생성된 것으로 매우 특수한 성격을 띠고 있는 환경이다. 인간은 자연의 연장선에서 혹은 자연에 맞서면서 문화와 문명을 만들어 나갔다는 점에서 인간은 자연 일부이면서도 일부가 아니라고 말할 수도 있다.

— 근대적 자연관, 그 이후

르네상스 시대를 거치면서, 자연에 대한 기계론적 관점과 목적론적 인간관이 결합되면서 인간은 자연을 정복의 대상으로 간주했다. 우리가 자연과 환경이 교환 가능한 개념이라고 여기게 된 것도 이 때문이라 하겠다. 우리의 환경에 대한 관심은 산업 혁명이 초래한 도시 문제 등 각종 사회문제의 발생 때문에 높아졌다. 환경에 대한 탐구와 개선이 문제시 되기 시작했던 것도 19

세기 산업혁명의 발상지인 영국에서였다. 환경에 대한 관심은 사회 환경에 대한 것일뿐 아니라, 중요하게는 인위적인 제도와 도구들에 대한 비판의 반대급부로 상정된 자연에 관한 관심을 촉진시켰다. 이는 인간의 일부가 자연이 아니라 인간이 자연 일부임을, 달리 말하면 인간이 자연을 완전히 장악할 수 없음을 자각하도록 했다.

— 윌리엄 모리스와 자연

윌리엄 모리스(William Morris)는 이러한 자각 속에서 자연과 자신의 관계를 형성해 나갔던 대표적인 인물이다. 자연을 객체화하던 근대의 인간이 그 자연에 대한 친화성을 놓치지 않고 어떻게 교감하며 그 일부로 자리매김하고자 하는지를, 우리는 그의 작품과 삶을 통해 확인할 수 있다. 미술 공예운동가인 윌리엄 모리스는 자연을 섬세하게 관찰하고 그것이 자아내는 힘을 표현해 냈다. 지금까지도 우리에게 친숙한 그의 디자인은 자연에서 찾아낸 꽃, 나무, 새, 곤충 같은 것을 그려 벽지나 옷감, 책표지를 만든 것에서 응용된 것이다. 그중 벽시 패턴 디자인은 산업 발전과 도시화로 인해 삭막해진 도시 속에 살던 인간에게 휴식과 정서적 안정을 주려는 기획으로, 자정능력이 불가능할 지경으로 파괴되고 있던 자연에 대한 관심을 촉구하는 것 이상의 의의가 있는 작업이다. 바깥 자연의 경치와 실내 공간 사이의 연관성과 연속성을 높여줌으로써 인간이 자연 일부임을 공간적으로 구현하려는 시도이기 때문이다. 특히 정원 같은 것을 꾸미는 것은 꿈도 꿀 수 없었던 노동자들의 집에 꽃과 나무 등 자연의 울림을 들을 수 있도록 하는 작업으로 보인다. 반복되는 식물 패턴은 파문처럼 물결치며 생생한 기운을 느끼게 해준다.

윌리엄 모리스(William Morris)

— 에코토피아 뉴스
: 미래에서 온 소식, 자연과 인간의 이상적인 관계와 생태적 삶

모리스의 이런 시도는 빈곤과 억압이 만연했던 사회 제도에 대한 관심과 무관하지 않다. 윌리엄 모리스의 소설 『에코토피아 뉴스』는 당시 사회의 암울함과 대비되는 이상 사회의 모습을 그리고 있다. 1891년에 출간된 이 책은 어느날 자고 일어나니 2150년대의 미래 사회에 떨어진 사람의 미래 사회 체험 일기 형식을 취하고 있다. 이 소설에서 모리스는 미래 사회에 사는 새로운 감수성을 지닌 사람들의 자유로운 삶과 조화로운 삶의 모습을 그린다. 그에 따르면 물론 이런 모습은 그 이전 시대의 체제와 단절하는 사건이 있었기에 가능한 삶이 모습이다.

이 소설에서 미래로 상정한 2150년은 우리에게 보다 가까운 미래가 되었다. 당시와는 달리, 오늘날에 비추어 자연과 인간의 관계에서 변화시켜야 할 지점(예를 들어 핵발전 등)이 있을 것이다.

귀 기울이기 _
윌리엄 모리스가 그린
자연과 인간의 울림과 어울림

1. 자연에 대한 성찰은 죽음과 탄생의 순환 속에 놓인 인간, 다시 말해 생(의 순환)에 인접하도록 우리를 안내한다. 환경 문제가 대두되기 시작한 시대에 런던에 살았던 윌리엄 모리스의 그림과 소설을 통해서 자연과 인간의 관계를 생각해 보자.
2. 『에코토피아 뉴스』에서는 자연과 예술의 관계에 대한 윌리엄 모리스의 견해를 엿볼 수 있다. 예컨대 소설의 인물들 사이에 조경, 건축, 미술에 관한 것을 중심으로 이야기가 오간다. 여기서 제시된 견해를 염두에 두고, 양방의 시를 참고하여 음악 같은 자연, 자연 같은 음악을 찾아 친구에게 추천해주고 함께 감상해 보자.
3. 윌리엄 모리스의 『에코토피아 뉴스』의 후속편 – 자연과 더불어 사는 유토피아적 미래에서 전하는 뉴스를 작성함으로써, 지금 우리가 자연과의 관계에서 지녀야 할 태도나 염두에 둘 이슈가 무엇인지를 생각해 보자.

생각의 깊이를 더해 주는 텍스트

1) 모리스가 그린 자연과 더불어 사는 삶

25장 템즈강에서의 셋째날.

다음 날 아침에 우리가 보트가 있는 곳으로 내려가면서 만난 월터는 지난밤보다는 나아진 것처럼 보였지만 여전히 그 문제에서 벗어나지 못하고 있었다. 그는 불행한 살인자 친구가 해외로 추방되지 않게 되더라도 부근의 어딘가로 가서 홀로 살아가야 할 것이라고 생각하고, 직접 나서서 그 방안을 추진하려는 것 같았다. 그러나 디크와 나는 그것이 좋은 방법이 아니라고 생각했다. 디크가 말했다.

"월터, 그를 혼자 살게 해서는 안 되네! 그러면 그는 저 비극적인 사건과 자신이 범죄를 저질렀다는 생각에만 더욱 몰입하게 될 거고, 결국 스스로를 자살로 몰아가게 될 걸세."

클라라가 말했다. "잘은 모르겠지만, 저라면 그에게 이렇게 말해 줄 것 같아요. 지금은 머릿속이 온통 비탄으로 가득 차 있을 테지만 계속 그 일에 매달려 스스로를 자책할 필요는 없으니 하루속히 정신을 차리라고요. 그러면 시간이 흐름에 따라 그도 다시 행복을 찾을 수 있을 거라고요. …… 월터 씨가 우리에게 들려준 얘기로 미루어보건대, 그는 정말로 그녀를 사랑하고 있는 거 같거든요. 그렇다면 그는 그 사랑이 결실을 맺을 때까지 가능한 한 자기의 생명을 지키려 할 거예요. 말하자면 그가 비극 속에서 스스로를 돌보게 될 거란 얘기지요. 어때요? 제가 제대로 설명한 건지 모르겠네요."

……

이런 이야기를 나누는 동안 우리는 보트가 있는 곳에 다다랐다. 우리는 곧바로 보트에 올라 아름답고 넓은 강에 몸을 맡겼다. 디크는 초여름 아침의 잔잔한 물결 위로 배를 저었다. 우리의 배가 차오르는 물에 밀려 점점 더 높아짐에 따라 눈에 익은 수문이 보였다. 그것이 가장 단순한 시골풍 그대로 남아있다는 것이 너무 신기했다. 그래서 내가 말했다.

"수문을 지날 때마다 이상하게 생각했습니다만, 당신들처럼 풍요롭고 즐거운 일을 하고 싶어 하는 분들이 이런 거친 시설로 물높이를 조절하면서 배가 지나가야만 하는 고약한 불편을 없애줄 무언가를 발명하지 않았다는 게 이상하군요."

디크가 웃으며 말했다. "친구! 물이 위에서 아래로 흐르는 고약한 습성을 버리지 않는 한 바다 반대방향으로 갈 때는 거친 시설로 수위를 단계적으로 높이며 물과 조화를 이루지 않으면 안 됩니다. 그리고 당신이 왜 메이플더럼 수문을 흠잡는지 저는 정말 모르겠군요. 제 눈에는 너무 아름답기만 한데 말이죠."

위를 올려다보니 거대한 나무들이 가지를 드리우고 있고 나뭇잎들 사이로 태양이 반짝이고 있었다. 그리고 주위에서 역류하는 소리에 섞여 여름 찌르레기의 노래가 들렸다. 나는 디크가 말한 대로 그곳이 의심할 바 없이 아름답다고 생각했다. 그래서 내가 그런 수문이 없어지기를 바랐던 이유를 말할 수 없었고, 어느새 나도 더 이상 그런 바람을 갖지 않게 됐다. 나는 침묵할 수밖에 없었다. 그때 월터가 말했다.

"잘 알고 계시겠지만 손님, 지금은 발명의 시대가 아닙니다. 발명이란 것은 앞세대가 우리를 위해 모두 다 했고, 그 가운데 우리에게 편리함을 제공하는 발명은 지금도 널리 이용되고 있습니다. 그러나 우리에게 불필요한 발명은 이용되지 않고 있지요. 실제로 얼마 전에는 (그 시대가 언제였는지는 정확히 모르겠습니다만) 비록 물을 아래에서 위로 흘러 올라가게 하지는 못했지만 무엇인가 정교한 기계장치가 수문에 이용된 적이 있다고 들었습니다. 그러나 그

장치에 문제가 좀 생겼고, 그것을 해결하는 과정에서 사람들은 균형을 잡는 거대한 들보에 붙어 있는 저 간단한 뚜껑과 수문이면 충분하다는 사실을 알게 됐지요. 저런 수문은 필요하다면 언제든지 손쉽게 구할 수 있는 재료로 간단히 수리할 수 있습니다. 그래서 당신이 보시다시피 저런 수문이 여기에 남아 있는 것이지요."

"또한", 디크가 바로 말을 이었다. "저런 수문은 당신도 보시듯이 아름답습니다. 기계식 시계처럼 태엽을 감는 방식으로 작동하는 기계식 수문은 그 자체로도 추악하고 강 주변의 미관까지 해칩니다. 이런 점은 저런 수문을 보존해야 할 확실한 이유가 되지요. 오랜 친구여, 안녕!"그는 수문을 향해 이렇게 외치고는 노를 힘껏 저어 우리 배가 수문 밖으로 나가게 했다. "수문이여, 오래도록 그곳에 있으면서 영원한 젊음을 간직하라!"

우리는 계속 강을 거슬러 올라갔다. 강은 팽번이 철저히 도시화되기 이전에 내가 보았던 친숙한 모습 그대로였다. 그곳은 여전히 분명한 시골마을이었다. 집들이 하나의 무리를 이루고 있었는데 그 모습이 너무나 아름답게 보였다. 바즐던 위로 솟은 언덕은 여전히 너도 밤나무 숲으로 덮여 있었고, 그 아래로 펼쳐진 넓은 초원에는 내가 기억하고 있는 것보다 인구가 많아 보였다. 그곳에는 전원의 풍치를 훼손하지 않으려고 특별히 신경 써서 설계한 듯한 큰 주택 다섯 채가 있었다. 우리가 탄 배는 고링 수역과 스트리틀리 수역을 향해 강이 굽어지는 곳에 이르렀다. 푸른 강둑을 따라가고 있는데 풀밭에서 놀고 있는 여자아이들 대여섯 명의 모습이 눈에 들어왔다. 그들은 우리를 여행자로 알고 인사를 건넸다. 우리는 그곳에 잠시 머물러 그들과 이야기를 나누었다. ……

내가 다른 곳에서 만난 사람들과 마찬가지로 그 아름다운 소녀들도 우리가 메이플더럼에서 들은 것과 같은 심각한 뉴스가 없을 때는 날씨, 건초 베기, 신축된 집에 대해 이야기하거나 이런저런 새가 많다든가 하는 생활상의 모든 사소한 부분에 대해 열심히 토론한다는 사실에 나는 주목하지 않을 수 없었다. 그리고 그들은 그러한 것들을 공허하거나 상투적으로 말하지 않고 문자 그대로 진정한 흥미를 가지고 말했다. 나아가 그 모든 것에 대하여 여자나 남자나 똑같이 잘 알고 있었다. ……

한 가지 주목할 만한 것으로, 육식을 하지 않는 종류의 새가 매우 많아졌을 뿐만 아니라 그 새들의 적인 맹금류도 전보다 더 많아졌다는 점을 말해두어야 할 것 같다. …… 이 모든 것으로 미루어 사냥꾼의 시대는 끝났다고 나는 단정했다.

29장 템즈강 상류에서의 휴식

꽤 멀리 떨어진 곳에 있는 나무들 사이로 기묘한 첨탑이 있는 오래된 건물이 보였고, 그 건물 주변에는 회색집들이 몇 채 모여 있었다. 그보다 가까워 보이는 강가에서 백 미터쯤 떨어진 곳에는 매우 현대적인 돌집이 서 있었다. 그 집은 단층의 넓은 사각형 모양으로 지어져 있었다. 그 집과 강 사이에는 아직 어리고 호리호리한 배나무 가로수만이 서 있을 뿐 정원은 따로 없었다. 그 집은 대단한 장식은 없었지만 주위의 나무들처럼 자연스러운 품격을 지니고 있었다.

……

"친구, 당신네 나라에도 들일을 하는 사람들의 집이 저런가요?"

내가 말했다. "글쎄요, 여하튼 부자들의 집은 저렇지 않습니다. 그들이 사는 집은 대지의 표면에 찍힌 더러운 얼룩일 뿐이에요."

"저속하다." 내가 말했다. "우리는 그렇게 말했습니다. 부자들이 사는 집의 추악함과 저속함은 그들이 가난한 사람들에게 강요한 비루하고 헐벗은 삶을 반영하는 것이었습니다."

……"무슨 뜻인지 알겠어요. '삶의 평등'이 이루어지기 이전 시대의 소위 예술이라는 것에 대한 기록이 아주 많이 남아 있는데, 우리 가운데서 그런 것에 관심이 있는 사람들이 때때로 쓰는 말이에요. 물론 그 시대의 사회 상태가 모든 추악함의 원인이었던 것은 아니라고 말하는 사람도 더러 있어요. 즉 그 시대 사람들의 생활상이 추악한 것은 그들이 스스로 원해서 그렇게 된 것일 뿐, 만일 그들이 자기 주위에 아름다운 것들을 두고 싶어 했다면 그렇게 됐을 거라는 얘기지요. 지금도 한 개인 혹은 한 무리의 사람들이 무엇인가를 아름답게 가꾸려고 한다면 그렇게 할 수 있는 것과 마찬가지로 말이에요. 아니, 기다려주세요! 당신이 지금 무슨 말을 하시려는지 알아요."

"안다고요?" 내가 웃으며, 그러나 가슴에 두근거림을 느끼며 말했다.

"그럼요." 그녀가 말했다. "소리 내어 말하지 않으셔도 당신은 이미 제게 이런저런 방식으로 얘기해주고 계세요. 이런 말을 하시고 싶은 거죠? 불평등의 시대에는 부자들이 자신들의 생활을 장식하는데 필요한 것을 스스로 만들어 내지 않고 그들로부터 궁박한 생활을 강요당하는 사람들에게 그것을 만들도록 강제했고, 그 당연한 결과로 황폐한 생활이 초래됐으며, 그러한 실패한 생활 속에서 생산된 궁박하고 추악한 것들이 부자들의 생활을 장식하게 되면서 결국 예술이 죽고 말았다고요. 그리고 그것이 바로 부자들이 사는 삶의 본질적인 상태였다고요. 아닌가요?

(윌리엄 모리스, 『에코토피아 뉴스』, 박홍규 옮김, 필맥, 2008.)

2) 나무가 전하는 소리

合歡詩 五首

晉 楊方

합환가 5수 양방

南鄰有奇樹, 承春挺素華。	남쪽 이웃에 진귀한 나무가 있어, 봄이 되면 흰 꽃을 늘어뜨리네.
豐翹被長條, 綠葉蔽朱柯。	무성한 꽃은 긴 가지를 덮고, 푸르른 잎은 붉은 가지를 가리네.
因風吹微音, 芳氣入紫霞。	바람 불어 미세한 소리 내고, 향기는 보랏빛 노을 속으로 들어가네.
我心羨此木, 願徙著予家。	내 속으로 이 나무를 부러워하여, 우리 집에 옮겨 심고자 하네.
夕得遊其下, 朝得弄其葩。	저녁에는 그 밑에서 노닐고, 아침에는 그 꽃을 감상할 텐데.
爾根深且堅, 余宅淺且洿。	그 뿌리 깊고 튼튼하지만, 우리 집은 얕고도 우묵하구나.
移植良無期, 歎息將如何。	옮겨 심는 것은 실로 기약 없으니, 장차 어찌하면 좋을지 탄식하네.

(*합환목 : 자귀나무)

1 함돈균, 『사물의 철학』, 세종서적, 2015.

2 올리버 색스, 『고맙습니다』, 김명남 옮김, 알마, 2016.

3 이 장의 제목인 "가만한 당신, 잔잔한 당신"의 '가만한 당신'이라는 표현은 최윤필, 『가만한 당신』, 마음산책, 2016에서 차용했음을 밝힌다.

4 아르멜 르 브라 쇼파르, 『철학자들의 동물원』, 문신원 옮김, 동문선, 2004, p.55, 112~113.

7

자기

이해의 연습, 관계의 훈련

이해의 연습,
관계의 훈련

1) 조각난 자신을 대하는 법

나의 일부는
모든 사람이고
다른 일부는
그 누구도 아니다
끝없는 심연

나의 일부는
군중이고
다른 부분은
낯설음과 외로움

나의 일부는
곰곰이 무엇을 생각하고
다른 일부는
미쳐간다

파울 클레(Paul Klee), 세네치오(Senecio), 1922

"나는 이 세상의 언어만으로 이해되지 않을 것이다.
나는 죽은 자와도, 아직 태어나지 않은 자와도
행복하게 살 수 있기 때문이다."

나의 일부는
점심과 저녁을 먹고
다른 부분은
혼자 놀란다

나의 일부는
지속적이고
다른 부분은
무심결에 황급히 자신을 인식한다

나의 일부는
단지 현기증일 뿐
다른 부분은
언어다

한 부분을
다른 부분 속에서 번역한다는 것이
-삶과 죽음의
문제인 것-
예술일까?[1] (Ferreira Gullar, traduzir-se)

대체 내가 왜 이러는 걸까? 텔레비전 뉴스에서 김복동 할머니[2]의 부고를 접하고 그녀의 삶을 떠올리며 눈물을 글썽거리다가 이내 냉장고를 열어 보고 고기를 구워 저녁밥을 먹는다. 꼬박꼬박 육체의 욕구를 채우지만 멈칫할 때가 있다. 사람들과 함께 있지만 외롭고, 숙고하지만 이내 망상에 사로잡힌다. 반복되는 일상을 살고 있다고 생각하지만, 어느새 변한 자신의 모습을 갑자기 알아차린다. 머릿속이 뒤죽박죽 혼란스럽다 못해 멈춰 버리는데, 그런 머릿속과 달리 입에서는 이러쿵저러쿵 말이 잘도 흘러나온다. 말과 행동은 나의 손아귀를 빠져나간다. 이럴 때 우리는 대체 내가 뭘 하고 있는지 의문이 생긴다. 하루하루 살아왔던 나의 삶이 의문투성이가 되면서, 그것이 과연 나의 삶이었는지를 묻게 된다. 이 세상이 어떻게 돌아가고 있는 건지, 그런 세상 속에 살고 있는 나는 '누구'인지, 의혹 속에서 결국 '나는 누구인가'라는 질문이 머릿속에 자리를 잡는다.

— 묶고 풀기_자기이해

「자기를 번역하기」라는 시에서 화자는 자신의 부분들을 풀어내어 한 부분을 다른 한 부분으로 바꿔 말하는 작업을 함으로써 '나는 누구인가'라는 의문이 만들어 놓은 미로 속을 서성인다. 우리는 태어나서 죽기까지 이렇게 끊임없이 자신의 한 부분을 다른 부분으로 바꿔 가며 스스로 자신을 번역함으로써 자기라는 한 권의 책을 만들어 내고, 더 커다란 조각 위에 작은 조각을 포개가며 자신이라는 탑을 세워나가는 것은 아닐까?

키에르케고르는 "자기란 무엇인가"라는 질문에 "자기란 하나의 관계, 그 관계 자신에 관계하는 관계이다"[3]라고 답하면서 이 자기를 실존이라 칭한다. 데카르트의 코기토(Cogito)와 달리, 키에르케고르가 말하는 자기는 현실 속에서 다른 사람들에게 자극받으며 고뇌하고 슬퍼하는 현실적인 인간이다. 실존은 자기 내부에 있으면서도 동시에 사물의 한 가운데에 있다는 점에서 내부를 초월한 존재다. 관계로서 실존은 우리가 우리 자신을 세계 속에 있는 존재로서 발견하면서, 나의 삶에 의미 있거나 나에게 구체적인 정체성을 부여할, 아직 펼쳐지지 않는 삶의 기획을 추진해 나간다. 우리 자신이 실존이라는 것은 자기가 이미 자기로 존재하는 것이 아니라 '자기 자신이 되는' 과제를 가지고 있음을 의미한다.

자기와 관계 맺는다는 것은 나의 조각들 사이를 연결 지으면서 삶의 의미를 만들어 가려는 시도라고 할 수 있다. 예컨대 나의 부분들인 정신과 신체, 마음을 연결 짓고, 학생으로서의 나, 자녀로서의 나, 친구로서의 나, 지나간 나와 앞으로 올 나, 그리고 지금 여기에 있는 나 등을 서로 연결 짓고, 나의 행동과 체험에 담긴 나의 삶의 의미들을 알고자 하는 시도다. 특히나 나의 감추어진 어떤 면, 내가 부정하고 싶은 나의 모습을 모두 마주하면서 결국 나인 바 그 자체를 이해하려고 하는 것이다.

우리는 죽기 위해 사는 것이 아니라 태어났기에 살아가고 있다. 지나온 삶의 자취 속에서 나는 내가 살아가기 위해 했던 여러 시도들의 결과를 마주한다. 자기가 된다는 것은 내가 말하고 행동한 결과들의 의미를 해석함으로써 얻어질 수 있는 것이다. 이에 대해 리쾨르는 자기를 이해한다는 것은 나의 실존을 위한 노력의 의미를 알아가면서 그 노력의 흔적들을 나의 것으로 받아들이는 것이라고 말한다.[4]

특히 내가 잘못이나 실수를 하는 경우 혹은 내가 타자의 잘못이나 실수에 영향을 받는 경우처럼, 나의 실패나 시련의 충격은 나를 깨뜨려 조각나게 한다. 한번 벌어진 일은 되돌릴 수 없다. 그렇지만 그 일의 의미를 이해함으로써 그로 인한 상처가 덧나지 않고 내 삶에 적당히 자리 잡도록 만들 수 있을 것이다. 감당할 수 없는 잘못과 화해하고자 하는 이해의 과정은 "그렇다"는 긍정을 바탕으로 '그렇지만'이라고 함으로써 잘못했던 것이나 당했던 일에서 벗어나서, 즉 달리 살아갈 가능성을 얻는 것으로 이어진다.[5]

자기와 관계 맺기는 나의 명석 판명한 의식으로부터 시작되지 않는다. 자기는 정신, 신체, 영혼이 통합된 것이다. 자기가 된다는 것은 생각하는 것과 행동하는 것을 조화롭게 하고, 각기 다른 행동들 속에서 영혼의 조화를 꾀하는 것이다. 우리가 칼을 이해한다고 할 때, 뒤섞여 있는 사물들 중에서 칼을 알아볼 수 있다는 것을 넘어서, 칼이 사과를 깎고 무를 자르며 때로 나뭇가지를 베고 사람을 찌르면 상처를 입힐 수 있음을 아는 것, 칼이 평화보다는 분쟁을 뜻한다는 것을 안다는 것이다. 우리가 자기를 이해한다고 했을 때, 그것은 나를 인식한다는 것을 넘어서 상황에 적합하게 사물을 취하고 다른 사람을 만나며, 말할 수 있음 혹은 그렇게 하지 못했음을 이해하는 것이다. 때문에 자기 이해는 타자와의 관계 맺기의 연속적 과정의 일부이다.

그런데 왜 나는 나의 조각들을 살피고 조화롭게 만들려고 할까. 리쾨르는 우리가 자기 자신의 생각, 행위, 욕망, 마음과 같은 나의 부분들의 정확한 의미나 가치, 그것들의 적합성을 찾아 나가는 통합성의 욕망(désir d'intégrité)을 가지고 있다고 말한다. 그리고 이를 통해서 한 사람이 다른 사람과는 구별되는 바로 그 사람일 수 있는 무언가를 확보할 수 있다고 말한다.[6] 진리를 향한 플라톤의 에로스(eros)나, 행복을 향한 아리스토텔레스의 희망처럼, 자신의 조각들을 조화롭게 하고 거기서 의미를 구하려고 하는 것은 우리가 보다 참되고 좋은 나와 나의 삶을 바라는 욕망을 가지고 있기 때문이다.

자기가 되는 과제는 좋은 삶을 목표로 삼아, 삶 전체의 통합성[7]을 도모한다. 찰스 테일러(C. Taylor)의 표현에 따르면, 인간은 자기 해석적 동물이다. 어떤 행위를 함에 있어서, 나의 삶 전체에 비추어 사안의 경중을 따지고 가치를 부여하여 가장 좋은 것과 가장 적합한 나의 행동을 결정하고 그에 대해 평가함으로써 행위의 결과를 자신의 삶 속에 자리매김한다. 물론 이 때 결정과 평가란 단지 수단에 대한 선택이 아니라 어떤 사람이 될 것이며 어떤 삶의 태도를 취할 것인지에 대한 것까지 포함하는 것이다. 문제는, 우리가 사는 현실은 우리가 미리 계획하거나 예상하지 않았던 일들이 벌어지는 곳이라는 점이다. 따라서 내가 모두 파악할 수 없는 이 세계와 그 안에서 나의 행위가 자아내는 결과들을 감당하고 견뎌내는 것이 자기 해석적 동물에게 반드시 주어지는 임무다. 달리 말해 삶 전체의 관점에서, 좋은 삶이라는 지향점에 비춰 볼 때 훌륭하다고 생각하는 것과 우리가 현실에서 구체적으로 실천하는 개별적인 선호에 따른 선택들이나 생존에 따른 결정들 사이의 일치를 모색하는 것은 삶이 지속되는 동안 중단되지 않을 것이다.[8] 이는 개별 활동과 자기 자신에 대한 끊임없는 해석 작업이 이루어진다는 것이다. 아렌트가 말했듯이, 이해란 "탄생과 더불어 시작되어, 죽음으로 끝"[9]나는 것이기에 완전히 명료한 결과를 생산하지 않는 복잡한 과정이며 그 과정에서 다수의 해석들이 생산된다. 자기란 누구인가라는 질문을 풀기 위해 묶었던 나의 조각을 우리는 다시 풀어 놓고 또 엮고 묶어내는 작업을 계속한다.

— 놓고 다지기_자기유지

풀어 묶는 작업을 좀 더 철학적인 개념을 사용하여 고찰해 보자. 너는 누구인가? 근대 이전 사회라면 이런 질문에 '광나루에서 왔어요'라든지, '방앗간 집 셋째딸이에요' 등으로 답했을 것이다. 당시에는 모든 사람이 구별되는 이름을 가졌던 것도 아니고 또 공동체와 완전히 분리된 나를 상상하기 어려웠던 시대였기 때문에 출신이나 가문으로 답하는 것이 자연스러웠을 것이다. 자기라는 말에 해당하는 고대 그리스어 autos는 고향이나 거주지를 뜻하는 말로 자기가 살고 거주하는 곳에 속하고 거기에 친숙한 현실적이고 구체적인 행위자를 뜻했다. 고대 그리스어의 자기(autos)의 뜻과 용례를 보면 ① 고향(본국) 내지 서식지(거주지)를 뜻하는 idion이나 oikos가 가장 먼저 등장하는 것도 이런 이유에서일 것이다. 자기는 내가 태어난 곳이나 내가 살아가는 곳, 지금의 나를 있게 만들어 준 근거라는 의미에서 소속됨이나 친숙함과 관련되며 그런 점에서 '살다', '거주하다'의 의미를 포함하고 있다.[10] 또한 idion은 개별자(to idion)를 뜻하기도 하는데, 이는 폴리스의 등장 이래 idion이 공동의 것(koinon)과 확연히 구별되는 처분 가능한 자기만의 재산을 의미했기 때문이다.[11] 그런 점에서 autos가 ② own, 즉 '자기의', '고유한', '스스로의'로 제시된다는 점을 우리는 어렵지 않게 이해할 수 있다. 고유하게 자기인 것으로서의 autos는 또한 genuine이라는 의미를 갖는데, 이것은 인간의 특성에 적용될 때 '진짜(true)', '성실한(sincere)'이라는 의미로 풀이된다. 그런데 앞서 말했듯이 이때의 '고유한', '스스로의' 의미는 오늘날 우리가 말하는 개인만의 '독립적인'이라는 뜻으로 이해된다기보다는 공동체에 속함으로써만 고유하고, 스스로의 힘을 발휘할 수 있는 완전한 인간이 된다는 의미라 할 수 있다.

소크라테스의 유명한 말 '너 자신을 알라'는 타자와 공동체와의 관계 속에서 나 자신의 활동을 살피라는 것과 밀접한 관계를 지닌 말이다. 푸코(M. Foucault)는 『알키비아데스』를 독해하면서, '너 자신을 알라'라는 자기 인식의 주문이 철학의 중심을 차지하게 되면서, 이보다 더 큰 과제인 '너 자신을 돌보라'가 우리의 사유와 삶에서 주변화되었다고 말한다. '너 자신을 돌보라'라는 말은 너와 너 자신 사이의 균열에 주목하는, 그렇기에 또 이들 사이의 관계를 만들어 내는 주문이다. 소크라테스는 '너 자신을 돌보아야 한다. 그런데 이 자기라는 것은 무엇인가(auto to auto)'라고 묻는다. 여기서 묻는 것은 자기 자신(heauton)이라 할 수 있는데, 플라톤은 『알키비아데스』에서 그것이 바로 영혼이라고 말한다.[12]

내가 나 자신을 물을 때 발생하는 결핍과 균열은 자기를 비총체화하는 계기가 되고, 너-너, 나-나라는 관계를 맺을 때 발생하는 이 관계에 대한 반성과 성찰을 요구한다. 그렇다면 이 관계란 어떤 관계인가. 자기 자신이 영혼이라고 할 때, 푸코에 따르면 그것은 실체로서의 영혼(l'âme-substance)이 아니라 주체로서의 영혼(l'âme-sujet)을, 좀 더 부연하자면 행위를 통해서 타자와 관계 맺는 행위 주체로서의 영혼을 의미한다고 말한다. 푸코는 소크라테스가 자기 자신이 영혼임을 밝히는 과정에서 고대 그리스어 khresthai, 즉 "사용하다(se servir)"를 썼다는 점에 주목한다. 사용한다는 말은 단지 어떤 도구를 사용한다는 의미에서의 사물과의 관계만이 아니라, 태도와 행동, 그리고 타인과의 관계를 맺는 것에도 사용된다. 나는 노트북을 사용한다. 이때 나는 노트북과 관계 맺으면서 나의 부분(이것은 단지 손이나 눈이 아니다)을 사용한다. 나는 화나서 소리친다. 이런 나의 행동이나 태도는 나의 어떤 부분을 사용한다(이것은 단지 격앙된 목소리나 올라간 눈썹이 아니다). 소크라테스가 말하는 영혼은 이렇게 복수의 나로서의 자기이면서 활동의 주체로, 영혼을 돌본다는 것은 타자와 일정한 유형의 관계를 맺고 타자와 자기 자신에 대해 태도를 취하는 것을 나타내며, 자신의 품행이나 행동을 돌보는 것을 말하는 것이다. 이때 영혼은 육체로부터 해방되거나 석방되어야 하는 것이 아니라 육체와의 일정한 관계 유형을 만들기 위해 궁리하는 영혼이다.[13] 푸코는 자기 인식의 주체가 영혼, 즉 앞에서 언급한 활동이자 관계 형성의 자기와 관련되어, 자기 배려의 하나의 절차로 등장하는 것이라고 말한다. 그래서 인식 주체는 타자와의 관계 속에 놓인 활동 주체로서 자기와 분리 불가능하며, 자기 인식은 자기 배려라는 보다 더 넓은 과제 안에 있는 것이라고 말한다. 푸코의 이런 해석은 자기란 이미 주어져 있어서 발견되어야 할 실체가 아님을 우리에게 알려 준다.

푸코의 연구는 자기가 관계 개념이며, 그것도 활동 속에서 형성되는 관계임을 환기시킨다. 중요한 것은 이 영혼의 활동성이 지닌 재귀적 특성이 반성과 관련된 판단 능력을 동반한다는 점이다. 아리스토텔레스는 자기가 나의 성향들을 반성적으로 종합하는 활동으로서, 그리고 택한 것을 다시 선택하고 동의한 것을 따른다는 의미에서 의지, 그리고 이와 결부된 평가와 비판을 수행하는 반성 능력을 가진다는 점을 강조한다. 이 같은 자기의 특성을 바탕으로 삼아 아리스토텔레스의 윤리학은 "자기 자신에게 좋고 이로운 것이 무엇인지에 대해 정확하게 숙고(하고) …… 어떤 목적에 다다르기 위해 정확히 헤아릴 줄"아는 행위자, 무엇보다도 행복(eudaimonia)이라는 목표 속에서 숙고하고 선택하는 자발적인 행위자를 상정한다.[14] 여기서 우리가 포착할 수 있는 것은, 인간에게 있어 자기란, 활동을 어떤 목적에 비추어 해석하고 의미를 구하는 인간의 자기평가적 특성을 칭하기 위한 말이기도 하다는 점이다.

이러한 자기 개념은 근대 이래에 '너 자신을 알라(gnōthi seauton; connais toi-même)'라는 나를 인식하기 위한 주문으로 교체되면서, '너 자신(seauton)'의 이 '자기 자신(heauton, soi-même)'을 '나'라고 생각하도록 만들었다. 간단히 말해, 자기는 '나'를 중심에 세우고 진리 인식의 주체로 간주하는 근대적 자아와는 다르다. 자기는 '나'가 아니다. 자기는 데카르트가 말하는 정립된 나(je)와는 다르다. 리쾨르는 "자기를 말하는 것은 나(moi)를 말하는 게 아니다"라는 점을 분명히 한다.[15] 그렇다면 이 점을 감안한다면 "너 자신을 알라"는 어떤 주문일까. 이때 자기는 소크라테스가 말한 "검토한" 삶의 결실이고,[16] 돌이켜 본 삶의 열매다. 무엇보다도 인간에게 자기란, 변화와 대립되는 불변의 의미로서 자체(idem)가 아니라, 시간을 살아가며 낯설고 타자적인 것과 관계 맺으면서 그 속에서 자신을 자리매김 하는 것, 즉 삶의 체험들 속에서 의미를 구하고 그것을 다독여 나가며 지속성을 유지한다는 의미에서 자기(ipse)이다. 리쾨르는 '나'가 아니라 낯선 것과 다른 것을 거쳐 반성을 통해 정립되는 주체를 제시한다.

리쾨르는, 코기토가 극도의 회의 속에서 자신의 신체마저 벗어던지고 그 결과 "사유하는 어떤 것(une chose qui pense)"에 불과한 것이 되기 때문에 다른 사람과 이야기하고 행위를 주도하며, 또 책임을 물을 수도 책임을 질 수도 있는 구체적으로 실존하는 한 사람일 수가 없다고 하면서 데카르트적 자아의 한계를 지적한다. 그는 행하는 것이 사유에 앞서며 사유는 이를 완전히 장악하지 못한다고 보는 것이다. 이 점에서 리쾨르는 무의식을 발견한 프로이트의 주체의 고고학을 수용한다. 그리고 주체를 어떤 언어적 환상이라고 말하는 니체의 입장처럼 주체를 기각하는 입장과도 거리를 둔다. 자기에 대한 '집요한 금욕'을 강조하는 도덕철학자 데릭 파핏(D. Parfit)에 대한 비판도 이런 맥락의 연장에서 진행된다. "나는 없다"라고 할 때, 이 말하는 나, "대체 그 나는 누구인가?"라는 그 질문을 하지 않을 수 없다는 것이다.[17] 리쾨르는 이야기하고, 또 약속하고 평가하고 책임지는 행위를 할 때 그 '하는 주체'가 있기 때문에, 적어도 '나'는 "할 수 있는 능력"을 가진 행위 주체로 존재한다고 말할 수 있다고 답한다. '나'는 텅 빈 것이자 구체적인 것이다. 다시 말해 '나'라는 인칭대명사는 내가 나를 지목할 때 사용하는 명칭이라는 점에서 구체적이나, '너'도 그 자신을 '나'라고 칭할 수 있다는 점에서 '나'는 하나의 전환어(shifter)이기도 하다.[18]

그렇다면 리쾨르는 "나는 누구인가"라는 물음에 있어서 어떤 대답을 할 수 있을까. 나는 타자를 대상으로 놓고 그것에 대한 진리를 파악하는 특권적 지위를 지닌 주체도 아니고 무아(無我)도 아니다. 리쾨르는 "그토록 비일관적인 나, 그러나 당신이 나를 믿을 정도인 그 나는 누구인가?"로 질문을 구체화하며, 성격처럼 좀처럼 변하지 않는 것으로 대표되는 자체성(mêmeté)과는 다른 차원인 자기성(ipseité)를 통해서 나를 규명함으로써, 나에 대한 물음을 자기에 대한 물음으로 좀 더 명료하게 제시한다.[19]

인간은 그 가능성이 어떤 것에 의해서도 미리 결정되지 않았다는 점에서 자기를 살피고 챙기며, 존재하는 데 마음을 쓴다. 그래서 하이데거는 자기란 염려(Sorge)라고 말한다. 하이데거가 염려라고 표현한 것은 다른 철학자들이 의식, 표상에 앞서 그것의 바탕을 이루는 의지, 욕망, 행위를 논한 것과 같은데(스피노자-코나투스(l'effort de chaque être pour exister), 라이프니츠-욕구(appétition), 쇼펜하우어-의지(volonté), 니체-힘에의 의지(volonté de puissance), 프로이트-리비도(libido)),[20] 하이데거의 염려 개념의 차별점은 이런 노력이나 욕망이 시간의 구조를 하고 있다는 점을 밝혔다는 데 있다. 염려의 구조를 "이미 존재자들에 몰입해-있으면서 자기를 앞질러-이미 세계 내에 있음"이라고 말한다. 그래서 인간은 살아온 날들 속에서 살아갈 날들을 바라보며 현재를 살아간다.[21]

리쾨르는 자기성을 하이데거가 제시한 인간의 특성의 연장선에서 고찰한다. 자기성이란 타자와의 관계 속에서 동일성을 유지하는 나를 뜻한다. 인간은 행위하고 느끼고 체험하고 또 다른 이들의 반응을 불러일으키고 이에 다시 반응한다는 점에서, 특히 이 과정이 반드시 언어를 수반한다는 점에서 과학적 설명에서는 얻을 수 없는 행위와 경험의 의미, 나아가 나의 의미나 삶의 의미를 추구한다. '생각하는 나'는 항상 어떤 것에 대해 생각하고 있는 지향성 구조의 일부이다. 이미 어떤 세계 속에 있다는 점에서 자기는 고립되어 존재하지 않으며, 또한 시간 속에서 살아가는 사람이다. 자기성은 낯선 것과 시간의 영향 안에서 구축되는 역동적 정체성으로, 한 사람이 자기유지(le maintien de soi)를 통해 자기가 됨을 의미한다. 리쾨르는 시간 속에 내가 이러저러하게 변하며 다른 사람과 환경에 영향을 받으면서 "나의 욕망이 변화할 때조차도, 내가 견해와 성향을 바꿀 때조차도 '나는 유지할 것(je maintiendrai)'"이라는 점에서, 자기가 된다는 것, 즉 나다움을 찾아서 나답게 살고자 하는 것은 특정한 상황에 대한 결단보다는 말해진 것을 지키는 것과

관련된 약속의 준수(le tenue de la promesse)에 달려 있다고 말한다.[22]

2) 자기를 존중하는 대화

— 자신과의 대화와 타인과의 대화

자기가 되는 것은 자기 자신과의 대화, 즉 반성적 사유를 포함한다. 아렌트는 자기와 자기 자신의 대화로 이를 표현했다. 즉, 한 사람-안의-두 사람(two-in-one)이 전개하는 대화다.[23] 아렌트는 이런 대화를 사유라고 이름 붙이고, 외로움과는 구별되는 고독(solitude) 속에서 이루어지는 활동의 일부라고 말한다. 또한 한 사람 안의 두 사람의 대화는 양심이 불러오는 내면의 대화이기도 하다. "만일 자신과 함께 있는 최소한의 시간을 더는 보장하지 않는다면 세속적 형태의 양심뿐 아니라 종교적 형태의 양심조차도 작동하지 않[는다] …… 양심은 전체주의 정치조직 하에서는 기능하지 않는다. …… 자기 자신과의 대화를 구체화할 수 없는 사람, 즉 모든 형태의 사유에 필요한 고독을 결여한 사람은 자신의 양심을 지킬 수 없다."[24] 주목할 것은, 양심의 존재 여부를 떠나서, 양심이 타인과의 대화로 일깨워지고, 또 그 계기가 없다면 양심은 무력하게 여론이나 권위로 채워진다는 점이다. 아렌트는 아이히만(R. Eichmann)의 양심이 쉬고 있을 때, 그의 행동이 잘못된 것이라는 말을 건내는 사람이 없었음을 지적한다.

우리 각자는 세계의 한 부분만을 볼 수 있으며, 세계의 진상(眞相)은 결코 혼자만의 경험으로는 완전히 파악될 수 없다. 세계에 대한 앎을 얻는 것은 말과 행위를 할 수 있는 다른 사람들의 활동과 불가분이다.

"핵심은 아무도 혼자서는 경험으로 객관 세계를 그 완전한 모습(full reality)대로 적절히 파악할 수 없다. …… 왜냐하면 세계는 항상 한 사람에게 오직 하나의 관점에서만 자신을 보여 주고 드러내기 때문인데, 이 관점은 세계 속에서의 그의 관점에 상응하며 그것에 의해 결정되는 것이다. 만일 어떤 사람이 세계를 '진정으로' 있는 그대로(as it 'really' is) 보고 경험하기를 원한다면, 그것은 세계를 수많은 사람이 공유하고, 그들 사이에 있고, 그들을 분리시키는 동시에 연결시키면서 있는 어떤 것으로서 이해하는 방법을 통해서만 가능하게 된다. 세계는 사람마다 다른 모습을 드러내며, 수많은 사람들의 관점에 관해서 말할 수 있고, 서로가 더불어 그리고 대립하면서 의견과 관점을 교환할 수 있는 한 이해할 수 있다. 오직 우리가 서로 서로 말을 나눌 수 있는 자유 안에서만, 세계에 대한 우리의 말을 통해서, 세계의 모든 측면들은 객관적이고 가시적으로 등장하기 때문이다. 우리가 말하는 내용으로서 객관적으로 그리고 모든 측면으로 볼 수 있도록 출현한다. 진정한(real) 세계에 산다는 것과 그것에 대해 서로 이야기를 나눌 수 있다는 것은 기본적으로 동일하다."[25]

물론 위에서 아렌트는 세계의 진상에 대해서 말했지만, 이는 자기 자신의 참모습을 이해하는 데에도 충분히 적용될 수 있는 주장이라고 할 수 있다. 자기와 자기 자신 사이에서 펼쳐지는 고독한 대화, 즉 아렌트가 "사유"라고 말한 것에서 자신의 참모습이 검토되어야 한다. 그렇지만 또한 이런 검토가 가능하기 위한 조건으로서 타인과의 대화가 필수적이다. 우리는 우리의 뒷모습을 볼 수 없다. 우리의 뒷모습을 온전히 봐줄 친구가 필요하다. 우리가 친구와 함께 있다고 할 때, 그것은 친구와 함께 자신의 이야기를 나눌 수 있다는 것이며, 이를 통해 자기 자신이 누구이고 무엇을 할 수 있고 해야 하는지 그리고 자기 자신이 참된 자기로 사는지를 검토하고 있는 것인지 등을 파악할 수 있음을 뜻한다. 이는 고립 속에서 자기 자신 혼자서는 자기가 되는 과제를 수행할 수 없음을 뜻한다. 고독은 타자와의 우정이 없다면 외로움으로 전락할 것이다.

우리 각자의 자기다움은 타인의 말과 대응 속에서 자신이 누구인지를 더욱 분명히 드러내 보임으로써, 즉 우정에서의 배려와 상호성이 구현되는 대화 속에서 비로소 밝혀진다. 우정의 관계는 약속과 책임의 수행이라는 일관성 속에서만 유지될 수 있다. 상호성을 저해하는 구체적인 방식 중 하나가 약속의 위반과 방기이다. 아렌트는 서로의 신뢰를 저해하는 것, 구체적으로는 약속의 위반이 위선이라고 말한다. 달리 말해 위선자는 자기가 되는 과제에 실패함으로써 자기를 잃어버린 사람이 된다.

— 네, 라고 말할 때

자기가 존재할 만하며 존중받기에 충분하다는 평가는 전적으로 자기 스스로 하는 것이 아니라 다른 사람과의 상호작용 속에서 이루어진다. 자기는 질문과 대답의 구조 안에 있는 자기라는 점에서 역할 교환을 수행할 수 있고 반성하고 객관화하는 사고를 할 수 있는 자기다. "타자가 나를 믿지 않는다면, 나는 나의 약속을 지킬 수 있고, 나 자신을 유지할 수 있는 것일까?"[26] 타자는 나를 침범하고 나를 혼란스럽게 만드는 존재일 수도 있지만 내가 나를 무언가 할 수 있는 존재라고 믿는 존재이기도 하다. 리쾨르는 "하나의 타자로서 자기 자신(Soi-même comme un autre)"이라는 말로 자기와 자기 자신과의 관계가 자기와 타자와의 관계와 불가분함을 강조한다. 여기서 '로서(comme)'는 자격이나 소속을 나타내는 전치사로, 닮음 관계를 나타내는 '~처럼', 등위를 나타내는 '~와 함께'로 번역될 수도 있다.

나 자신은 하나의 타자와 같다. 그리고 또 다른 나로서 나와 유사한 존재로 타자를 이해한다는 것은 타자가 나와 다르지만 나와 똑같이 그 자신을 '나'라고 말하는 누군가일 수 있다는 점을 이해한다는 것이다. 즉 나는 하나의 타자로서 어떤 이로부터 물음을 받는 사람이다. 즉 리쾨르의 이 말은 타자의 물음에 응답하는 나라는 점에 주목하도록 한다. '너는 누구인가'라는 질문을 둘러싸고, 한편으로 물음에 응답할 수 있는 능력을 지닌 자기 자신이 있고, 다른 한편으로는 이렇게 답할 수 있다는 나의 능력에 신뢰를 보내고 있는 타자가 있다. 리쾨르는 자기존중이란 이렇게 나의 능력과 타자의 신뢰가 만날 때 성립된다고 말한다.

이는 자기존중이 타자를 통해서 활성화 된 자기 해석과 타자를 고려함으로써 얻어지는 것, 달리 말해 자기를 존중하는 자기란 타자가 없이는 반성되지 않고 경험될 수 없는 존재라는 것을 의미한다. 때문에 타자 앞에서 행위하는 것, 타자의 이야기 속의 인물이 되는 것이 자기존중에 필수적이다. 자기존중의 윤리는, 내가 이야기할 수 있고, 결정할 수 있고, 약속할 수 있고, 책임질 수 있고, 이전과는 다르게 행동할 수 있는 등 "할 수 있는" 자신의 능력에 대한 믿음과 그 믿음을 구체적인 현실에서 증명받는 행위를 수행하는 것과 관련된다.

우리는 여기서 윤리의 두 가지 차원을 발견할 수 있다. 우리의 "나는 할 수 있다"는 능력이 없다면, 우리는 좋은 삶이라는 윤리적 지향을 추구할 수 없다는 점에서, 다시 말해 윤리가 불가능하다는 점에서 "나는 할 수 있다"는 자기존중은 가장 원초적인 윤리적 긍정이다. 자기를 존중하는 나는 윤리의 바탕을 이룬다. 이 때 윤리의 목표란 "존재하려는 노력에서 그리고 존재하려는 욕망에서 '나'를 찾는 데" 있다.[27]

다른 하나는 리쾨르가 "존재 욕망의 깊이를 더하는 것, 그것이 윤리"[28]

라고 말한 것과 연결되는 측면이다. 그것은 함께 살기, 즉 자기존중이 타자에 대해 마음 쓰고 정성을 들일 수 있음[배려]과 관련된다는 점이다. 나는 다른 사람들 사이에 존재한다. 물론 자기존중이 타자 배려에 우위를 점하는 것은 아닐지라도 타자 배려에 앞선다. 나와 다른 존재를 대면하기 위해서 내가 있어야 하기 때문이다.[29] 때문에 자기존중은 타자를 마주하고 겪어 낼 수 있는 나를 존중하는 것이기도 하다. "할 수 있는 능력"은 책을 읽으면서 그 속에 등장하는 인물과 사건들을 접하면서 하나의 이야기를 따라 읽어 낼 수 있는 것처럼, 또 우연히 마주친 이방인에게 다가간 사마리아인이 보여 준 "만남의 능력"[30]처럼 어떤 것을 받아들이고 이해하고 응수하는 수용성(receptivité)의 능력이기도 하다. 좀 더 구체적으로 말하자면, 타자와 약속을 지키고, 타자에 대한 책임을 다하고 고통을 느끼고(souffrir) 그 속에서 자신을 지탱하는 것(supporter)이 그것이다.[31]

자기존중이란 타자와의 약속과 책임을 지킬 수 있는 자기 능력을, 의도하지 않거나 예상치 않은 상황을 맞이했을 때 자기가 그것을 감당할 수 있는 능력을 확신하는 것을 의미한다. 즉 타자에 대한 마음 씀과 불가분이다. 아렌트가 말했듯이 인간이 존재한다는 것은 사람들 사이에 있음(inter-esse)이다. 인간은 복수성과 차이성과 동등성이라는 인간의 조건에서만, 즉 복수의 사람들이 함께 있으며 각기 다르다는 점에서 동등함 속에서만 존재할 수 있다. 우리는 다르기 때문에 서로 말을 하고 또 같기 때문에 서로 이해할 수 있다.[32] 우리가 각기 다르게 함께 존재한다는 것은 우리가 말하고 행위하고 이해할 수 있게 한다. 달리 말해 다른 누군가와 함께가 아니라면 우리는 말과 행위를 하지 않을 것이다. 그런 점에서 타자는 내가 말하게 하고 타자를 이해하는 그런 나의 능력을 발휘하고 현실화할 수 있게 해 주는 매개다. 자기존중이란, 내가 존중받는 만큼 다른 이들도 나와 똑같이 존중받아야 하는 존재라는 상호성을 갖출 때에야 성립될 수 있다. 이는 상호성이 "동등성의 필연적인 귀결"이며, 정의에 인접해 있음을 보여 준다.[33] 다시 말해 상호적인 관계를 통해 나 자신은 다른 사람들 가운데 하나의 타자로서 존재한다.

리쾨르는 탁월한 상호성의 모델을 아리스토텔레스가 말하는 우정(philia)에서 찾는다. 리쾨르는 친구가 또 다른 나(alter ego)라는 점에서, 친구의 타자성(altérité)에 주목하면서도 친구가 나와 같은(comme) 동등한 자기임을 강조한다.[34] 친구는 내 손과 다리처럼 그런 나의 일부라고 말하는 것이 아니다. 친구는 다른 무엇이나 누구로도 대체 불가능한 존재다. 친구는 나처럼 "나"라고 자신을 칭하는 사람이라는 점에서 또 다른 나다. 이 말은 친구 역시 나처럼 행위할 수 있고 약속하고 책임질 수 있는 또 다른 자기라는 것이고, 그렇기 때문에 친구를 나와 동등한 능력을 지닌 존재로 간주한다는 것을 의미한다.[35] 이런 식으로 다른 사람의 능력을 믿는 진정한 우정이 가능하기 위해서는 내가 먼저 나의 능력을 신뢰하고 존중할 수 있어야 할 것이다. 나는 좋은 삶을 목표로 나의 행위를 심사숙고하고 취사선택할 수 있다는 사실을 존중해야 한다. 나를 대하듯이 친구를 대할 수 있기 때문에, 자기존중의 윤리가 바탕이 되어야만 다른 사람과도 진정한 우정을 나눌 수 있을 것이다. 우정은 자기를 존중하는 사람들이 자기를 존중하듯이 서로를 존중하는 관계인 것이다. 그렇지만 또한 자기존중의 자기는 타자가 없이는 반성되지 않으며 경험되지 않는다는 점에서, 다시 말해 타자라는 매개를 통해 자기의 할 수 있는 능력에 대한 잠재적 확신을 현실화할 수 있다는 점에서, 타자에 의해 만들어진 자기 해석과 자신이 누구인지를 증명하는데 필수인 타자를 배려해야 하기에 타자 의존적이다. 아렌트가 "나와 동등한 사람과 신뢰할 수 있는 교제를 나눌 때에만" 나를 확인할 수 있으며 외로움(loneliness)은 결국 자신을 잃어버리게 만든다고 말하는 것도 이 때문이다.[36] 우정은 자기를 귀하게 여기는 만큼 타자와 더불어 있음을 배려하고, 나아가 대체 불가능한 타자를 위하여 배려하는 것을 포함한다. 그래서 리쾨르는 아리스토텔레스가 말하는 우정에서 발견되는 자기와 타자의 상호성의 원리를 강조하면서, 우정에서 나타나는 각자 자기인 나-들 사이의 관계를 뜻하는 '서로'의 관계인 상호성(réciprocité)을 타자 존중, 즉 배려의 원리로 제시하는 것이다.[37] 결국 자기 유지는, 마치 마르셀이 말하는 창조적 충실성과 유사한 것으로(이에 대해서는 이 책의 2장 가족을 참고), 우정 안에서의 영속성(la constance dans l'amitié)이라고 말할 수 있다.[38]

3) 자기를 단련하고 자기를 살리는 이야기

— 텍스트로 배우는 자기

앞서 살펴 보았듯이, 자기 이해란 반드시 자기와 타자와의 관계를 경유한다. 리쾨르는 다수의 타자와 결부된 자기 이해의 여정을 '이야기'라는 매개를 통해서 그려낸다. 리쾨르는 인간의 행위와 시간의 특성에 주목하면서, 이에 걸맞은 '나는 누구인가'라는 물음의 답변 방식이 사건의 이유와 근거를 찾는 이야기적(narrative) 방식임을 강조한다.[39] 아리스토텔레스는 이야기가 행위의 모방(mimesis)이라고 말한다. 곧잘 우리는 자신의 행위 각각을 자신이 살아온 날과 살아갈 날들을 연결하는 서사적 구조처럼 이해한다. 자기 이해는 궁극적으로는 자기의 체험을 이야기로 만들고 이야기를 읽으면서 이뤄지는 체험활동을 통해서 이뤄질 수 있다. 즉, 딜타이(W. Dilthey)가 말한 삶의 연관(Zumsammenhang), 즉 하나의 삶의 이야기(histoire d'une vie)로서 자기를 다루는 것이다. 리쾨르는 인간 존재를 해명하는 관건은 '이야기된 시간(temps raconté)'이고, 쓰여진 이야기는 삶의 의미를 이해하는 통로라고 말한다. 나아가 인간 실존의 의미가 이야기 그 자체라고 말한다.[40] 이야기는 인물, 사건, 시간들 등 비일관적이고 부조화한 이질적인 것들을 플롯을 통해 엮어 내어 형상화 한다는 점에서, 삶을 인지 가능하게 만든다. 이야기 속에서 좀처럼 변하지 않는 성격이 구체적으로 펼쳐지고 변주되며, 새로운 행위의 가능성이 열린다. 이 가능성을 실현해 가는 식으로 공언한 약속을 이행함으로써 나의 일관성을 형성해 갈수도 있다. 나의 정체성의 두 차원인 자체성(예컨대, 성격)과 자기성(예컨대, 약속)의 결합은 이야기를 통해 새로운 차원을 얻는다. 리쾨르는 이를 "이야기적 정체성"[41]이라 칭한다. 인간에게 있어 자기란, 인간의 구축물인 이야기를 통해서 자신과 그 삶의 불안정성과 불연속적 일시성을 받아들이고 이해할 수 있으며, 이로써 자신의 정체성을, 그리고 자신의 삶의 의미를 구축한다는 점에서 이야기적 자기다.[42]

우리는 이야기를 읽을 때 인물과 상황과 줄거리를 따라가면서 평가하고 예상하고 조정하는 식으로 이야기를 이해할 수 있다. 우리에게 한 이야기의 진행을 따라갈 수 있는 타고난 능력(compétence native de suivre)이 있다고 한다면, 이 따라가는 능력의 특수한 유지와 지탱의 힘은 출생과 함께 우리에게 주어진 '존재하려는 욕망'의 다른 표현이라고도 말할 수 있겠다. 이런 능력은 감당할 수 없는 삶의 경험 등을 감당할 수 있게 해 주는 능력이기도 하다. 우리는 우리가 겪는 우연과 슬픔, 삶의 균열을 이야기함으로써 견딜 수 있다. 다시 말해 이야기를 따라가는 우리의 능력이 발휘되는 이야기하기와 이야기 읽기 속에서 우리가 (당)했던 일의 결과와 앞으로 할 일을 '구제'함으로써 존재하려는 욕망이 실현된다고 말할 수도 있겠다.[43] 이렇게 이야기를 따라가는 능력이 발휘되는 이야기 짓기와 이야기 읽기를 통해서 우리가 바라는 "이상들과 꿈들로 이루어진 좋은 삶이라는 성운"은 성좌를 이루게 되며 우리 삶

속에서 빛날 수 있을 것이다.[44]

리쾨르는 이같은 이야기적 자기에 관한 논의를 아리스토텔레스가 『시학』에서 제시한 미메시스, 즉 행위의 모방(Mimesis : 이하 M)에 대한 이론을 삼중의(triple) 미메시스의 구도로 확장에서 다뤘다.[45] 간단히 말하면 이야기로 만들어지기 전에 우리가 살아나가는 현실의 차원과, 이와 모종의 연관을 갖고 있는 이야기 짓기를 통해 형성된 이야기 그 자체의 차원, 그리고 마지막으로는 이 이야기를 읽는 현실의 독자 차원으로 이야기적 자기를 고찰하는 것이다. 여기서 중요한 것은 독자가 이야기를 읽고 자신의 삶에 '적용'하는 방식으로 이야기가 다시 현실과 관계 맺는 지점이다.[46] 무엇보다도 이야기 속에서 그려진 새로운 세계와 만나는 독서를 통해서, 독자는 자신을 이해하고 자신의 행위와 삶을 새롭게 모색할 수 있다. 이야기가 제시하는 세계는 그 이야기 속의 화자나 인물이 결코 윤리적으로 중립적이지 않다는 점에서, 독자가 세계와 독자 자신을 새롭게 평가하도록 한다. 이런 의미에서 이야기는 윤리적이지 않을 수 없다. 한편으로 이렇게 이야기가 보여주는 윤리적 주장들을 선택하는 것은 살면서 무언가를 행할 독자의 몫이다. 이렇게 볼 때 이야기적 자기는 독자의 성격 등 자체성에 해당하는 부분, 그리고 독자가 처한 역사와 사회와 결부해서 다루어져야 한다.

독자는 이야기를 읽으면서 자신이 살아갈 수 있고 자신의 고유한 힘을 투사할 기획들의 의미를 해석함으로써, 현실의 자신의 삶을 수용하고 변화시켜 나아가는 식으로 자기 이해를 활성화하게 된다. 독자는 이야기가 제안하는 세계(monde du texte), 달리 말해 텍스트에 의해 펼쳐진 의미 있는 제안들(propositions de sens)에 자신을 노출시키고 개방하면서, 그런 가능성들의 세계에 자신을 던지고 이전보다 더 폭넓고 깊어진 자기를 수용하는 과정에서 자기다움을 형성할 수 있다. 즉, 자기가 될 수 있을 것이다. 독자는 먼저 텍스트가 촉발하는 세계에 자신을 잃고, 그 다음에 이야기 뒤에 숨어 있는 저자의 의도를 해석하는 것이 아니라 텍스트 앞에 있는 자기의 이해능력을 활성화하는 능동적이고 주체적인 수용 능력에 따라 텍스트를 받아들이면서,[47] 그 이야기에서 아직 이야기되지 못한 의미를 다시 읽어 내고 이야기될 수 있도록 한다. 이 같은 독서는 텍스트의 의미를 독자가 전적으로 소유하거나 장악하지 않는 자기화(appropriation)다. 독자 자신은 오히려 나 자신에 대해 거리를 두면서 비판적 계기를 작동시킨다. 즉 독자가 텍스트로 배운다는 것은 저자의 의도를 따르는 것도 아니고 전적으로 자신만의 주관적인 의도를 따른다는 것도 아니다.

독서를 통해 독자는 더 넓은 자기를 수용한다. 이는 단지 독서가 독서에 머무는 것이 아니라 독자가 이전과는 다른 삶의 방식과 그에 따른 행동을 고려함을 의미한다. 이런 점에서 자기가 되는 것이란, 달리 말해 텍스트의 제자로서의 자기(le soi, disciple du texte), 즉 텍스트라는 매개를 통해 가르침을 받는 것이라 할 수 있다. 이는 자기가 텍스트의 의미의 주인이 아님을 뜻함과 동시에 독서가 일종의 관계의 훈련으로서 실천적 삶을 이끄는 것임을 뜻하는 것이기도 하다.

인간은 좋은 삶이라는 지향 속에서 행위하고 말하며 자신의 삶의 이야기를 통해서 자신을 해석하고 삶의 의미를 길어 올리는 존재다. 놓치지 말아야 할 것은 우리의 꿈들로 이뤄진 좋은 삶이라는 성운은 고정된 하나의 성좌로 완성되어 응고되지 않는다는 점이다. 리쾨르는 이야기가 불협화음을 내포한 화음(concordance discordante)[48]이라고 말한다. 이 말은 파편화된 현실 체험이 이해 가능하게 엮어짐을 의미하면서도, 이렇게 얻어진 일관성이 결코 완벽한 일관성을 담지한 종결된 이야기일 수 없음을 의미하는 것이다. 달리 말해, 텍스트로 배운다는 것은 끝이 없다. (덧붙여 우리는 여기서 구어로 이뤄지는 담화와는 달리, 문어인 텍스트가 원저자로부터 보다 독립적이라는 점에서 독자가 다른 해석을 할 잠재성을 더 많이 보유하고 있다는 점을 이해할 필요가 있다. 이는 대화에서의 발화자와 청자 사이에 이야기 해석의 일치 가능성이 훨씬 높은 반면에, 텍스트의 해석은 일치보다는 각기 다른 해석들의 갈등(conflit du interprétations)을 겪는다는 말이다.)

— 삶 이후의 삶

우리가 삶의 이야기를 엮는다고 할 때, 가장 분명하게 알 수 없는 것은 무엇보다도 자기의 탄생과 죽음, 즉 시작과 끝일 것이다. 대체 우리는 왜 이렇게 태어나서 온갖 일을 겪으며 또 덧없이 사라지는가. 특히 우리는 언제 어떻게 엄습할지 모르는 죽음의 허망함 속에서 하루하루의 삶이 무의미하다고 생각하기도 한다. 인간은 인간이라면 결코 피해나갈 수 없는 죽음으로부터 벗어나는 길을 모색하기도 한다. 물론 우리는 생물학적으로 죽지 않을 수 없다. 그렇다면 이와 다른 차원의, 인간적인 불멸이란 무엇일까? 인간이 이야기할 수 있다는 점에 초점을 맞춰보자. 이야기는 우리에게 인간적 차원의 불멸을 가능하게 선사해 줄 수 있는 길을 열어 주는 것이 아닐까. 우리의 말과 행위가 이야기됨으로써 우리는 순식간에 사라져 버리는 번개[49]가 아니라 반짝이는 하나의 별이 될 수도 있는 것이다. 그런데 이 점은 한 인간이 죽은 다음에도 계속되는 공동의 시간(temps commun)이 우리에게 있음을 전제로 성립한다. 자기가 누구인지가 자기의 삶의 이야기 속에서 밝혀진다고 할 때, 이 이야기를 위한 언어는 다른 이들로부터 받은 것, 그리고 그들과 공유하는 것이기도 하다. 그리고 그 이야기는 다른 누군가에게 이야기하는 것이고, 달리 말해 읽어 줄 누군가를 필요로 한다. 리쾨르는 이야기가 죽음으로부터 우리를 풀려날 수 있도록 한다고 말한다. 예컨대, 죽은 사람은 역사가 내지 이야기꾼의 이야기 속에서 살아있다.[50]

하이데거는 존재의 의미를 시간의 지평에서 이해함으로써, 인간이 죽음을 향한 존재(Sein-zum-Tode)라는 점에서 죽음이라는 사건 앞에서 시간을 자신의 시간으로 만들면서 자신의 고유성과 총체성을 확보하는 데서 자기다움을 확인한다고 보았다. 리쾨르는 이런 죽음의(mortal) 시간을 사적 시간이라고 간주하고, 불멸성을 가능하게 하는 공적 시간을 상정한다.[51] 공적 시간은 물리적이거나 우주적인 시간을 말하는 것이 아니다. 죽은 자가 남긴 말이나 그가 포함된 이야기를 접하는 살아남은 자들 속에서 죽은 자의 이야기가 계속된다는 의미에서 죽은 자를 포괄하는 공적(공동체적) 시간, 달리 말해 앞으로 살아갈 사람들과 죽은 사람들이 공유하는 시간을 말하는 것이다. 이렇게 볼 때, 인간은 죽음을 통해 이해되는 것이라기보다는 그가 태어나서 살았다는 것 혹은 남겨진 흔적과 이야기, 이야기를 새롭게 엮고 읽을 다른 사람(이른바 미래 세대)과 결부되어서 이해될 수 있다.[52]

누구나 죽는다는 것은 분명하다. 나는 절대로 죽음을 피할 수 없다. 나의 죽음은 다른 사람이 대신해 줄 수 없는 것이다. 하지만 나의 죽음의 의미가 자신의 것이라고만은 할 수 없다. 우리는 가까운 사람들의 죽음을 통해 상실을 배우고, 또 다른 사람의 죽음으로부터 나의 삶의 의미에 대한 울림과 자기가 누구인지에 대한 성찰을 하게 되는 경우도 있지 않는가?[53] 그렇다면 죽음에로 앞서 내달려가 보는 결단보다는, 이 세상에 태어난 한 사람이 씨줄과 날줄이 고스란히 보이는 거칠게 엮여 있는 천으로 한 땀 한 땀 자신의 하얀 수의를 만들어 가며 자신의 삶을 오롯이 다하는 그때까지 살아가는 것, 그것이 자기가 되는 과제를 안고 있는 사람이 맞이하는 죽음의 모습이고 단번에 온전한 그림으로 그려지지 않는 자기다움을 감당하는 것이 아닐까? 수의는 자기를 감싸는 것이기도 하지만 그것을 보고 느끼는 것은 남은 사람들이다. 이제 사람들에게 남겨진 나의 이야기는 죽어 사라진 나의 자기다움과 좋은 삶을 이어가고 구제해 주는 이야기가 될 수 있다. 그렇지만 그 이야기의 존재 여부는 나에게 달린 것이 아니며 이야기 독서는 더더욱 나에게 달린 것은 아닐 것이다.

[텍스트 풀고 짜기] 내 삶의 이야기, 타인의 삶의 이야기

사람다운 삶을 산다는 것은 나답게 사는 것이며, 나답게 사는 것은 자기를 존중하지 않고서는 불가능하다. 리쾨르에 따르면, 자기 존중(estime de soi)이란 좋은 삶이라는 목표 아래서(visée de la vie bonne) 타인과 함께하고 타인을 위해(avec et pour les autres) 배려(sollicitude)하며, 정의로운 제도 속에서(dans des institutions justes) 살아감으로써 궁극적으로 가능하고 또 이럴 때 참된 의미에서의 사람다운 삶을 살아갈 수 있다.[54] 다시 말해 참된 의미에서 사람다운 삶은 자기 존중과 타자 배려에 함축되어 있는 약속과 책임의 수행을 빼놓고서는 불가능하다. 사람다운 삶은 나의 약속의 능력을 신뢰하는 사람들과 나의 그 능력을 신뢰하는 그 타자의 능력에 내가 신뢰를 보내는 상호 신뢰에 바탕을 두고 있다. 이런 신뢰 관계가 증발되었을 때, 사람다운 삶은 증발되게 된다. 그렇지만 어떻게 우리 서로는 한 사람이 다른 사람을 흡수하거나 우위에 서지 않으면서 우정과 같은 상호적 관계를 형성할 수 있을까? 특히 오늘날 우리의 현실에서 이런 관계는 매우 드문 것처럼 보인다. 더구나, 어쩌면 상호성을 위협받는다고도 표현할 수도 없는, 타자의 지위조차 획득하지 못한 보이지 않는 타자들이 있다. 예컨대, 그런 점에서 현실적으로 상호성은 우리에게 하나의 과제로서 그것을 창출하고 유지하는 '정의'의 문제로 제기된다.[55] 보이지 않는 타자들이 공적 공간에서 자신의 이야기를 하고 행동할 수 있도록 고무하는 것이 그것이다.[56] 이는 한편으로, "정의를 추구하다가

패배한 죽은 자들의 역사는 말해질 것을 요구"[57]한다는 리쾨르의 말처럼, 이야기되기를 요청하는 과거의 인물과 사건들이 있으며 이들을 우리가 기억해야 함을 뜻한다. 다른 한편으로 앞서 오늘날 이웃을 사유한다는 것은 하나의 제도를 정당화하거나 개선하거나 비판하는 것이라고 말한 것처럼, 동시대에 살고 있는 '말을 잃어버린' 사람들이 우리에게 제기하는 제도의 난점 내지 취약함에 대한 성찰과 행위를 우리가 함께 수행해야 함을 뜻한다.

위에서 언급한 좋은 삶과 사람다운 삶의 의미를 염두에 두고, 자기 이해의 연습으로서 삶의 이야기 짓기를 수행해 보자. 그것은 나의 자서전이나 소설과 자서전의 혼합 형식(autofiction)일 수 있다. 물론 다른 사람의 이야기를 쓰는 것일 수도 있다.

1 Ferreira Gullar, "traduzir-se", 이승덕, 「브라질 현대시에 관한 고찰」, 『외국문학연구』, 한국외국어대학교 외국문학연구소, 1996, p.216~219에서 인용, 이 시와 관련된 내용을 제외하고, 7장 내용의 상당 부분은 「진정성 개념과 그 윤리적 함의 : 아렌트와 리쾨르를 중심으로」(김세원, 2017)의 일부를 재구성한 것이다.

2 김복동 할머니는 일본군성노예의 피해자로 1992년 3월 자신이 겪었던 일과 일본군 '위안부'시설을 세상에 알린 평화운동가다. 일본 정부의 사과를 받기 위한 활동을 임종하시는 마지막 순간까지 멈추지 않으셨다.

3 쇠얀 키에르케고르, 『불안의 개념(죽음에 이르는 병)』, 이명성 옮김, 홍신문화사, 2014, p.163.

4 리쾨르, 『해석의 갈등』, 양명수 옮김, 한길사, 2012, p.49, p.45.

5 '그렇다'와 '그렇지만'을 "~에도 불구하고"라는 순접과 역접을 포괄하는 하나의 접속사로 간주할 수 있을 것이다. "~에도 불구하고"대해서는 폴 리쾨르, 『해석에 대하여 : 프로이트에 관한 시론』, p.740~741, 『해석의 갈등』, p.452~454, 『역사와 진리』, p.424 참고.

6 Paul Ricoeur, MHO, p.599.

7 Paul Ricoeur, SA, p.210.

8 Paul Ricoeur, SA, p.210~211 참고 ; 홍성우, 「자아의 정체성과 도덕적 선의 관련성 문제-찰스테일러의 견해를 중심으로」, 『범한철학』 제22집, 범한철학회, 2002, p.178~179 참고. 찰스 테일러, 「자아에 대한 책임」, p.260~261, p.264 참고.

9 한나 아렌트, 『이해의 에세이』, 홍원표 외 옮김, 텍스트, 2012, p.489, 509.

10 마르틴 하이데거, 『존재와 시간』, 이기상 옮김, 까치, 1998, 12절 참고.

11 H. Arendt, HC, p.76.

12 플라톤, 『알키비아데스』, 129a~b.

13 미셸 푸코, 『주체의 해석학』, p.95~97. 푸코는 이를 『파이드로스』나 『파이돈』에서처럼 육체의 포로가 되어 있어 해방시키거나 적절한 방향으로 이끌어가야 할 영혼과는 다른 의미라고 지적한다. 『알키비아데스』 129a~b 참고.

14 아리스토텔레스, 『니코마코스 윤리학』, 1140a ; *Paul Ricoeur, The course of Recognition, Harvard University Press*, 2005, p.84.

15 Paul Ricoeur, SA, p.212.

16 Paul Ricoeur, SA, p.212.

17 Paul Ricoeur, SA, p.198.

18 Kathleen. Blamey, "From the ego to the self : a Philosophical Itinerary", p.596~597.

19 DNA와 지문 같은 생물학적 특징처럼 실체 범주의 관계 차원에서, 하나의 자기라는 수적(numérique) 동일성(오늘의 나와 내일의 나, 학교에 있는 나와 콘서트에서의 나는 여러 사람이 아니라 단일한 한 사람이다(unicité)), 극단적인 유사성으로서 질적(qualitative) 동일성, 생애 과정의 중단 없는 연속성(continuité)으로의 동일성으로 이를 자체성(mêmeté)으로 규정한다. 지속적인 기질들의 총체인 성격(caractère)도 이에 해당된다. Paul Ricoeur, SA, p.167.

20 폴 리쾨르, 『해석의 갈등』, p.241.

21 마르틴 하이데거, 『존재와 시간』, 65절 참고.

22 P. Ricoeur, SA, pp.148~149.

23 H. Arendt, OT, p.476.

24 한나 아렌트, 『정치의 약속』, p.54.

25 한나 아렌트, 『정치의 약속』, p.171.

26 SA, 435~436, 393

27 폴 리쾨르, 『해석의 갈등』, p.50~51 ; 폴 리쾨르, 『해석에 대하여』, p.95.

28 폴 리쾨르, 『해석의 갈등』, p.381.

29 P. Ricoeur, HV, p.362.

30 P. Ricoeur, HV, p.100.

31 P. Ricoeur, SA, p.21, p.185.

32 H. Arendt, HC, p.235~237.

33 P. Ricoeur, SA, p.215, p.217.

34 P. Ricoeur, SA, p.216.

35 P. Ricoeur, SA, p.225~256.

36 H. Arendt, OT, p.476~477.

37 P. Ricoeur, SA, p.215.

38 P. Ricoeur, SA, p.148.

39 P. Ricoeur, SA, p.167.

40 리차드 커니, 『현대 사상가들과의 대화』, 김재인 외 옮김, 한나래, 1998, p.298.

41 P. Ricoeur, SA, p.143. identité narrative를 récit나 raconté와 같은 맥락에서 '이야기적 정체성'이라고 번역하는 것의 적절성에 대해서는 윤성우, 『폴 리쾨르의 철학』, p.214 각주 참고.

42 P. Ricoeur, TR3, pp.442~444.

43 아렌트의 이야기론을 다루면서 다나 빌라(Dana R. Villa)는 "아렌트의 프락시스는 시적 생성함이 아니라 구제력으로 등장한다"라고 말하는 이유도 이런 맥락에서 이해할 수 있을 것이다. 다나 빌라, 『아렌트와 하이데거』, 서유경 옮김, 교보문고, 2000, p.538.

44 P. Ricoeur, SA, p.210. 데이비드 카, 『시간, 서사, 그리고 이야기』, 유화수 옮김, 한국문화사, 2009, pp.126~128 참고. 이에 관한 리쾨르의 의견은 David Wood(ed.), On Paul Ricoeur: narrative and interpretation, Routledge, 2011의 서면 대담 "David carr, Charles Taylor, Paul Ricoeur"참고.

45 P. Ricoeur, TR1, 1부 제3장 '삼중의 미메시스'참고.

46 P. Ricoeur, TR3, p.285~286. 여기서 말하는 독서는 이해와 설명이 함께 이뤄지는 작업이라는 점에서 다른 사람의 의도를 즉각적으로 포착하는 감정이입과는 다르다. ; TA, p.220.

47 P. Ricoeur, TR1, p.176.

48 P. Ricoeur, TR1, p.86.

49 폴 리쾨르, 『해석의 갈등』, p.245.

50 P. Ricoeur, MHO, p.456~458 ; 리차드 커니, 『현대 사상가들과의 대화』, p.302.

51 P. Ricoeur, TR1, p.160.

52 P. Ricoeur, MHO, p.456~458, p.468~470 참고.

53 P. Ricoeur, MHO, p.456~458, p.468~470 참고.

54 P. Ricoeur, SA, p.202. 좀더 구체적으로 말하면, 좋은 삶이라는 목표를 향해 정의로운 제도들 속에서 타자와 함께 타자를 위해서라는 윤리적 지향을 갖고 있으며, 이런 윤리적 지향은 좋은 삶의 의무로서 규범, 정의의 원리라는 도덕을 통과해야 한다. 도덕 보다는 윤리가 우선한다. P. Ricoeur, SA, pp.230~231 참조. 리쾨르는 규범을 통과한 프로네시스는 "가능한 한 규칙을 가장 덜 위반하면서 관심을 요구하는 예외를 잘 충족시키는 행위를 만들어 내는 것"이라고 말하며, 이를 일컬어 "비판적 프로네시스"라고 한다. P. Ricoeur, SA, p.312 참조.

55 폴 리쾨르 대담, 『행위의 의지에 관하여』, 작가세계, p.416.

56 이런 정의의 문제들은 약속을 어기고 잘못을 행하고 또 그런 것에 나 몰라라 하는 사람들이 있으며, 나아가 또 누구나 할 수 있는 정도의 위반이나 잘못이 아니라 우리가 감당할 수 없는 일을 저지른 사람들, 예를 들어 연쇄 살인마라든지 독재자, 전쟁범죄자와도 상호적 관계를 형성할 수 있을지에 대한 문제 역시 포함한다. 이런 경우 상호적 관계의 형성을 위해, 리쾨르는 먼저 행위를 행위자로부터 분리시킬 것을 제안한다. 인간이 할 수 있는 능력을 지녔다면 인간은 자신의 행위보다 더 나은 존재일 수 있기 때문이다. 하지만 이는 사소한 잘못을 저지른 사람에게는 적절하겠지만, 앞선 사례들에는 쉽사리 적용되지 못할 것 같다. 이 경우들은 상호성을 창출하기 위한 보다 어렵고 긴 과정이 필요하다. 우선 이런 잘못의 피해자들은 대체로 끔찍한 경험을 스스로 제대로 말하기가 어렵기에, 모든 슬픔을 견딜 수 있도록 하는 이야기의 힘이 커다란 슬픔 속에서는 소멸되는 지경에 이르기 쉽다. 이들은 보이지 않은 타자로 남는 경우가 많다. 그렇기 때문에 어쩌면 이는 다른 사람에 의해서만 시작될 수 있을지도 모르며, 피해자들의 경험이 이야기되고 기억되게 하기 위한 사회적 조건이 마련되어야 할 것이다. 다음으로 가해자 자신이 용서를 구하는 것이 필요할 것이다. 그렇지만 상호성은 여기서 곧바로 확보되지 않는다. 피해자는 용서의 의무가 없을 뿐더러 궁극적으로 용서는 잘못과 피해에 대한 망각을 통해서만 완수되기 때문이다.

57 리차드 커니, 『현대사상가들과의 대화』, p.299.

[보론]

이야기로 맺어진 관계

한나 아렌트와 라헬 파른하겐의 경우 :
자기, 이야기, 진정성에 대한 아렌트의 모색

| 관계의 인문학 |

한나 아렌트와 라헬 파른하겐의 경우 :

자기, 이야기, 진정성에 대한 아렌트의 모색[1]

1. 들어가며

라헬 파른하겐(1771~1833, 본명 : 라헬 레빈, 이하 '라헬')은 베를린에서 살롱을 운영했던 독일 낭만주의의 '위대한' 여성이다.[2] 일찍이 1920년대 말 아렌트는 라헬의 일기와 편지를 바탕으로 하여『라헬 파른하겐 : 한 유대인 여성의 삶』(Rahel Varnhagen : The Life of a Jewich Woman)(이하『라헬』)을 썼다. 알려진 바로는 아렌트가 이 글을 교수자격 논문을 준비하는 과정에서 썼다고 하는데, 단순히 보자면 그녀의 학위 논문『사랑 개념과 성 아우구스티누스』의 주제인 '사랑'이『라헬』을 관통하는 소재라는 점에서 그 연구의 연속성을 확인할 수도 있을 것이다. 그렇지만 이 책이 나치 집권이 막 시작되는 시기에 아렌트가 독일을 떠나 망명지에 체류했던 시절에 완성되었다는 점에서, 우리는 아렌트의 관심사가 단지 연애와 결혼의 기쁨과 슬픔 속에서 영혼을 고양해 나아가는 한 여성의 삶을 그리는 것이 아니었음을 예감할 수 있다.

아렌트와 라헬이 유대인이었으며, 이 점이 그녀들의 삶에서 지워지지 않은 파문을 일으켰다는 점을 고려해 볼 때, 책의 기획은 보다 선명해진다. 아렌트 본인이 서문에서 밝히듯,『라헬』은 "독일 유대인의 비운에 대한 자각 아래 쓰였다." 아렌트에게 있어서 지루하다고 여겼던 유대인 문제가 이 책을 쓸 당시에 현실적으로 긴급한 문제로 그녀에게 '들이닥쳤다'는 점을 감안한다면, 『라헬』은 아렌트가 유대인으로서 자신의 정체성을 고민하고 그를 정치적인 문제에 입문하도록 했던 유대인 문제에 개입하는 것과 불가분이다.[3] 지금까지 『라헬』은 아렌트가 망명 이후에 본격적으로 전개하는 철학과 관련하여 중요한 작품으로 평가되었다. 『전체주의 기원』에서 유대인의 무정치적(apolitical) 태도가 자초한 고립, 또 『인간의 조건』의 핵심을 차지하는 '사회'에 대한 비판과 정치 행위 등의 단초를 발견할 수 있기 때문이다.[4]

본 논문은 앞선 연구와 평가에 공감하면서, 『라헬』을 아렌트가 수행한 진정성(authenticity)에 대한 연구였다고 보고, 이 저작을 근래 들어 재개되고 있는 진정성 연구의 일부로 자리매김하고자 한다.[5] 아렌트가 『라헬』은 물론이고 그 어디에서도 진정성이라는 용어를 사용해서 자신의 철학을 주제화한 적이 없다. 그렇지만 근대의 진정성이라는 이상이 초기 낭만주의로부터 유래했다는 테일러의 주장을 전제로, 아렌트가 낭만주의라는 말이 확립되기 이전에 낭만주의 그 자체였던 라헬을 탐구하면서 "낭만주의적 개인주의의 유산"의 난점을 비판하고 있음[6]을 감안한다면, 『라헬』 전반을 관류하는 주제를 진정성에 대한 탐색이라고 간주하려는 것이 무모한 시도는 아니라 할 수 있을 것이다. 필자가 보기에 아렌트는 낭만주의가 추구하는 진정성이라는 이상의 넓은 취지에 어느 정도 공감하고 동의를 보내면서도, 낭만주의가 상정하는 전제와 방식이 취지의 실현을 좌절시키며 더 나아가 취지에 역행한다고 보는 듯하다. 인간에게 있어 진정성의 추구란 시대를 막론하고 중요한 문제였다. 왜냐하면 진정성은 자기 이해 그리고 삶의 의미와 결부된 개념이기 때문이다. 아렌트는 『라헬』를 통해서 근대 사회에는 진정성에 대한 열망이 그 어느 때보다도 더 커진 만큼이나 이를 실현하기는 더욱더 어렵게 되었다고 보며, 진정성의 추구에 담긴 취지를 제대로 살릴 길을 모색하고 제안하는 것으로 보인다.

이 글에서 『라헬』과 진정성을 둘러싼 쟁점을 모두 잘 살피는 것은 불가능하다. 이 연구의 시작으로 『라헬』을 진정성에 대한 탐구로 독해하기 위한 몇 개의 길잡이를 제시하고, 이어서 진정성이 자기표현과 관련된 특성 내지 이상이라는 점에서 아렌트가 『라헬』에서 상당히 비중 있게 언급하는 라헬의 자기표현, 그중에서도 라헬의 무분별한 발화에 대한 비판적 견해와 서술에 초점을 맞추어 보려고 한다. 『라헬』은 『어두운 시대의 사람들』과 더불어 아렌트의 작품 중에서 이야기적 방식이 두드러지는 저작이라는 점에서, 본고에서 다루고자 하는 내용을 개념적으로 가지런히 정돈하여 드러내기란 쉽지 않다. 그렇지만 진정성이 대체로 문학 작품을 통해 다루어지며 어떤 체계적인 지식으로 전달되기 어렵다는 것을 감안한다면, 오히려 아렌트가 이 주제를 다루기에 적합한 방식을 취사 선택하였다고 볼 수도 있다. 달리 말해 진정성이 자기 이해와 관련된 개념이며 이야기는 자기의 삶을 견디고 자기 삶의 체험을 이해 가능하게 해 주는 통로라는 점에서, 이 책의 이야기적 방식은 우리의 논의에 어떤 난맥상을 만들어 낸다기보다는, 본고의 주제는 물론이고 그녀의 철학 전반을 이해하는 데 있어, 가장 눈여겨 봐야 할 탁월한 부분으로 여겨져야 할 것이다. 그렇다면 바로 이 이야기와 관련된 것이 논의의 초입에 선 우리가 만날 길잡이가 될 수 있지 않을까.

2. 자기다움과 이야기적 자기의 자기 이해

아렌트는 『라헬』에서 라헬의 내밀한 감정과 사생활이 담긴 편지나 일기를 '어떤 여과도 없이' 라헬이 그 자신에게 일어난 일을 그 자신이 솔직하게 말하듯이 담아내고자 한다.[7] 아마도 아렌트가 이런 저술방식을 취한 것은 라헬의 남편인 아우구스트 파른하겐이 라헬 사후에 그녀의 글을 발간할 때 의도적으로 유대인적 정체성을 둘러싼 글을 수록하지 않았는데, 이것이 라헬의 자기다움, 다시 말해 본모습 내지 진면목을 보여주지 않다고 판단했기 때문일 것이다. 아렌트는 출간된 라헬의 글 자체가 보여주지 않는 것, 그러나 알려져야 할 라헬의 모습을 라헬 자신의 글로 드러냄으로써 그때까지 제대로 주목받지 못한 라헬의 모습을 드러내고자 했던 것으로 보인다. 물론 유대인성이 실제로 라헬의 생애와 삶의 의미에 있어 어느 정도의 중요성을 차지하는지는 논란이 될 만하다. 유대인 문제와 관련하여 "라헬의 현실을 당신 자신[아렌트]을 이해하고 해방하기 위한 일종의 안내자로 이용하고 있는 것"은 아닐까 하는 야스퍼스의 우려도 이런 점을 염두에 둔 것으로 이해할 수 있을 것이다.[8]

그렇다면 우리는 여기서 유대인다움을 포함하여 라헬의 본모습 내지 라헬다움의 근거는 무엇에 있으며 그것은 어떻게 파악될 수 있는지에 관한 의문을 던질 수 있을 것이다. 이에 대한 답을 구하는 것에 앞서, 우리가 먼저 짚고 넘어가야 할 것은 아렌트가 라헬의 글을 읽고 이야기를 씀으로써 라헬의 본모습을 드러내고자 했다는 점에서 진정성 개념과 관련된 두 가지 사항을 제시할 수 있다는 점이다. 첫째, 진정성이 성실성이나 정직이나 솔직과는 구별되는 점은 어떤 이의 그다움을 뜻하는 자기성의 문제와 관련된 개념이라는 점이다. 일상적으로 우리가 사용하는 진정성이라는 말의 용례를 보면, 거짓 없이 참으로(겉으로 보이는 말과 행위의 이면에 어떤 다른 의도를 숨기지 않고 있는 그대로를 내보이고), 참된 마음[진심]을 온전히 다해, 자신의 뜻대로 스스로 행동하는 것을 뜻한다. 알맹이가 없이 겉치레하거나 다른 사람의 판단과 말을 그저 되풀이하는 것은 진정성이 있는 말과 행위가 아니다. 진정성은 무엇보다도 자기다움을 바탕에 둔 덕목 내지 태도라고 할 수 있을 것이다. 자기성의 문제가 진정성(authenticity)의 핵심에 자리한다는 것을 그 단어의 어원에서도 확인할 수 있는데, 희랍어 authentikos(αυθεντικος)는 '스스로' 혹은 '자기'(αυτος, self, soi)와 '놓다' 혹은 '세우다'(τιθημι, put 내지 position)라는 낱말을 포함하고 있다.[9] 자기-정립(성)을 뜻하는 이 말에서, 인간에게 있어서는 진정성은 "그는 누구인가"라는 정체성 물음을 포함하며 "나는 어떻게 내가 되는가"하는 주체성 물음과 관련 있음을 알 수 있는데, 진정성 물음은 정체성이나 주체성 물음을 포함하지만 나아가 "나는 어떻게 나다운 내가 되는가?"하는 물음과 관련된 개념이라 할 수 있다.[10]

둘째, 진정성은 하나의 생을 살아가는 인간이 삶 속에서 겪고 행하는 것들의 의미를 이해하고자 하는 것, 즉 의미 있는 삶에 대한 바람으로 추구되는 것이다. 딜타이가 인간이 체험을 표현함으로써만 자기 이해에 이르고, 체험 표현들의 삶(生)의 연관(Lebenszusammenhang)을 통해 전체로서 자신을 이해한다고 말했듯이, 진정성은 한 사람이 파편화되고 의미를 알 수 없는 자신의 행동과 경험을 하나의 삶의 이야기(histoire d'une vie)로 만들어 자기 이해에 다가감으로써 자기다움을 확보하는 것이라 하겠다. 진정성은 실체나 의식을 중심에 둔 자기동일성이나 주체성을 다루는 것에서 벗어나, 구체적인 현실 속에서 살아가는 한 인간이 행하고 겪는 삶의 굴곡을 해석하고 이해함으로써 비로소 정체성이나 주체성을 얻음을 뜻하는 개념이다. 이렇게 볼 때 진정성은 한마디 말이나 단 한 번의 행동을 판가름하기 위한 개념이라기보다는 삶의 전체와 관련된 것이며, 하나의 말이나 행동을 두고 진정성을 논하는 것은 한 사람의 삶이라는 보다 넓은 지평에서 이루어져야 한다고 말할 수 있을 것이다. 한 인간의 진정성은 다수의 인물들 속에서 자신의 삶을 이야기하고 다른 사람을 통해 이것이 해석되고 또다시 이야기됨으로써 확보된다. 이러한 이야기적 자기(narrative self)는 인물들, 작가, 화자, 독자라는 다수의 사람들 속에서 형성되고 완성된다는 점에서, 1인칭 중심의 자아중심주의를 벗어나 타자와의 상호적인 관계를 상정하며 나아가 공동체적 특성을 지닌 자기다. 이 같은 이야기적 자기 개념은 리쾨르에게서 보다 개념적으로 다뤄지지만, 아렌트의 『인간의 조건』의 '제5장 행위'에서 이 개념의 단초를 발견할 수 있다.[11]

아렌트는 자기다움을 한 사람의 누구임(the who 혹은 whoness)이라 칭하는데, 이는 사람들 사이에서의 말과 행위로 드러나며, 궁극적으로는 이야기하거나 한 사람의 말과 행위의 목격자로서 이야기꾼의 이야기 속에서 드러난다고 말한다. 한 인간의 자기다움을 드러내는 말과 행위는 이야기적 구조를 띠고 있다고 할 수 있다. 아렌트는 "어떤 사람이 누구였고 누구인지 알 수 있는 것은 그 자신이 주인공인 이야기를 알 때에만 가능하다"[12]고 말한다. 아렌트에게 자기다움은 행위의 산물인 과거를 다시 이야기하고 이를 현재의 이야기 속에 통합시킴으로써 자기를 재평가하고 재형상화하는 과정을 거친다. 그래서 자기란 이야기의 주인공이자, 이야기의 저자이며, 앞선 체험의 해석자이자 이야기의 독자이기도 하다는 점에서 복수적인 자기이자 통합성 내지 일관성을 꾀하는 자기다. 자기다움은 이야기를 매개로 하여 타자를 경유한 '검토된' 삶의 결실, 즉 돌이켜 본 삶의 열매라 할 수 있으며, 진정성 있는 말과 행위란 이런 견지 하에 논해질 수 있을 것이다.

아렌트가 이야기와 자기다움을 결부시킬 때 강조하는 것은, 말과 행위로 자신이 누구인지 드러내는 한 사람은 그 자신의 삶의 이야기의 저자이거나 생산자일 수 없다는 점이다. 한 인간의 자기다움은 그것이 인간들 사이에서 출현하는 것이라는 점에서 한편으로 인간사의 연약함을 피할 수 없다. 말과 행위의 무제한성과 예측 불가능성은 행위의 잇따름을 낳고 행위자를 고통받게도 하며, 이야기의 의미는 이야기가 완전히 끝났을 때에야 알 수 있다. 이 때문에 이야기를 시작한 누군가는 행위자이자 행위를 되받고 겪는 자로서 이야기의 행위주체일 수는 있으나 이야기의 저자일 수는 없는 것이다. 한 사람의 행위와 삶을 둘러싼 다른 사람의 이야기 짓기와 읽기의 도움을 통해서만, 한 사람의 자기다움은 확보될 수 있는 것이라 하겠다. 즉, 사람들 속에서 이야기의 주제가 되어 그들 속에서 이야기되고 이야기로 남겨짐으로써 사람들의 공통의 기억 속에 자리 잡게 되는 데에 달려 있다. 달리 말해 한 사람의 자기다움은 그의 삶의 끝인 생물학적인 죽음으로 종결되고 통합되겠지만, 다른 차원에서는 그 종결은 잠재적이다.[13]

아렌트는 라헬의 삶의 이야기를 통해서 이를 수행한 것이라고 하겠다. 『라헬』은 라헬 본인의 이야기를 직접 하듯이 서술하는 방식으로 자기 삶의 화자이자 인물이 되는 라헬의 모습을 그리며 일종의 라헬의 자기검토를 형상화한다. 그렇지만 한편으로 아렌트가 전기 작가로서 수행한 라헬의 삶에 대한 검토를 배제할 수 없으며, 무엇보다도 이 과정은 라헬의 이야기를 읽음으로써 아렌트 자신의 삶을 검토하고 그 이야기가 제안하는 삶의 여러 방식 중 하나를 아렌트 자신의 현재에 적용하는, 독자로서의 아렌트의 독서 수행과 결합되어 있다. 리쾨르의 표현을 빌자면 이는 "텍스트 앞에서의 자기 이해"이며, 실현되지 않은 기획에 대한 응답이라고 할 수 있을 것이다. 아렌트가 자신이 처한 현실 속에서, 라헬의 시대와 그녀의 편지와 일기를 읽고 쓰는 작업은 실전을 위한 연습문제를 푸는 것과 같았으며 곤경에 처했을 때 "나의 가장 가까운 친구"의 이야기를 듣는 것과 같다고 하겠다. 그녀들은 유대인이라는 점 이외도 "다른 나(alter ego)"처럼 공통점이 많았기에 아렌트가 라헬의 이야기를 쓰는 것은 우정의 대화이자 '나에 관한 너의 이야기'를 하는 것이라고 볼 수 있을 것이다.[14] 작가이자 독자인 아렌트의 이중적 위치는 아렌트보다

백 년 전에 죽은 친구인 라헬의 그다움을 드러내면서, 나아가 궁극적으로는 아렌트 자신의 자기 이해를 도모하고 그녀가 특정한 행위의 길에 설 수 있도록 함으로써 아렌트의 자기다움을 드러내는 이중적인 효과를 가져온 것이라고 할 수 있겠다. 일종의 진정성의 상호성의 특성을 아렌트가 『라헬』을 통해서 구현하고 있는 것이다.

3. 진정성과 사회

앞서 제시한 길잡이가 진정성 개념과 관련된 것이라면, 이 장에서 소개하는 것은 진정성이라는 말이 근대에 들어 사용되기 시작해 20세기에 널리 확산되었다는 점에서 발견되는 길잡이다. 근대의 진정성이라는 이상은 부과된 조건으로부터 벗어나려는 열망이나 타자로부터 자유로운 자기를 바라는 삶의 풍토 속에서 부상했다. 이런 상황에서 사람들은 자기다움 확보의 관건을 사회로부터 빠져나오고 일상과 사람들의 무리에서 이탈하는 것이라고 보았다. 진정성에 대한 추구와 논란은 근대 사회의 구성원인 개인에게 있어 자아와 사회, 그리고 이 둘의 관계가 그 어느 때보다도 중요한 문제로 부상했다는 배경에서 이해해야 한다. 앞서 언급했듯이 진정성은 타인과 공동체에 대한, 또 그에 의한 이해를 통해 확보될 수 있지만, 근대 사회는 자기를 이해하고 실현하는 버팀목이 되지 못했으며 사람들이 의지할 곳이라고는 오직 나 하나뿐인 상황을 만들었다. 신분질서와 존재의 위계가 붕괴되고 사회 변화가 가능해진 근대 사회에서 가상과 실재가 뒤바뀌고 이상과 현실의 간극이 깊어가는 가운데 사회의 이중성과 파편화에 노출된 사람들은 어느 때보다도 자기 이해를 위한 노력을 경주하게 되었다. 그렇지만 자기 이해를 위한 닻을 내릴 수 있는 세계를 마주할 수는 없었다.[15] 아렌트는 근대의 핵심적인 문제를 탈주술화가 아니라 주술에서 풀려난 사람들이 "이 세계를 얻을 수 없었"으며 "이 세계가 아니라 자기 자신에게 내던져졌"다는 점에서 찾는다. 아렌트의 표현을 빌자면 세계소외와 외로운 대중은 사회적 삶과 개인적 삶의 대립, 타인과 공동체와 자기의 대립의 구도 속에서 사회적 삶을 벗어나 타인과 공동체와 반목하면서 나만의 것을 유지할 수 있는 개인적 삶을 중시하는 식으로 진정성을 추구하게 되었다.[16]

아렌트는 근대의 사회적 삶의 특징은 사적 이익을 동기로 하여 이루어졌으며, 어떠한 의미에서의 세계성과도 관련이 없어졌다고 말한다. 자기조절적 시장과 홉스식의 허약한 정치공동체에서는 공동체 내의 의사소통이 공동체의 유지에서 그다지 중요하지 않다는 말이다. 또한 이는 데카르트 이후의 영혼, 인격, 인간 일반과 구별되는 자아에 대한 배타적 관심이 자기 대상화와 주관주의의 위험을 낳았고, 이는 사람들 사이의 대화와 토론이 이루어지는 의사소통 관계망을 소홀히 하는 것으로 이어진 것과 무관하지 않다. 어떠한 세계성도 상실한 자아에 대한 특권적 지위 부여와 그에 대한 몰두는 데카르트적인 근본적 반성성의 결과면서, 다른 한편으로 삶의 필연성이 강요하는 절박함이 종용하는 "자기에 대한 근심과 염려"로 인한 효과였다.

이에 대해 아렌트는 희랍에서 autos라는 말이 자기를 뜻하기도 하지만, 재산(소유)을 뜻하기도 했다는 점을 염두에 두고 근대적 자아와 자본의 문제를 연결시켜 제시하고 있는 것으로 보인다. 아렌트가 보기에 가치의 자기증식이라는 가면을 쓰고 끊임없이 생산을 확장하는 자본(재산(property)-부(wealth)가 변형된 것)의 영속적인 순환성은 고대의 사적 영역이 담지하고 있던 순환성과 영원성의 천박한 변형이다. 고대의 오이코스의 삶이 폴리스의 삶의 발판이었다면, 근대 자본의 순환성은 우리의 자신의 실재성을 상실하도록 하고 임의적이게 만든다. 근대의 도래와 함께 대다수 우리는 자본을 갖고 있지 못하기에 생존의 절박함에 내몰리며, 한편으로 자기다움을 확보하고 지탱하도록 하는 데 필수적인 우리를 둘러싼 공동체적 유대와 인간관계망은 더욱 임시적이게 되었다. 이런 상황에서, 생존의 절박함 속에서 나 자신이 누구이며 어떻게 살 것인가에 대한 답을 구할 수 있는 길은 사회가 나에게 부여한 속성과 삶의 방식에 기대는 것으로 쉽사리 이어진다.[17] 그래서 아렌트는 근대인의 세계 소외는 행위(action)의 상실과, 순응주의적 삶의 방식을 동반한다고 본다.[18] 인간들 사이의 활동과 사회의 작동을 필연성에 따르는 것으로 간주하고, 또 이 사회적인 것이 시간적인 축으로 나타난 역사의 필연성의 관념은 행위의 능력을, 과거와 미래 사이의 틈을 잠식한다.

행위 능력의 상실은 그만큼 현실에 대한 관심이 약화됨을 뜻하며 사람들이 공동체의 현실보다는 개인적 운명에 관심을 쏟게 하고 사생활에 빠져들게 만든다.[19] 아렌트가 보기에 고대 그리스에서는 사적인 것이 필연성의 영역이고 공적 삶을 누리는 폴리스가 자유의 영역이었던 것에 반해, 사적인 것과 공적인 것도 아닌 제3의 것인 사회적인 것이 필연성의 지대가 되면서, 자기다움을 표현하는 자유는 이로부터 벗어난 사생활(privacy)과 친밀성(intimacy)의 영역에서 찾게 만들었다. 근대인들이 자신의 내밀한 감정이나 느낌에서 자기다움을 얻으려고 하고, 그 속에서만 다른 존재와의 유대를 형성하려고 하는데, 문제는 내밀한 감정은 자기만 느낄 수 있는 것이기에 사람들 사이에 소통될 수 있는 언어를 획득하지 못한다는 점이다. 결국 각자 외로움에 사로잡히는 사람들은 홀로 무한한 상상 속에서 자신의 세계와 자기를 내키는 대로 주조하는 데로 나아가게 된다. 즉, 한 사람이 자신의 누구임을 드러내는 것은 더 이상 사람들 사이에서 이뤄지는 말과 행위가 아니라 오직 내밀함 속으로 후퇴하여 이뤄지고, 갈등하는 현실로부터 유리된 사람들의 내면의 투쟁에

갇혀 버린 것이다.

아렌트가 파브뉴(Parvenu)는 물론이고 파리아(Pariah)에게서도 발견한 난점이 바로 이것이다. 아렌트는 라헬에서 이 점을 읽어 내면서, 『라헬』 이후에 본격적으로 모색되는 '의식적 파리아', 사회적인 것과는 다른 정치적인 것, 정치행위 개념에 대한 사유를 시작한다. 아렌트는 파리아의 지위를 벗어나 파브뉴가 되려는 계속적인 시도에도 불구하고 결국 파리아로 남기를 선택한 라헬의 삶에서 라헬의 자기 이해와 의식적 파리아의 모습을 엿본 것이다. 아렌트는 근대 사회라는 현실 속에서 한 사람이 사회와 맺는 관계를 중심으로 두 가지 인간 유형을 그려낸다. 라헬의 삶을 이야기하기 위한 개념적 틀로 언급하는 파브뉴와 파리아가 그것이다. 베르나르 나자르가 유대인의 사회적 실존을 칭하는 데 사용한 이 용어를, 아렌트는 이를 넘어서 사회와 개인의 관계를 고려했을 때 제시되는 인간 유형의 이념형으로 제시한다.[20] 파브뉴가 사회에 편입되고 주류로 진출하기 위해서 사회 구성원들의 입맛에 맞게 자신의 말과 행위를 바꾸고 자신의 실존을 바꿔나가는 순응주의의 특징을 지녔다면, 파리아는 이런 사회에서 주변화되거나 배제되어 보이지 않는 사람들로 고립적이고 탈공동체적인 특징을 지녔다.

이와 달리 의식적 파리아는 자신을 상실하고 다른 '추상적 개인들'과 구별할 수 없게 될 것을 요구하는 동화를 거부하는 반역자이자 독립적인 사유자이며, 자신을 보이지 않는 존재로 취급하는 사회에 자신을 드러내며 권리를 가질 권리를 위해 싸우는 정치적 책임을 떠맡는다.[21] 아렌트에게 진정성은 사회로부터 그저 벗어나 단순하게 국외자나 추방자로 남아 홀로 자아 성찰에 몰두하고 감정에 빠져 있는 것이 아니라, 의식적 파리아처럼 자신이 파리아임을 긍정하고 자신이 발 디딘 현실을 검토하고 의식적으로 짊어지면서 사회가 강요한 그런 지위에 주의 깊게 맞서는 데 있는 것이라 하겠다. 의식적 파리아는 말과 행위로 기존 세계 속에 등장하고 세계를 형성하는 시작하는 존재라 하겠다. 그는 사생활과 내밀함으로 퇴각할 수 있을지라도 이에 머물지 않는다. 파리아가 겪는 슬픔은 되풀이되는 흐느낌이나 통곡을 낳겠지만, 그 속에서도 다른 사람과 공유될 수 있는 말로 사태를 드러내려는 과제를 잃지 않는다. 한편 아렌트는 이런 활동이 "이해"라고 보았다. 아렌트는 이해란 "현실에, 그것이 무엇이든, 미리 계획하지는 않았던 현실을 견뎌내며 주의 깊게 맞서는 것"이며, 이해만이 "끊임없는 변화와 변동 속에서 현실을 받아들이고", "현실을 화해"시킴으로써 자신을 계속 살아갈 수 있게 해 줄 수 있다고 말한다. 아렌트에게 이해란, 우리가 "시작하는 존재"이기 때문에, 달리 말해 우리가 행위할 수 있다는 점에서 필수적 활동이다. 새롭게 시작하는 것, 즉 세계에 예측할 수 없던 일을 만들어 내는 행위는 인간의 그 행위의 결과를 완전히 예측할 수도 없고 그 결과를 다시 되돌릴 수도 없다는 특성이 있다. 때문에 인간에게 이런 행위의 산물을 어떻게 이해할 것인가 하는 과제가 반드시 제기된다. 아렌트는 우리가 이해의 연습을 수행하는 것이 중요하다고 보았으며, 이는 글쓰기나 이야기라는 방식을 취한다고 보았다.[22]

4. 근대의 진정성이라는 이상에 대한 아렌트의 제안

1) 근대의 진정성의 이상에서 수용할 점과 재고할 점

이제 위에서 제시한 길잡이를 라헬의 자기 표현법을 중심으로 다시 살펴봄으로써 좀 더 분명히 해보자. 라헬의 숨김없는 말과 태도에서 우리는 그녀를 진정성의 화신으로 내세울 수도 있을 것이다. 우리가 안과 밖, 겉과 속이 다르지 않고 숨기는 것 없다는 점에서 거짓 없음을 진정성의 표식으로 여기곤 하기 때문이다. 그렇지만 아렌트의 『라헬』에서 우리가 발견하는 것은 아렌트가 라헬의 이런 대화법을 비판적으로 바라보며 누구를 대하든 어떠한 상황에서든 자신의 생각과 감정, 심적 고뇌를 모조리 고스란히 드러낸다는 것이 진정성의 관건인가 하는 문제를 비판적으로 검토하고 있다는 점이다. 다시 말해 아렌트는 우리가 흔히 떠올리는 진정성 관념에 도전하면서 과연 진정성의 지표 내지 진정성에 이르는 방법이란 무엇인가를 되묻도록 한다.

먼저 아렌트의 문제제기를 간취하기 위해서는 근대에 등장한 진정성이라는 이상의 특징을 다시 한번 정리해 보는 것이 좋겠다. 테일러는 『불안한 현대사회』에서 진정성이라는 이상의 핵심 내용을 제시한 인물로 루소와 그의 영향을 받은 헤르더를 지목하고 초기 낭만주의에서 그 원천을 찾는다. 루소는 우리 내면의 참된 자아에 자기애(amour de soi)와 연민(sympathie)이 있고 우리가 내면에 집중함으로써 이 본래적 선을 발견하여 이를 따른다면 우리의 삶이 올바른 방향으로 이끌어질 것이라고 말한다. 테일러는 이러한 루소의 입장이 사람들 각자는 자기 나름의 인간으로서의 삶의 방식을 취하고 있다는 의미에서 자기 고유의 "척도(Maβ)"를 가지고 있다는 헤르더의 사상으로 이어졌으며, 여기에서 현대까지 이어온 진정성의 이상이 발견된다고 말한다. 중요한 점은 나 자신과 나의 내적 본성과 접촉하여 내 삶의 모델을 찾는 것에 삶의 의미와 자기다움이 달려 있다는 점이다.[23]

찰스 귀논은 이 점을 다음과 같이 정리하여 제시한다. 진정성의 이상 속에 들어 있는 기본 가정은 각기 개인의 깊숙한 곳에는 한 사람을 특유한 개인으로 만들어주는 느낌, 필요, 욕구, 욕망, 의욕, 능력, 성향, 창조적 능력의 성좌(constellation)를 품고 있는 진짜 자기 내지 '참 나'가 있다는 것이다. 어떤 사람의 내부에 실제로 계속 유지되는 어떤 것은 그 사람만이 느낄 수 있는 감정이나 느낌으로 포착되는데, 이런 감정이나 느낌은 좋음이라는 목적을 향하고 있다는 점에서, 이를 표현하는 것은 더 높고 더 큰 목적과의 유대 안에서 자기를 실현하고 완성하게 하는 것을 뜻한다. 간단히 말해 자신의 깊은 내면을 따라가 어떤 근원에 다다를 수 있고 이것을 표현함으로써, 나를 넘어서 더 높은 이상이나 더 넓은 유대를 이룸으로써 자기다움을 획득할 수 있다. 그에 따르면 진정성은 다음과 같은 두 가지 절차를 통해 성취 가능하다. 첫째, 진짜 자기를 확보하기 위해 내성, 반성 등을 통해 이에 접촉함으로써 자기지식을 얻고, 둘째, 인간관계, 경력, 실천 활동 등으로 이를 표현한다.[24]

테일러와 귀논이 말하는 근대의 진정성의 이상은 근대 사회에 이르기까지 인간의 삶에서 배제하고 억제되어야 할 것으로 여겨졌던 감정을 인간의 자기다움에 있어 중요한 요소로 간주하고, 근대 사회가 희미하게 만들어 버린 것, 즉 개인 자신에게, 또 나와 타자와 공동체와의 합일과 통합성 내지 고결함, 인간적 조화나 유대를 꾀했다는 특징이 있다. 테일러는 이러한 초기 낭만주의의 경향이 단지 미학적이고 문학적인 운동이 아니라 윤리적이고 정치적인 가치들을 바탕에 두고 있다는 점에 주목한다. 이 때 진정성의 이상은 사생활이나 내밀성에 몰두하는 것이 아니라 이성의 비판적 능력이나 시민사회의 자유 같은 것과 대립하지는 않으며, 궁극적으로 공동체 속에서 좋은 삶을 추구하는 것, 개인을 타인과 자연과 화해시키려는 열망이라고 본다.[25] 물론 이런 초기 낭만주의는 얼마 되지 않아 종말을 고하게 된다. 프레데릭 바이저는 행위를 체념하게 되는 보수주의나, 인간의 자유와 책임이라는 윤리가 실종되는 개인의 충동적인 행동주의로 나아갔다고 말한다.[26] 결국 낭만주의는 "실재는 과학에게 영구히 넘겨주고 그저 상상 속에서 자체로 실재를 창조하는 것에 만족"하게 되면서 개인과 공동체의 좋은 삶이라는 윤리적 목적과 공동체적 지평 속에서의 자기 평가를 상실하고, 오로지 나 자신을 자신의 제작자이자 피조물로 보는 절대적 자기 창조로 귀결된다.[27]

이런 견해들을 감안한다면 근대에 등장한 진정성이라는 이상에서 우리가 포착해야 할 것은 진정성이라는 말의 부정적인 이미지, 즉 어떠한 현실성과도 동떨어진 상상이라든지 충동적인 행동주의, 폐쇄적으로 나의 내면에 집중하는 것보다는, 행위 능력과 자기다움을 위협하는 근대 사회에 대항한 시도였다는 점에 있다. 그리고 이런 시도가 점점 왜곡, 변형되어 갔다는 점이다.[28] 이에 따라 근대 사회를 배경으로 하여 그것에 맞서, 더 좋은 삶을 위해 자기와 타자의 유대와 이질적인 것들 사이의 조화를 꾀한다는 것, 달리 말해 근대 사회의 삶의 경험의 파편화 속에서 더욱 취약해진 우리 존재가 자신을 구성하는 나의 말과 행위 등에 대한 통합성의 욕망(désir d'intégrité)[29] 속에서 더 나은 자기 이해를 도모하고자 했다는 점이 진정성의 이상에 담겨 있음을 긍정하면서도, 그 전제와 요소는 재고할 필요가 있다. 내면에 '참된 나'가 있으며 내면을 따라가 그것에 접촉하고 이에 따라 자신을 표현한다는 전제와 요소는 내적 본성 개념과 안과 밖, 내부와 외부, 정신과 물질 등 강한 위치 구분과 같은 근대적 가정을 그대로 따르면서 어느 하나를 본질로 간주하고 있는 듯이 보이기 때문이다. 진정성 개념이 1인칭 중심의 자아중심주의의 여지를 강하게 남겨 두며 정적주의나 무분별한 감정이나 심리의 표출에서 비롯하는 반윤리성의 조장으로 이어지는 것은 이로부터 비롯되는 것이라고 할 수 있을 것이다.

2) 라헬의 대화법에 비춰 본 아렌트의 제안

아렌트의 『라헬』은 근대인의 진정성의 추구가 근대의 세계 상실에 대한 대응이었다는 점을 긍정하면서도 낭만주의적 내성의 문제점을 지적한다는 점에서 진정성의 이상의 전제와 요소를 제고할 자원을 마련해 준다. 그녀는 내면에 불변하는 본질이 있다고 보지 않는다. 자신만이 느끼는 확실한 느낌이나 감정을 표출하는 것이 자기다움의 실현이라고 보지 않는다. 아렌트는 라헬의 오딧세이를 꽤나 호의적으로 다루면서도 한편으로 신랄하게 비판하고 있다. 라헬의 독특한 매력을 구성하는 부분이자, 아렌트가 라헬의 행보에 대해 이의제기하는 지점은 라헬의 자기 성찰과 자기표현의 특성에서 찾아 볼 수 있다. "개인적 차이를 완벽하게 간과하는 라헬의 무분별함"은 "모든 사람에게 모든 것을 이야기"하는 것으로 나타났다. 어떤 희생을 치르더라도 진실을 말하는 것, 이것은 그녀의 완고함을 동반했고, 한편으로 주제넘고 요령 없이 나서는 사람으로 만들었다.[30]

아렌트는 라헬의 이런 특징이 "무분별함과 뻔뻔스러움"이라는 그 시대의 낭만주의 현상의 일부라고 말한다. 그러면서 그 대표적인 모델로 루소를 든다. 아렌트가 보기에 루소의 "제지받지 않는 발화"는 개방적이지만 이는 "듣기 위해서만 존재하는 청자"를 상정할 때 등장하는 무분별함으로 상호적인 개방성이 아니다. 이런 발화에서는 대화를 나누는 다른 사람과의 현실적인 관계를 찾아보기 어렵다. 루소는 자신의 인생 이야기나 경험을 쓰는 것이 아니라, 고독 속에 잠겨서 자신이 가진 느낌이나 욕망, 소망, 감각을 고백한다.[31] 아렌트는 이러한 자기고백은 자신을 하나의 예술 작품으로 만듦으로써 설령 자신의 개성을 표출하는 것일 수 있을지라도, 현실성을 잃어버리는 대가를 치르는 것이라고 지적한다. 자아의 자기 성찰이나 순수 사유가 현실을 배제할 수 있듯이, 루소에게서 보이는 어떤 제한도 두지 않는 대화는 개인적인 매력의 원천이기도 하지만, 이는 현실을 마주할 수 없게 만든다. 아렌트가 보기에 라헬의 솔직한 말과 심정 토로가 흥미를 끌고 매력을 발산하긴 하지만, 그런 말들은 누구에게도 정말로 중요하지 않기 때문에 즉시 잊혀지는 것이기도 하다. 아렌트는 라헬이 "삶이란 고통과 진실의 확인에만 초점을 맞출 때는 말할 가치가 없음을 이해하지 못"했다고 평한다. "그녀가 배워야 하는 것은 모든 사람이 태어나면서 언어와 함께 물려받은, 관습들이 보장되는 다의성이었다. 자신이 되는 것만이 아니라 독특한 사회적 특징도 가지는 다의성, 단 한 사람이 되는 것만이 아니라 사회적 삶이 복잡함 속에서 많은 타인과 자연스럽게 서로 엮이는 사람이 되는 것의 다의성"이었다고 말한다. 라헬에서 우리는, 다른 사람들과 상호적 관계들 속에서만 확보될 수 있는 자기와는 달리, "[자기로부터 도피한 자아가] 내성(Innerlichkeit)에 빠져 있었으므로 미래와 맞서지를 못했고, 감상에 젖어 있었기 때문에 과거를 볼 수 없"는 모습을 발견하며, 위와 같은 자기표현의 특징이 낭만주의적 내성의 "무정치적(apolitical) 특성"에서 구체화되고 있음을 알 수 있다[32].

아렌트는 라헬의 일기에서 폐쇄적인 공포의 느낌, 온실 속에 들어 앉아 있는 듯한 느낌을 읽어 내면서, 사적 내밀성으로 후퇴하여 자신의 확고한 자아를 마련하려는 것은 다른 사람과의 그 어떤 접점을 필요로 하지 않음을 보여주고자 한다. 아렌트가 『인간의 조건』을 비롯해 여러 곳에서 데카르트적 자아에 대해 비판하는 것도 이 같은 맥락이다. 라헬의 이야기를 통해서 아렌트는 하나의 인격체로서 자신의 누구임의 실재성은 타자를 통해서, 타자와 공유되는 세계 속에서 얻을 수 있음을 강조한다. 사적인 것과 공적인 것 사이의 경계를 흐릿하게 하고 공적 문제가 가십을 통해서 경험되고 표현되는 낭만주의 살롱의 분위기는 아렌트에게 낭만주의적 내성의 문제점을 다루기 위한 소재이기도 했다. 물론 아렌트는 라헬 자신이 고립을 벗어나 이야기를 나눌 사람들을 살롱으로 모았다는 점을 근대가 부과하는 세계 상실에 대한 나름의 대응으로 긍정적으로 평가하는 점도 있는 듯하다. 그렇지만 벤하비브의 표현을 빌자면 이는 너무나 깨어지기 쉬운 "현상 공간"이고 소극적인 유토피아적 대안이었다.[33]

아렌트가 보다 강조하는 바는 사생활과 내밀한 자아로의 후퇴는 사회적인 것이 부과하는 행위 상실과 필연성에 대항하는 데 불충분하고 더 나아가서는 부적합할 수 있다는 점이다. 이런 후퇴는 세계 상실을 더욱 고착하는 것이기 때문이다. "도덕이나 관습이라는 우산 없이 맞이하는 폭풍"속에서 "성격적 특징과 재능으로 방어벽을 칠 줄도 모르는"라헬은, "운명이라는 비가 쏟아지게끔"삶이 자신에게 들이닥치도록 삶에 자신을 드러내는 데 전력을 쏟았으며, 삶의 순수성을 해친다는 이유로 선택과 행위를 회피했다.[34] 운명이 곧 행위였다.[35] 아렌트는 세계 소외와 사회적인 것의 등장 속에서 인간이 행위 능력을 상실하고 현실성을 잃어버렸음을 근대 사회를 이끈 계몽주의적 이성과 사회에 적극적으로 순응하는 부류만이 아니라 이 점을 비판적으로 넘어서고자 했던 낭만주의와 파리아인 라헬에게서도 발견하고 있는 것이다.

라헬의 무정치적 태도와 그녀의 무분별한 대화법은 파브뉴의 삶으로 가는 길 위에서 점차 변화를 겪는다. 라헬은 괴테의 『빌헬름 마이스터』를 통해서 자신의 삶을 이야기할 만한 것으로 여기게 되었고, 이야기하는 기술을 터득한다. 한편으로 "합리성, 이해, 인간성, 이성"에 귀 기울이기 등 라헬의 삶에서 거의 역할을 하지 않았던 것들이 칼 파른하겐과의 만남 속에서 활성화되었다. 라헬은 모든 사람에게 항상 똑같은 말을 하는 것이 아니라 각자에게 알맞은 말을 하는 것이었음을, 중요한 것은 자신의 느낌이나 떠오르는 감상을 말하는 게 아니라 자신을 나타내는 것임을 깨닫는다. 아렌트는 이전까지 라헬의 대화법에 대해 "듣는 사람과 상관없이 곧바로 소통된 진실은 인간의 것이 아니"었다고 말하면서, 이제 라헬이 "인간들 사이에서 이해될 수 있는 인간적인 이야기의 형태로만 자신의 삶이 보존될 수 있음을 깨달았다"고 평가한다.[36] 그렇지만 라헬 특유의 고도의 동감 능력 때문인지, 역설적으로 이런 깨달음은 그녀에게 이를 배우게 해준 칼 파른하겐과의 결혼을 통한 주류 사회로의 편입을 적극적으로 추진하는 것으로 이어진다.

라헬은 거의 평생도록 유대인인 것을 부끄러워하고, 그것이 자신의 삶에 불행과 비참을 선사했다고 보았다. 그녀는 비교적 부유한 유대인 집안에서 태어났지만, 여성이라는 이유로 교육을 받을 기회를 잃어버렸으며 또 재산을 상속받지도 못해 남동생의 '불안한 호의' 속에서 삶을 연명해야 했다. 또한 당시에 많은 여성들이 자신의 삶을 의탁하던 결혼도, 그녀 자신의 말에 따르면 자신이 예쁘지도 않고 품위도 없어서 쉽지 않은 일이었다. 이 같은 그녀의 처지는 사회 동화를 더욱더 동경하도록 만들었다. 그녀는 평생토록 "부유하지 않고 아름답지 않은 유대인 여성"인 "오명에 찬" 자신의 모습에 대항해 투쟁함으로써 파브뉴가 되고자 했다. 그녀는 독일 사회의 유대인 동화 정책의 여파 속에 당시의 다른 유대인들처럼 가능하다면 유대인다움에서 개인적 방식으로 벗어나는 길을 택하고자 했다.[37]

그렇지만 라헬의 특이성은 파브뉴가 되는 과제를 수행하면서도 오히려 파리아의 지위를 포기하지 않았으며, 결국 자신을 파리아로서 자리매김한 인물이라는 점이다. 아렌트는 마지막 장에서 그녀가 "파리아의 길로 전환했"고, "유토피아 사회주의자가 되었다"고 쓴다. 그녀는 "자신의 실존을 부인하는 데 그다지 능숙하지 않았다."[38] 아렌트의 글에서 만날 수 있는 그녀는 사회의 안과 밖을 넘나들면서 자기다움을 드러내고 인정받기 위해 분투한다. 라헬은 살롱을 통해 자신의 존재를 인정해 줄 타인과 교류하기도 하고, 아무것도 가진 것이 없는 '길가의 가난뱅이'이자 누구에게서도 장점을 찾아내어 호의를 보내는 파른하겐과의 결혼을 통해 의사소통의 방법을 배우기도 한다. 파르하겐과 함께 한 파브뉴의 삶은 타자와 함께하는 법을 가르쳐 주었고, 파리아의 악덕인 '버림받은 사람의 자제력 결여'를 버릴 수 있었다. 그렇지만 결혼 이후에 파브뉴로서 사회에 안착한 것 역시 궁극적으로 자기를 잃어버리게 만드는 함께함의 방식이라는 점에서(특히 반유대주의에 동조한다는 점) 그녀는 파브뉴로서의 자신의 삶을 정리한다. 라헬은 언제나 칭찬을 갈망하고 아첨해야 하는 파브뉴의 삶에 염증을 느끼고, 파브뉴의 삶 속에서도 결코 떨쳐낼 수 없는 파리아로서 자신을 발견하면서, 바로 자신이 간절히 바라던 목표에 가장 근접한 바로 그때 파리아이기를 선택한다.[39] 아렌트는 이를 두고 버림받은 자들만이 보여줄 수 있는 사회의 현실을 정확히 보여주는 길을 택한 것이라고 말한다.[40]

결국 그녀는 낭만주의적 한계, 즉 고립적 자아가 내면으로 침잠하고 현실성을 완전히 잃어버린 무정치적 특성을 보여주는 인물이기도 하지만, 자신의 삶을 통해서 이와는 다른 방식으로 진정성에 이를 수 있는 길(타인들 속에서 말하고 행위하며 낯선 것을 이해하는 삶을 통해서 자기다움을 실현하는 길)을 희미하게나마 보여준 것이라고 할 수 있을 것이다. 라헬의 삶의 여정은 고립된 파리아의 삶에서 주류 사회로의 동화를 거쳐 파브뉴의 삶에서 떨쳐낼 수 없었던 파리아의 처지를 긍정하고 파리아의 관점을 취함으로써 전체로서 자신의 삶을 조망하는 의식적 파리아의 모습을 향하고 있다. 사회로부터 빠져나오는 것이 아니라 자신의 출생을 기억하는 국외자로서 사회 속에서 다른 사람과 교류를 도모하면서도 그 사회에 주의 깊게 맞서는 이해의 연습을 수행하는 모습 말이다. 아렌트는 『라헬』에서 이 과정이 타자를 고려하는, 그리고 타자와 공유하는 세계를 형성하고 유지하는 자기표현 방법을 익히는 것과 함께 이루어졌음을 보여준다.

5. 나오며

아렌트는 라헬의 이야기를 통해서 진정성을 추구하는 낭만주의적 길이 세계 소외와 행위 상실이라는 근대의 문제점을 넘어서기 위한 시도였지만, 내면의 참된 내가 있고 그것에 접촉하여 이를 표현함으로써 진정성에 이를 수 있다는 낭만주의의 전제와 방법 속에는 그 문제점을 더욱 부추길 수 있는 위험이 도사리고 있음을 지적한다. 그러면서 한편으로 라헬의 삶의 여정을 통해서 진정성을 추구하는 다른 길을 제안하고 있다고 볼 수 있다. 이 길은 개인과 사회의 관계, 그리고 자기표현 방법에 대한 탐색과 더불어 제시된다. 『라헬』에서 파브뉴는 물론이고 파리아에게도 비판적 시선을 던지면서 낭만주의적 내성과 듣는 사람을 고려하지 않는, 달리 말해 상대를 듣기만 하는 존재로 상정하는 무분별한 발화에서 엿보이는 고립적이고 자아중심적인 자아도취, 감정과 느낌에의 몰입의 문제점을 밝힌다. 즉 타자와 세계를 공유하지 않는다는 것 말이다. 아렌트에게 세계를 공유한다는 것은 일치나 하나됨이 아니라 이질적인 것의 (평화롭지 않은) 공존이나 분담이다. 아렌트가 생각하는 인간의 진정성은, 현존 사회에 대한 순응에 저항하는 것이지만, 고립 속에서 사적 내밀성에 집착하며 이를 통해 고유한 자아를 찾는 데 몰두하는 것과는 거리가 멀다. 아렌트는 나 자신의 다이몬은 어깨 뒤에 있어서 타인만이 그것을 볼 수 있다는 점을 강조한다. 그녀는 철학자의 고독한 사유, 즉 한 사람 안에서 벌어지는 두 사람의 대화는 내 안에 타자가 들어와 있는 것이며 이 사이에서 나를 확보하기 위해서는 반드시 다른 사람을 필요로 한다고 말한다. 달리 말해 나의 '누구임'의 드러남이 공적 현상에 적합한 형태를 지녀야 한다는 것이다.[41]

아렌트의 논의에 비춰 본다면, 인간은 인간들 사이의 관계망 속에서 그리고 공동의 세계를 버팀목 삼아 살아가면서 자신의 삶의 의미를 찾고 진정성을 추구한다. 인간의 자기다움이 복수성을 바탕으로 하는 만큼 이런 특징이 완전히 지워진 단일함이란 인간의 자기다움이라 할 수 없다. 진정성은 파편화되고 이질적인 것의 통합을 열망하는 관념이지만 이것은 낯선 것들이나 다른 것들의 유대를 뜻하며 또 확실한 종결을 상정하는 통합은 아니다. 아렌트는 이것이 타인의 현존을 전제로 인간존재의 '함께 존재함'의 양태로써, 우리가 공동의 관심사를 둘러싸고 자신의 말로 구체적인 타인과 대화하고 함께 이야기할 수 있는 그런 행위를 통해서 가능하다고 말한다. 달리 말해 한 인간에게 이는 자기 이해의 여정이다. 아렌트는 『라헬』을 통해, 타자를 경유하는 자기 이해의 여정이 헤아리기 어려운 삶을 견디게 해주는 끊임없는 갱신의 과정임을 보여준다. 아렌트의 진정성은 반(反)순응주의를 탈공동체성과 직결시키지 않는다. 근대 사회에서 진정성이 순응주의에 대한 저항의 특성을 지닌다면, 그것은 단지 사회로부터 빠져나옴이나 결코 다른 사람과 공유될 수 없는 내적 충동이나 감정의 발산이라 할 수 없을 것이다. 오히려 오늘날의 사회가 자기 이해에 질곡이 되고 행위의 능력과 사람들 사이의 유대를 약화한다면, 진정성은 아렌트와 철학적 친화성이 있는 리쾨르의 표현을 빌자면, 자기·타자·세계에 대한 고른 관심을 두는 것에 있지 않을까? 또한 이러한 고른 관심은, 사회의 어두운 현실을 가리지 않고 드러내 보여주는 배제된 사람들의 편에 서는 것 아닐까? 의식적 파리아로서 현실을 직시하고 '버림받은'사람들의 실재성 확보를 위해 행위하는 것 말이다. 이런 점에서 아렌트가 자아중심주의적이지 않고, 윤리적이며 정치적인 진정성 개념의 실마리를 제공하고 있다고 볼 수 있지 않을까. 『라헬』을 진정성에 대한 탐구로 해석할 수 있는 길잡이를 통해서 우리는 탄생성과 이니셔티브, 그리고 이야기적 자기, 자기표현의 일종인 자기 현시와 정치 판단 등에 비추어 그 실마리를 풀어낼 수 있는 길로 다시 한번 발걸음을 옮길 수 있을 것이다.

1 이 글은 한국여성철학 제28권(2017)에 실린 「진정성에 대한 탐구로서 『라헬 파른하겐』 독해를 위한 길잡이」(김세원)를 사소한 오류만을 수정한 글이다.

2 라헬 파른하겐은 독일의 집단적 기억과 정체성을 나타내 주는 『독일의 기억의 터』에 이름을 올릴 정도로 상징적 인물이다. 라헬은 당시의 '괴테 컬트'를 주도했으며, 독일의 유대인 동화정책이 시작되는 시기 그녀의 다락방에서 열린 살롱에는 훔볼트나 슐레겔, 슐라이어마허, 볼프 등 우리에게 잘 알려진 문인들이나 낭만주의 사상가들이 드나들었다. 이용일(2012), 「동화와 해방 사이의 독일-유대인 디아스포라 : 라헬 파른하겐과 베를린 살롱」, 『서양사론』 제115호, 17~18쪽 참고 ; 한나 아렌트(2013), 『라헬 파른하겐』, 김희정 옮김, 텍스트, 14쪽, 82~85쪽.

3 리처드 번스타인(2002), 『한나 아렌트와 유대인 문제』, 김선욱 옮김, 아모르 문디, 38쪽 ; 한나 아렌트(2013), 『라헬 파른하겐』, 14~15쪽.

4 조안나 스코트&주디스 스타크(편집과 해설)(2015), 「한나 아렌트의 재발견」, 『사랑 개념과 성 아우구스티누스』, 서유경 옮김, 214~215쪽.

5 근래에 재개되고 있는 진정성 연구란 찰스 테일러의 *The Ethics of Authenticity*(국역: 『불안한 현대사회』)가 출간된 1990년대부터 시작된 진정성에 대한 연구 경향을 일컫는다. 찰스 테일러는 앞서 언급한 글에서 진정성을 추구하는 현대의 문화가 근대적 주체가 담지 한 원자론적 개인주의와 유아적 자아의 문제점을 강화하는 식으로 전개되어 그에 따른 윤리적 문제점을 낳고 있지만, 진정성이라는 이상이 필연적으로 이런 문제를 배태하는 것은 아니라고 보면서 진정성을 공동체적이고 윤리적인 개념으로 제시한다. 테일러의 이런 견해 이래에 관계적 진정성, 반성적 진정성(알렉산드로 페라라), 맥락적 진정성(찰스 귀논), 체현된 진정성(소모기 바가) 등으로 진정성 개념을 다양하게 변주해내는 연구들이 제출되고 있다. 필자는 이러한 진정성 논의에 아렌트와 더불어 리쾨르의 철학을 합류시켜보려는 작업의 첫걸음을 「진정성 개념과 그 윤리적 함의 : 아렌트와 리쾨르를 중심으로」(2017)를 통해 내딛어 보았다. 본고는 이 논문의 연장선에서 작성되었으며, 그 일부를 보완·심화한 것이다.

6 엘리자베스 영-브루엘(2007), 『한나 아렌트 전기: 세계 사랑을 위하여』, 홍원표 옮김, 인간사랑, 374쪽.

7 아렌트는 자신의 글쓰기 방식에 대해 다음과 같이 밝히고 있다. "라헬에 관한 책을 쓰는 것은 결코 나의 목적이 아니다. 외부에서 저자가 도입한 심리적 기준과 범주 들에 따른 다양한 해석에 적합한 그녀의 개성에 대한 책 말이다.""그녀가 의식적으로 관찰했던 것보다 우월하다고 가정하여 관찰하고 거기서 이끌어낸 허구적 운명을 그녀에게 부여하지 않는"다. 한나 아렌트(2013), 『라헬 파른하겐』, 12쪽, 15쪽.

8 한나 아렌트(2013), 『라헬 파른하겐』, 12쪽 ; 리처드 번스타인(2002), 50쪽에서 재인용.

9 A. Ferrara(1998), *Reflective authenticity : rethinking the project of modernity,* Routledge, 15쪽.

10 S. Varga(2012), *Authenticity as an Ethical Ideal*, 1쪽 ; L. Trilling(1972), *Sincerity and Authenticity*, 131~132쪽.

11 P. Ricœur(2015), *Soi-même comme un Autre, Seuil*, 167~168쪽 ; 빌헬름 딜타이(2012), 『체험, 표현, 이해』, 이한우 옮김, 책세상 참고. 리쾨르는 인간에게 있어서 정체성 내지 동일성을 다룸에 있어서 자체성(mêmeté)과 자기성(ipseité)을 나누고 이 둘 사이의 관계를 살핀다. 리쾨르는 이야기적 정체성 개념을 통해 하이데거가 소홀히 다룬 자체성에 자리를 마련해줌과 동시에, 이야기적 정체성의 핵심으로 타자와 낯선 것, 타인, 시간의 영향 속에서 구축되는 역동적 정체성인 자기

성을 부각시킨다. 이를 리쾨르의 이야기론인 '삼중의 미메시스(Mimesis)'에서도 이질적의 종합, 불협화음적 화음으로 표현한다. 한편, 리쾨르는 자기 이해를 위한 "우회"와 우리가 역사적 존재라는 점, 인간의 이해가능성과 표현물들의 중요성을 딜타이에게서 받아들이는 한편, 그의 해석학의 낭만주의적 유산으로부터는 거리를 둔다.

12 아렌트는 인간의 말과 행위를 통해 한 인간이 인간들 사이에서 나타나고 이로써 인간으로서 '태어난다'고 말한다. 인간에게 모든 것이 무너졌다 하더라도, 인간이 말을 할 수 있고 이야기를 만들 수 있을 수 있다면 세계에 참여함으로써 자신의 삶을 다시 시작할 수 있다. "모든 슬픔을 이야기로 만들거나 이에 대한 이야기를 말로 할 수 있을 경우, 모든 고통을 견딜 수 있다."H. Arendt(1998), HC, 187쪽 ; 한나 아렌트(2010), 『어두운 시대의 사람들』, 홍원표 옮김, 인간사랑, 160쪽 ; 한나 아렌트(2012), 『라헬 파른하겐』, 78~98쪽.

13 H. Arendt(1998), HC, 181~192쪽. 리쾨르는 한 사람은 기껏해야 자신의 삶의 이야기의 공동저자일 것이라고 말한다.

14 리처드 번스타인(2002), 『한나 아렌트와 유대인 문제』, 42~50쪽 ; 엘리자베스 영-브루엘(2007), 『한나 아렌트 전기-세계 사랑을 위하여』, 130쪽.

15 프랑스 혁명 때까지 자기에게 참되기라는 과제는 공적 역할의 수행과 관련하여, 주어진 사회적 역할을 성실하게 수행하는 것이었던 데 반해, 이후에는 나 자신에게 진실하라는 진정성이 근대인들의 이상으로 자리매김했다. P. Berger(1972), *"Sincerity"and "Authenticity"in Modern Society,* Harvard University Press, 82쪽 ; C. Guignon(2004), *On Being Authentic*, Routledge, 27쪽.

16 H. Arendt(1998), HC, 245쪽, 320쪽.

17 H. Arendt(1998), HC, 254쪽. 아렌트는 비참함과 물질적 빈곤이라는 잔인성과, 민족 국가라는 사회적 연대성을 세계소외의 특징으로 꼽는다.

18 아렌트는 행위를 배제하고 인간의 활동을 대중이나 인구를 구성하는 개인들의 예측 가능하고 표준화된 행동(behavior)으로 간주하는 행동과학으로서 사회학이 이를 여실히 보여준다고 말한다.

19 H. Arendt(1973), OT, 141~142쪽.

20 리처드 번스타인(2002), 『한나 아렌트와 유대인 문제』, 58쪽. 파리아란 버림받은 사람, 추방자, 국외자를, 파브뉴란 벼락부자, 자신을 파리아로 취급하는 사회에 동화되려고 필사적으로 노력하는 사람, 사기와 자기기만을 통해 버림받은 상태에서 벗어나려고 하는 '출세주의자'를 뜻한다.

21 리처드 번스타인(2002), 『한나 아렌트와 유대인 문제』, 40쪽, 63쪽, 80쪽, 288쪽.

22 한나 아렌트(2013), 『전체주의의 기원1』, 이진우·박미애 옮김, 한길사, 34~35쪽 ; 한나 아렌트(2012), 『이해의 에세이』, 홍원표 외 옮김, 텍스트, 488~450쪽 ; 한나 아렌트(2013), 『라헬 파른하겐』, 195~196쪽 참고. 아렌트는 이런 이해의 연습이 어떤 경험이나 미래 상황을 정신에 재현하는 능력인 상상력을 동반하지만, 그 어떤 현실성을 잃은 상상력과는 다르다고 보았다. 이해의 능력이 유례없는 일을 대면할 때 이를 어떻게 판단하고 행위할 것인지를 결정하는데 도움이 된다고 보았다.

23 찰스 테일러(2001), 『불안한 현대사회』, 송영배 옮김, 이학사, 26~29쪽 ; 찰스 테일러(2015), 『자아의 원천들』, 권기돈·하주영 옮김, 새물결, 732쪽. 물론 루소에게 자유로운 인간의 결정은 단지 내면의 목소리만로만 작동되는 것은 아니다. 루소 사상이, 칸트에게는 도덕적인 의미에서의 자율로, 한편으로 헤르더에게는 고유한 내면의 목소리를 듣고 이를 실현하는 자기실현의 관념으로, 서로 다른 양상으로 전개되는 것은 이 때문이다. 루소와 헤르더의 사상적 변별점에 대해서는

주)27 참고. B. Williams(2002), *Truth and Truthfulness*, Prinston, 2002, 173~185쪽에서는 루소를 둘러싼 심리학적인 성실성과 진정성에 대한 논란들을 정리하고 있다.

24 C. Guignon(2008), "Authenticity", Philosophy Compass Vol.3 Iss.2, Blackwell, 쪽8. ; C. Guignon(2004), *On Being Authentic*, Routledge, 3~4쪽.

25 초기 낭만주의자들은 당시에 근대 사회가 사회는 물론이고 개인의 자아에 있어서도 소외, 분열, 분리 같은 여러 병리적 현상을 낳았다고 보았다. 이성중심주의가 낳은 감성과 이성의 갈등, 노동 분업으로 인한 규격화된 업무와 개인의 능력 개발의 일면성과 같은 주체 자신의 분열, 자기 이익에 따른 이합집산이 함축하는 원자적인 개인들 사이의 취약한 유대, 자연을 소비 대상으로 삼고 인간과는 외떨어진 거대한 기계로 대함으로써 발생한 자연과 자아의 분열 등이 그것이다.

26 이에 대해서는 프레데릭 바이저(2011), 『낭만주의의 명령, 세계를 낭만화하라』, 김주휘 옮김, 그린비, 2011, 59~73쪽, 102~109쪽, 226~272쪽, 308~330쪽 참고.

27 찰스 귀논(2005), 『진정성에 대하여』 강혜원 옮김, 동문선, 75~92쪽.

28 찰스 테일러(2015), 『자아의 원천』, 732쪽, 727쪽. 테일러는 루소의 경우에는 실제적 숙고 행위는 중요하지 않아 "내적 목소리가 동료와 묶여 있던 끈을 끊어버리고 자신의 완전한 도덕적 능력을 선언"하는 일만 필요했다고 말한다. 테일러는 헤르더가 강조하는 성찰(신중함 내지 사려 깊음)의 요소를 루소와 헤르더의 차이로 꼽는다. 테일러는 특히 헤르더에서 발견되는 것을 진정성의 이상으로 놓고 이를 통해 진정성이 주관주의에 빠지지 않고 자아중심주의적으로 흐르지 않을 수 있음을 밝히고자 하는 것으로 보인다. 찰스 테일러(2015), 『자아의 원천』, 730~732쪽, 839~840쪽 ; C. Taylor, The Ethics of Athenticity, 88~89쪽 참조.

29 P. Ricoeur(2003), *La Mémoire, l'Histoire, l'Oubli*, Seuil, 599쪽 ; 폴 리쾨르(2012), 『해석의 갈등』, 양명수 옮김, 한길사, 45쪽.

30 한나 아렌트(2013), 『라헬 파른하겐』, 26~36쪽, 38~47쪽, 90쪽, 97~98쪽, 124쪽.

31 한나 아렌트(2013), 『라헬 파른하겐』, 29쪽, 38~40쪽 ; 버나드 윌리엄스는 루소에게는 결코 타자가 들어설 여지가 없다고도 말한다. B. Williams, *Truth and Truthfulness*, Prinston, 2002, 173~185쪽. 낭만주의에 대한 규정은 학자들마다 다양하게 제시된다. 앞 절의 본문과 주27에서 밝힌 초기 낭만주의와 루소의 사상을 구별하는 테일러의 입장을 감안한다면(테일러는 아렌트보다 더 낭만주의의 긍정적인 면을 살리려고 하는 듯하다), 루소를 낭만주의 선두에 놓고 낭만주의를 비판하는 아렌트의 견해는 논란의 여지가 있을 수도 있다. 하지만 아렌트가 루소에 대해 지적하는 바는 초기 낭만주의에서 진정성이라는 이상의 왜곡, 변형되는 모습에서 발견되는 특징과 유사하다는 점에 주목한다면 본고에 한에 그 논란은 잠시 잦아들 수 있겠다.

32 한나 아렌트(2013), 『라헬 파른하겐』, 139쪽, 152~153쪽 ; 엘리자베스 영-브루엘(2006), 『아렌트 읽기』, 서유경 옮김, 55쪽; 엘리자베스 영-브루엘(2007), 『한나 아렌트 전기』, 178~180쪽 ; S. Benhabib(1995), "The Pariah and Her Shadow", Honig(B.)(ed.), *Feminist Interpretations of Hannah Arendt*, The Pennsylvania State University Press, 91쪽. "유대인이 정치 문제를 내면적 경험과 사적인 감정으로 해결", "신중한 정책 보다는 예측할 수 없는 열정의 법칙이 통제 하는 사적 실존", "사생활과 결심과 정서가 '유대인다움의 중심'을 차지. 한나 아렌트(2013), 『전체주의의 기원1』, 이진우·박미애 옮김, 한길사, 181쪽, 207~208쪽.

33 한나 아렌트(2013), 『라헬 파른하겐』, 40쪽. "내성은 두 가지 업적을 성취한다. 먼저 실재의 상황을 분위기로 용해시킴으로써 이를 무력화하는 동시에 주관적인 모든 것을 대상성, 공개성(publicity), 극도의 흥미라는 아우라를 부여한다. 분위기에서 내밀한 것과 공적인 것 사이의 경

계가 흐릿해진다. 내밀한 것은 공적인 것이 되고, 공적 문제들은 내밀한 것의 영역 안에서만 경험되고 표현될 수 있다. 이것은 결국 가십으로 표현된다."; S. Benhabib(1995), 93쪽. 벤하비브는 여성 참여를 배제하고 좋음에 대한 전적인 관심 속에서 진지한 대화가 이루어져 에로스를 넘어선 유대를 형성했던 고대 그리스의 폴리스와는 달리, 독일의 살롱은 여성이 주도하는 공간이면서 에로틱한 분위기를 배양하고 좋음과 각자의 이익이라는 것이 혼합된 형태의 공간이었음을 지적하면서, 라헬의 살롱이 아렌트가 나중에 제시한 시민적 우정이라는 것의 중간 단계를 보여 준다고 평가한다.

34 한나 아렌트(2013), 『라헬 파른하겐』, 10~13쪽.

35 한나 아렌트(2013), 『라헬 파른하겐』, 244쪽.

36 한나 아렌트(2013), 『라헬 파른하겐』, 152~153쪽, 195~197쪽. 이는 아렌트의 『정신의 삶』에서 자기전시(self-display)와 자기현시(self-presentation)에 대한 논의로 이어진다. 아렌트는 후자에서 인간이 발휘할 수 있는 타자를 고려하고 상황에 적합한 자기표현을 개념화하는 듯하다.

37 한나 아렌트(2013), 『라헬 파른하겐』, 26쪽, 45쪽.

38 한나 아렌트(2013), 『라헬 파른하겐』, 20쪽, 263~264쪽, 275~279쪽, 313쪽 ; 리처드 번스타인(2002), 45쪽.

39 한나 아렌트(2013), 『라헬 파른하겐』, 208쪽.

40 "오히려 파리아가 정확히 사회의 상태를 묘사하고 사회 구조적 격차의 추한 현실을 나타내 주었음이 명백해졌다. 달을 향해 가지 않는 한, 결과적으로 탈출은 없었다."한편으로 라헬의 선택은 슬픔을 피해 외국으로 도피했을 때, 국외자로서 다른 사람들과의 주의 깊은 교류로 "순수한 인정의 의미"에 도달한 경험과 공명한다. 한나 아렌트(2013), 『라헬 파른하겐』, 103쪽, 264~265쪽, 278쪽, 337쪽.

41 H. Arendt(1973), OT, 476쪽. 덧붙여 아렌트의 이런 생각은 그녀가 마지막 낭만주의자로 간주하고자 했으며 본래성을 자신의 철학에서 중요하게 언급한 하이데거와의 거리두기 속에서 자라났음을 간과할 수 없을 것이다. 이에 대해서는 다나 빌라(2000), 『아렌트와 하이데거』, 서유경 옮김, 교보문고, 10장 참고. 본 논문은 진정성이 단지 하이데거의 고유한 용어로 국한되어 취급되는 것은 아니라고 보고, 이 점을 직접적·명시적으로 다루지는 않았다. 본 논문에서 『라헬』을 통해 아렌트가 논하고자 하는 것들이, 하이데거의 그것과 아렌트의 철학의 차이점을 형성하는 핵심 지점이 된다는 점을 밝히는 것으로 이를 대신한다.

참고 문헌

게오르크 빌헬름 프리드리히 헤겔, 『법철학 강요』, 권응호 옮김, 홍신문화사, 1990.

김명호, 「연암의 우정론과 서학의 영향-마테오 리치의 『교우론』을 중심으로」, 『고전문학연구』 제40집, 2007.

김세원, 「진정성 개념과 그 윤리적 함의」, 한국외국어 대학교 박사학위 논문, 2017.

김세원, 「진정성에 대한 탐구로서 『라헬 파른하겐』 독해를 위한 길잡이」, 『한국여성철학』 제28권, 한국여성철학회, 2017.

김애란, 「호텔 니약 따」, 『비행운』, 문학과 지성, 2012.

김형효, 『가브리엘 마르셀의 구체철학과 여정의 형이상학』, 인간사랑, 1990.

김홍중, 「사회로 변신한 신과 행위자의 가면을 쓴 메시아의 전투 : 아렌트의 '사회적인 것'의 개념을 중심으로」, 『한국사회학』 제47집 제5호, 한국사회학회, 2013.

다나 빌라, 『아렌트와 하이데거』, 서유경 옮김, 교보문고, 2000.

리차드 커니, 『현대 사상가들과의 대화』, 김재인 외 옮김, 한나래, 1998.

__________, 『이방인, 신, 괴물』, 이지영 옮김, 개마고원, 2004.

리처드 번스타인, 『한나 아렌트와 유대인 문제』, 김선욱 옮김, 아모르 문디, 2002.

로제-폴 드루아, 『사물들과 철학하기』, 박선주 옮김, 동문선, 2005.

마르쿠스 툴리우스 키케로, 『노년에 관하여, 우정에 관하여』, 천병희 옮김, 숲, 2007.

마사 너스바움, 『혐오와 수치심』, 조계원 옮김, 민음사, 2015.

______________, 『분노와 용서-적개심, 아량, 정의』, 강동혁 옮김, 이파리와 뿌리, 2018.

미셸 푸코, 『주체의 해석학』, 심세광 옮김, 동문선, 2007.

마르틴 하이데거, 『존재와 시간』, 이기상 옮김, 까치, 1998.

__________, 「예술작품의 근원」, 『숲길』, 신상희 옮김, 나남, 2008.
밀란 쿤데라, 『정체성』, 이재룡 옮김, 민음사, 2012.
박완서, 『나의 아름다운 이웃』, 작가정신, 2019.
박정근, 『중국적 사유의 원형』, 살림, 2013.
박지원, 『연암집』, 제8권.
벤야민, 『일방통행로/사유이미지』, 김영옥, 윤미애, 최성만 옮김, 길, 2007.
빌헬름 딜타이, 『체험, 표현, 이해』, 이한우 옮김, 책세상, 2012.
샤를 푸리에, 『사랑이 넘치는 신세계 외』 변기환 옮김, 책세상, 2007.
서윤호, 「가족과 법: 사랑과 연대의 제도화」, 몸문화연구소 엮음, 『우리는 가족일까』, 은행나무, 2014.
쇠얀 키에르케고르, 『반복/현대의 비판』, 임춘갑 옮김, 치우, 2011.
쇠얀 키에르케고르, 『불안의 개념(죽음에 이르는 병)』, 이명성 옮김, 홍신문화사, 2014.
아나부 아키라, 『번역어의 성립』, 김옥희 옮김, 마음산책, 2011.
아르멜 르 브라 쇼파르, 『철학자들의 동물원』, 문신원 옮김, 동문선, 2004,
아리스토텔레스, 『니코마코스 윤리학』, 강상진, 김재홍, 이창우, 옮김, 길, 2011.
아리스토텔레스, 『정치학』, 천병희 옮김, 숲, 2009.
알베르트 카뮈, 「손님」, 『적지와 왕국』, 김화영 옮김, 책세상, 1998.
앤 차터스, 사뮤엘 차터스, 『마야코프스키-사랑과 죽음의 시인』, 신동란 옮김, 까치, 2011
에리히 프롬, 『소유냐 존재냐』, 최혁순, 범우사, 1999.
에리히 프롬, 『사랑의 기술』, 2008.
에피쿠로스, 『쾌락』, 오유석 옮김, 문학과 지성사, 2008.
엘리자베스 영-브루엘, 『아렌트 읽기』, 서유경 옮김, 2006.
__________, 『한나 아렌트 전기: 세계 사랑을 위하여』, 홍원표 옮김, 인간사랑, 2007.
오르테가 이 가세트, 『대중의 반역』, 황보영조 옮김, 역사비평사, 2009.
오비디우스, 『원전으로 읽는 변신이야기』, 천병희 옮김, 숲, 2017.

올리버 색스, 『고맙습니다』, 김명남 옮김, 알마, 2016.
윤성우, 『폴 리쾨르의 철학』, 철학과현실사, 2004.
윌리엄 모리스, 『에코토피아 뉴스』, 박홍규 옮김, 필맥, 2008.
윌리엄 블레트너, 『하이데거의 『존재와 시간』 입문』,
이용일, 「동화와 해방 사이의 독일-유대인 디아스포라 : 라헬 파른하겐과 베를린 살롱」, 『서양사론』 제115호, 2012
장영란, 『죽음과 아름다움의 신화와 철학』, 루비박스, 2015.
전종윤, 「이웃에서 얼굴 없는 제3자에게로」, 『해석학 연구』, 2015.
제프리 T. 슈나프, 매슈 튜스 엮음, 『대중들』, 양진비 옮김, 그린비, 2015.
조지 오웰, 『카탈로니아 찬가』, 정영목 옮김, 민음사, 2004.
존 버거, 『킹』, 김현우 옮김, 열화당, 2014.
지크문트 바우만, 『리퀴드 러브』, 권태우, 조형준 옮김, 새물결, 2013.
지그문트 프로이트, 『문명 속의 불만』, 김석희 옮김, 열린책들, 2003.
진태원, 『을의 민주주의』, 그린비, 2017.
찰스 테일러, 『불안한 현대사회』, 송영배 옮김, 이학사, 2001.
__________, 『근대의 사회적 상상』, 이상길 옮김, 이음, 2010.
__________, 「자아에 대한 책임」, 『자유의지와 결정론의 철학적 논쟁』, 최용철 엮음/ 옮김, 간디서원, 2004.
__________, 『자아의 원천들』, 권기돈·하주영 옮김, 새물결, 2015.
찰스 귀논, 『진정성에 대하여』, 강혜원 옮김, 동문선, 2005.
찰스 테일러,『불안한 현대사회』, 송영배 옮김, 이학사, 2001.
칼 마르크스, 『자본1』.
칼 마르크스, 프리드리히 엥겔스, 「공산당 선언」, 데이비드 보일, 『세계를 뒤흔든 공산당 선언』, 유강은 옮김, 2006.
폴 리쾨르, 『악의 상징』, 양명수 옮김, 문학과 지성사, 1995.
________, 『시간과 이야기1』, 김한식, 이경래 옮김, 문학과 지성사, 1999.
________, 『텍스트에서 행동으로』, 남기영·박병수 옮김, 아카넷, 2002.
________, 『역사와 진리』, 박건택 옮김, 솔로몬, 2006.

________, 『타자로서 자기 자신』, 김웅권 옮김, 동문선, 2006.
________, 『시간과 이야기3』, 김한식 옮김, 문학과 지성사, 2011.
________, 『해석의 갈등』, 양명수 옮김, 한길사, 2012.
________, 『해석에 대하여』, 김동규·박준영 옮김, 인간사랑, 2013.
프레데릭 바이저, 『낭만주의의 명령, 세계를 낭만화하라』, 김주휘 옮김, 그린비, 2011.
프리드리히 니체, 짜라투스트라는 이렇게 말했다, 정동호 옮김, 책세상, 2011.
프리드리히 엥겔스, 『영국 노동계급의 상태』.
플라톤, 『향연』, 박희영 옮김, 문학과 지성사, 2003
______, 『알키비아데스』, 김주일, 정준영 옮김, 이제이북스, 2007.
______, 『파이드로스』, 조대호 옮김, 문예출판사, 2008.
______, 『소크라테스의 변명』, 강철웅 옮김, 2014.
(*플라톤의 저작은 http://www.perseus.tufts.edu/hopper/collections의 원문을 참조했으며, 쪽수는 스테파누스 번호(Stephanus numbers)로 표기했다.)
피터 싱어, 『동물해방』, 김성한 옮김, 연암서가, 2012.
한나 아렌트, 『인간의 조건』, 이진우 옮김, 한길사, 1996.
__________, 『예루살렘의 아이히만』, 김선욱 옮김, 한길사, 2006.
__________, 『전체주의의 기원1』, 김선욱, 한길사, 2006.
__________, 『정치의 약속』, 김선욱 옮김, 푸른숲, 2007.
__________, 『어두운 시대의 사람들』, 홍원표 옮김, 인간사랑, 2010.
__________, 『이해의 에세이』, 홍원표 외 옮김, 텍스트, 2012.
__________, 『라헬 파른하겐』, 김희정 옮김, 텍스트, 2013.
함돈균, 『사물의 철학』, 세종서적, 2015.
홍성우, 「자아의 정체성과 도덕적 선의 관련성 문제-찰스테일러의 견해를 중심으로」, 『범한철학』 제22집, 범한철학회, 2002.
『論語』
『明心寶鑑』
『孟子』

Alessandro Ferrara, *Reflective authenticity : rethinking the project of modernity*, Routledge, 1998.

Bernard Williams, *Truth and Truthfulness*, Prinston, 2002.

Charles Guignon, *On Being Authentic*, Routledge, 2004.

Charles Taylor, *The Ethics of Authenticity*, Harvard University Press, 2003.

Dana R. Villa, *Arendt and Heidegger: The Fate of the Political*, Princeton University Press, 1996.

Erich Fromm, *The art of loving*, George allen & Unwind LTD, 1957.

__________, *To have or to be?*, Continnum, 1997.

Ferreira Gullar, "traduzir-se", 이승덕, 「브라질 현대시에 관한 고찰」,『외국문학연구』, 한국외국어대학교 외국문학연구소, 1996.

Gabriel Marcel, *Homo viator : Introduction to a mataphysic of Hope*, (tr.) Emma Graufurd, Henry Regnery Company, 1951.

Hannah Arendt., *The Origins of Totalitarianism,* Mariner Books, 1973. [약어: OT]

____________, *The Life of Mind,* Mariner Books, 1981. [약어: LM]

____________, *On Revolution,* Penguin Classics, 1991. [약어: OR]

____________, *Human Condition,* The University of Chicago Press, 1998. [약어: HC]

____________, *The Promise of Politics,* Schocken, 2007.

Immanuel Kant, *Grundlegung zur mataphysikk der sttien*, Felix Meiner Verlag,

Kathleen. Blamey, "From the ego to the self : a Philosophical Itinerary", David Wood(ed.), *On Paul Ricoeur: narrative and interpretation*, Routledge, 2011.

Lionel Trilling, *Sincerity and Authenticity,* Harvard University Press, 1972.

Seyla Benhabib, "The Pariah and Her Shadow", Honig(B.)(ed.), *Feminist Interpretations of Hannah Arendt,* The Pennsylvania State

University Press, 1995.

Ricœur, P., *La Symbolique du Mal*, Aubier, 1960. [약어: S]

________, *Freedom and Nature: The Voluntary and the Involuntary*, Erazim V. Kohak(tr.), Northwestern University Press, 1966. [약어: VI]

________, *Histoire et Vérité*, Seuil, 1966. [약어: HV]

________, *Fallible Man*, Charles A. Kelbley(Tr.), Fordham University Press, 1968. [약어: FM]

________, *Le conflit des interprétations : Essais d'hermeneutique*, Seuil, 1969.

________, *The conflict of interpretations : essays in hermeneutics*, Don Ihde(Ed.), Northwestern Univ. Press, 1974.

________, *Temps et récit 1*, Seuil, 1983. [약어: TR1]

________, *Temps et récit 3*, Seuil, 1985. [약어: TR3]

________, *Lectures on Ideology and Utopia*, H. Taylor(Ed.), Columbia University Press, 1986.

________, *La Mémoire, l'Histoire, l'Oubli*, Seuil, 2003. [약어: MHO]

________, *Memory, History, Forgetting*, K. Blamey ·D. Pellauer(tr.), 2004.

________, *The Course of Recognition*, D. Pellauer(tr.), Harvard University Press, 2005.

________, *From Text to Action: Essays in Hermeneutics II*, K. Blamey J. B. Thompson(tr.), Continuum, 2008. [약어: TA]

________, *Soi-même comme un autre*, Seuil, 2015. [약어: SA]

Somogy Varga, *Authenticity as an Ethical Ideal*, Routledge, 2011.

이미지 출처

내지 삽화 디자인
김은성, 견딤, 2019

1장

1-1. https://commons.wikimedia.org/wiki/File:Jean-François_Millet_-_Apport_à_la_maison_le_veau_né_dans_les_champs_(1860).jpg
밀레(Jean-François Millet), Bringing home the calf born in the fields, ca. 1860

1-2. https://commons.wikimedia.org/wiki/File:Théodore_Rousseau_-_Landscape_with_a_Plowman_-_WGA20164.jpg
루소(Théodore Rousseau), Paysage avec un charretier , huile sur toile, 1860-1862

2장

1. https://www.wikiart.org/en/kathe-kollwitz/not_detected_235985
케테 콜비츠(Käthe Kollwitz), Die Mütter , 1922
2. 오즈 야스지로(小津安二郎), 영화 〈만춘〉, 1949

3장

1. https://commons.wikimedia.org/wiki/File:Drolling,_Michel_Martin_%E2%80%94_Orph%C3%A9e_et_Eurydice_%E2%80%94_1820.jpg
마르탱 드롤랭(Martin Drölling), 오르페우스와 에우뤼디리케, 1820
2. https://commons.wikimedia.org/wiki/File:Mayakovsky_the_Last_Letter-.jpg
마야코프스키의 마지막 편지,
Author : Dmitrismirnov / Description : Mayakovsky the Last Letter 12 April 1930

4장

1. https://commons.wikimedia.org/wiki/File:Rembrandt_-_Landscape_with_the_Good_Samaritan_-_WGA19228.jpg

https://commons.wikimedia.org/wiki/File:Rembrandt_Harmensz._van_Rijn_033.jpg
https://commons.wikimedia.org/wiki/File:Rembrandt_-_The_Good_Samaritan_-_Berlin.jpg
렘브란트(Harmensz van Rijn Rembrandt), 선한 사마리아인이 있는 풍경과 선한 사마리아인

2. 켄 로치(ken Loach), 영화 〈나, 다니엘 블레이크〉, 2016

5장

1. https://commons.wikimedia.org/wiki/File:Edvard_Munch,_1894,_Anxiety,_oil_on_canvas,_94_x_74_cm,_Munch_Museum.jpg
뭉크(Edvard Munch), 불안, 1894

2-1. https://commons.wikimedia.org/wiki/File:Leviathan.jpg
홉스(Thomas Hobbes)의 『리바이어던』 표지, 1651

2-2. 킹 비더(King Vidor), 영화 〈군중〉, 1928

6장

1-1. https://commons.wikimedia.org/wiki/File:Giorgio-Morandi.jpg

1-2. https://en.wikipedia.org/wiki/File:%27Natura_Morta%27,_oil_on_canvas_painting_by_Giorgio_Morandi,_1956,_private_collection.jpg#mw-jump-to-license
조르지오 모란디(Giorgio Morandi)

2. 로베르 브레송, 영화 〈당나귀 발타자르(Au hasard Balthazar)〉, 1966

3. https://commons.wikimedia.org/wiki/File:Brooklyn_Museum_-_Wallpaper_Sample_Book_1_-_William_Morris_and_Company_-_page086.jpg
https://commons.wikimedia.org/wiki/File:Morris_Powdered_wallpaper_1874.jpg
https://commons.wikimedia.org/wiki/File:Morris_Kennet_indigo_printed_textile_1883.jpg
윌리엄 모리스(William Morris)

7장

1. https://www.wikiart.org/en/paul-klee/senecio-1922
파울 클레(Paul Klee), 세네치오(Senecio), 1922

연습 노트

주제 :	날짜 :

〈텍스트 필사〉

연습 노트

〈사유 토양 고르기〉 & 〈질문 씨앗 하나〉

〈이야기 나무 그리기〉

〈나의 열매〉

〈다음 열매 맛보기〉

연습 노트

주제 :	날짜 :

〈텍스트 필사〉

연습 노트

〈사유 토양 고르기〉 & 〈질문 씨앗 하나〉

〈이야기 나무 그리기〉

〈나의 열매〉

〈다음 열매 맛보기〉

연습 노트

주제 :	날짜 :

〈텍스트 필사〉

연습 노트

<사유 토양 고르기> & <질문 씨앗 하나>

<이야기 나무 그리기>

<나의 열매>

<다음 열매 맛보기>

연습 노트

주제 :	날짜 :

〈텍스트 필사〉

연습 노트

〈사유 토양 고르기〉 & 〈질문 씨앗 하나〉

〈이야기 나무 그리기〉

〈나의 열매〉

〈다음 열매 맛보기〉

연습 노트

주제 :	날짜 :

〈텍스트 필사〉

연습 노트

〈사유 토양 고르기〉 & 〈질문 씨앗 하나〉

〈이야기 나무 그리기〉

〈나의 열매〉

〈다음 열매 맛보기〉

연습 노트

주제 :	날짜 :

〈텍스트 필사〉

연습 노트

〈사유 토양 고르기〉 & 〈질문 씨앗 하나〉

〈이야기 나무 그리기〉

〈나의 열매〉

〈다음 열매 맛보기〉

연습 노트

주제 :	날짜 :

〈텍스트 필사〉

연습 노트

〈사유 토양 고르기〉 & 〈질문 씨앗 하나〉

〈이야기 나무 그리기〉

〈나의 열매〉

〈다음 열매 맛보기〉

관계의 인문학

초판 인쇄	2019년 02월 08일
초판 발행	2019년 02월 15일
지은이	김세원
발행인	김인철
총괄·기획	가정준 Director, University Knowledge Press
편집장	신선호 Executive Knowledge Contents Creator
도서편집	박현정 Contents Creator
전자책편집	인은주 e-Contents Creator
재무관리	강현주 Managing Creator
사전·출판	정준희 Contents Creator
마케팅 파트장	백승이 Chief Marketing Creator
마케팅	이현진 Marketing Creator
발행처	한국외국어대학교 지식출판콘텐츠원 02450 서울특별시 동대문구 이문로 107 전화 02)2173-2493~7 팩스 02)2173-3363 홈페이지 http://press.hufs.ac.kr 전자우편 press@hufs.ac.kr 출판등록 제6-6호(1969. 4. 30)
디자인·편집	(주)피플커뮤니케이션 02)733-9008
인쇄·제본	(주)피플커뮤니케이션 02)733-9008

ISBN 979-11-5901-441-3 03800 정가 20,000원

*잘못된 책은 교환하여 드립니다.

HUiNE 은 한국외국어대학교 지식출판원의 어학도서, 사회과학도서, 지역학 도서 Sub Brand이다. 한국외대의 영문명인 HUFS, 현명한 국제전문가 양성(International +Intelligent)의 의미를 담고 있으며, 휴인(携引)의 뜻인 '이끌다, 끌고 나가다'라는 의미처럼 출판계를 이끄는 리더로서, 혁신의 이미지를 담고 있다.